KB075828

박영수

테마역사문화연구원장. 역사를 전공한 학창시절부터
거시사보다 미시사에 관심을 갖고, 일생 연구할 주제 100가지를
선정한 후 지금까지 탐험하고 있다. 또한 단어 어원과 문화관습
유래를 필생의 목표로 삼아 꾸준히 근원을 추적하고 있으며, 아울러
유명인의 인간적인 면모도 살펴보고 있다. 사진과 여행을 좋아하고,
취미로 세계 각국의 앤티크 인형과 도자기를 수집하고 있다.
펴낸 책으로 『어원의 발견』, 『우리말의 발견』, 『기억해야 할 세계사
50 장면』, 『알고 먹으면 더 맛있는 음식의 세계사』, 『경복궁의
동물과 문양 이야기』, 『어린이를 위한 한국 미술사』, 『조선 시대 왕』,
『색채의 상징, 색채의 심리』, 『지도 없이 떠나는 101일간의
수학의 세계』 등이 있다.
유튜브 채널 만물유래 youtube.com/@originbox
전자우편 originbox@nate.com

우리말 어휘력 사전

우리말
어휘
력 → 사전

말힘과
글
힘
의
기초를
다
지
는 → 단어
수업

박영수 지음

들어가는 말

어휘만 제대로 알아도
문장과 대화가 달라진다

'쓸쓸하다' '외롭다' '고독하다'라는 말의 차이는 뭘까?

바야흐로 글쓰기의 시대다. 문학을 좋아하는 사람이나 직업 문인들만 주로 글을 쓰던 시절은 지났다. 학생은 시험에 대비해 논술을 익히고, 직장인은 업무상 기획서·보고서를 작성한다. 네티즌(누리꾼)은 자신의 SNS를 관리하거나 온라인 동호회 활동을 위해 글을 쓴다.

이에 따라 문장이나 용어에 대한 관심이 크게 늘었으나, 많은 사람들이 적당한 용어를 고를 때 헷갈려 한다. 순수 우리말에서부터 최근 외래어에 이르기까지 워낙 많은 용어들이 쏟아져 나오다 보니 글 흐름상 어떤 단어가 어울리는지 파악하기 어려워서 그렇다. '아름답다'와 '예쁘다', '삼총사'와 '트로이카', '중얼거리다'와 '뇌까리다' 따위가 어떻게 다른지 알아야 문장에 어울리게끔 골라 쓸 수 있다.

용어 하나에 따라 문맥이 확 달라지기도 하고 쉽게 그 의미가 전달되기도 한다는 걸 생각하면 그냥 지나칠 일이 아니다. 용어를 공부해야 하는 이유다.

문제는 용어의 뜻을 숙지하기가 쉽지 않은 것이다. 왜 그럴까? 용어가 만들어진 데에는 대부분 독특한 태생적 비밀이 있기 때문이다. 어느 경우는 특별한 사건이나 문화 풍속에서, 어느 때는 전설·신화에서, 혹은 사물의 특정 명칭을 통해서 용어가 만들어진다. 때로는 자주 쓰는 단어들의 기본형이 합쳐져 새로운 낱말로 태어난다.

그런가 하면 어원이 전혀 엉뚱한 단어도 드물지 않다. 본래 의미와 전혀 다른 의미로 쓰이는 낱말이 의외로 많다. 그런 사연을 모르는 채 용어의 뜻풀이만 암기하면 종종 적확하지 못한 문장을 구사하게 된다. 용어 공부도 지루해진다.

이 책은 그런 점을 감안해 용어의 어원 풀이에 중점을 두었다. 특히 비슷하거나 연상되는 단어를 두세 개씩 묶어서 그 유래를 밝힌 다음, 어감 차이를 설명하고 예문을 제시하여 실용성을 높였다. 맥락이 비슷한 말도 같이 풀이했다.

독자 여러분은 재미있게 읽으면서 자연스럽게 용어의 미묘한 어감을 근원적으로 파악할 수 있고, 더불어 다양한 관점에서 용어를 살펴보게 되는 계기가 될 것이다. 이렇듯 단어의 이러저러한 면모를 상세히 알게 되면 자연스레 어휘력이 늘어나고, 그 어휘력은 문서 글쓰기에서는 물론 SNS 문자 및 일상 대화에서도 교양인으로서의 힘을 발휘하게 해줄 것이다. 어휘력은 온라인 시대의 핵심적인 자산이다!

이 책은 글을 쓸 때 곁에 두고 참고해도 되고, 특정한 용어 자체를 주제어로 삼아 논술을 써 보는 훈련 자료로 삼아도 된다. 어떻게 활용하든, 각자의 노력과 관심에 따라 성과를 얻을 수 있을 것이다.

가게, 상점, 만물상, 구멍가게

'가게'는 처음에 '시렁'이나 '선반'과 같은 뜻의 말이었다. 15세기 문헌에 '벽에 달아 놓은 널빤지'를 '가개'라고 표기했다. 얼마 후 '가개'는 '가게'로 되면서 '여러 가지 물건을 벌여 놓은 것'을 가리켰다.

물건을 파는 '가게'는 조선 시대 말엽 종로 거리에 임시로 허름하게 지은 집 형태로 등장했다. 한자어로는 '임시로 지은 집'이란 뜻의 '가가'假家라고 했다. 18세기의 가게는 위에 천막을 치고 아래에 멍석을 깐 게 시설의 전부였다. 일반인에게도 물건을 팔았지만 주로 관청에 물자를 공급했으며, 조선 후기부터 서서히 소매상으로 변화했다.

구한말 갖가지 일용품을 늘어놓고 파는 가게를 '만물상점'萬物商店이라 했는데 여기서 '상'商은 상나라와 관계있다. 은殷나라가 멸망했을 때 전답을 몰수당한 백성들은 정든 고향을 떠나 사방으로 흩어졌다. 그들은 장사로 연명했는데, 불행 중 다행히 장사 솜씨가 뛰어났고 나름대로 체계적으로 물건을 팔았다. 은殷은 상商이라고도 불렸기에, 장사하는 사람들은 '상인'商人, 그들이 차린 점포는 '상점'이라 불리게 됐다. 그러므로 '만물상점'은 어느 정도 규모를 갖춘 가게를 이르는 말이며, 비슷한 맥락에서 '잡화상'雜貨商이라고도 불렸다. '잡화'는 '여러 가지 잡다한 상품'인데, 대체로 일상에 필요한 물건들을 가리킨다.

'만물상'은 별의별 것을 팔지만 물건 가짓수가 백 가지를 넘는 일은 없었다. 소쿠리·바구니·멍석 등 농가에서 요긴하게 쓰이는 소도구나 광주리·그릇 등 생활용품을 주로 팔았다. 당시로서는 상당히 많은 품목을 갖춘 상점이었으므로 사람들은 오늘날의 백화점처럼 여겼다.

일제강점기에는 물건 파는 곳이 활성화되면서 특정 상품을 전문적으로 파는 가게에서 '상점'이라는 상호를 애용했다. 이에 따라 사실상 '상점'은 규모를 갖춘 판매점을, '가게'는 동네에 있는 거주지 겸용 판매점이나 작은 규모의 특정 품목 판매점을 가리키기에 이르렀다.

여기에 '구멍가게'라는 말이 그런 미묘한 차이를 확실히 굳혔다. 한국전쟁 이후 혼란기에 규모가 작은 가게들이 여기저기 생겼는데, 대부분 방이 딸린 한쪽에 물건을 진열해놓고 파는 구조였다. 주인은 방문 한쪽에 조그만 구멍을 만들어 놓고 수시로 밖을 내다보아 손님이 오는지 확인했으며 여기에서 '구멍가게'란 말이 생겼다. 일설에는 강도를 막기 위해 창문 사이에 작은 구멍을 내어 거래한 데서 유래했다고도 하고, 출입구가 구멍처럼 작아서 그런 이름이 생겼다고도 한다. 어느 설이 옳든 오늘날 구멍가게는 '조그맣게 벌인 판매점' '동네에 있는 작은 판매점'을 뜻한다.

의미

가게 자그마한 규모로 물건을 벌어 놓고 파는 집.

상점 일정한 시설을 갖추고 물건을 파는 곳.

예문

ㅇ 과연 주인 없는 가게가 제대로 운영될 수 있을까?

ㅇ 그는 상점 진열대에서 과자 한 봉지를 집었다.

가늠, 겨냥, 참작, 짐작

'가늠'은 눈으로 보아 가며 맞고 안 맞고를 조절하는 걸 일컫는 말이다. 가늠의 어원은 '간험'看驗이고, 눈으로 보고 실험하여 알맞게 하는 걸 의미했다. 예컨대 화살을 쏠 때 과녁과의 거리를 재는 게 가늠이다. 총기의 가늠쇠, 가늠구멍, 가늠자 등도 마찬가지다. 이에 연유하여 '가늠'은 목표에 맞고 안 맞음을 헤아리는 표준, 어떤 표준이 될 만한 짐작을 뜻한다.

'겨냥하다'의 형태로 많이 쓰이는 '겨냥'도 목표를 정하여 겨눈 데서 비롯된 말이다. '모양을 보다'라는 뜻의 한자어 '견양'見樣이 어원이며, 본래는 '일정한 물건에 겨누어 정한 치수와 양식'을 이르는 단어였다. 예전에는 사냥할 때 목표물과의 거리 및 모양을 재 보는 일이 많았기에, 겨냥은 '목표를 정하여 겨눔'이란 의미로 쓰게 되었다.

'가늠'과 '겨냥'은 비슷한 의미지만 어감은 미묘하게 다르다. 가늠은 '어떤 일의 형편이나 상황을 헤아려서 짐작함', 겨냥은 '목표로 정하여 겨눔'을 일컫는다.

유의어 '참작'參酌과 '짐작'은 그 유래 및 의미가 전혀 다르다.

우리나라에서는 전통적으로 술자리에서 주거니 받거니 하는 대작對酌을 즐겼다. '참작'은 이러한 대작 문화 산물이다. '참작'은 본래 술잔의 양을 헤아리는 것을 의미했다. 하여 '참량'參量이라고도 했다. 전통적으로 상대방에게 술을 따를 때는 일정한 양이 있었으니, 넘치지도 않고 모자라지도 않게 적당히 따라야 했다. 그러자면 술을 얼마만큼 잔酌에 따랐는지 헤아려야參 했다. '참작'이란 여기에서 유래한 말로, 오늘날 '참고하여 알맞게 헤아리는 것'을 의미한다. 우리말로는 '헤아림'으로 순화하여 사용할 수 있다.

'어림쳐서 헤아림' '겉가량으로 생각함'이라는 뜻의 '짐작'도 음주 문화의 산물이다. 짐작의 어원은 '침작'斟酌이고 술 따를 때인지 아닌지 판단하는 걸 의미했다. 참작이 얼마만큼 따라야 할지 술잔을 보며 참고하는 것이라면, 침작은 술 따를 시기를 마음으로 헤아리는 걸 뜻한다. '침량'斟量이라고도 하지만 후에 침작과 침량은 쓰이지 않고 '짐작'으로 바뀌었다. 현재 짐작은 '사정이나 형편 따위를 어림잡아 헤아림'이라는 뜻으로 통한다.

요컨대 '참작'과 '짐작'은 여러 정황을 어림쳐서 헤아

림을 가리키고, '가늠'과 '겨냥'은 눈으로 보아 가며 맞는지
안 맞는지를 조절하는 걸 일컫는다는 차이가 있다.

의미

가늠 어떤 목표나 기준에 맞고 안 맞음을 헤아려 보는 것.

겨냥 (사람이 무엇을) 목표로 정하여 겨눔.

참작 이리저리 비추어 보아서 알맞게 고려함.

짐작 어림쳐서 헤아리는 것.

예문

○   행사에 참석한 사람들을 보면 인기를 가늠할 수 있다.

○   아름다우면서도 개성 있는 전통 상품으로 세계를 겨냥하다.

○   그가 자수한다면 정상을 참작하겠다.

○   그가 여인을 정략적으로 이용했음을 짐작할 수 있다.

가엾다, 불쌍하다, 안타깝다, 측은하다

"졸지에 고아 된 그 아이가 (가엾다, 불쌍하다, 안타깝다, 측은하다)."

위 예문에서 가장 적당한 건 뭘까? 어느 걸 골라도 틀리지 않지만, 그 뜻은 각기 미묘하게 차이가 난다. 뭐가 다를까?

우선 '가엾다'를 보자. 이 말의 어원은 '가이없다'로서 '가이'는 '가장자리, 한계'라는 의미를 지닌 'ㄱ'에 '없다'가 결합된 형태다. 즉 '가이없다'란 바닷가·물가·하늘가의 경우처럼 끝이 보이지 않는 것을 이른다. 이에 연유하여 초기에 '끝이 없다'라는 뜻으로 쓰였다. 그러다가 16세기에는 '안타깝다'라는 의미로도 쓰였고, 18세기에는 '불쌍하다'라는 뜻으로도 쓰였다. 측은한 마음이 끝없는 상태를 가리킨 것이며, 19세기에 들어서는 '가엾다'로 축약되면서 '불쌍하고 애처롭다'라는 뜻이 되었다. 따라서 '가엾다'는 심정적으로 동정을 담은 마음 상태를 나타낸다.

이에 비해 '불쌍하다'의 어근은 '불샹'이며, 한자어 불상不祥 혹은 불상不常에서 온 것으로 보인다. 좋지 못한 상태, 평소와 같지 않은 처지가 곧 '불상'인 것이다. '거지가 도승지를 불쌍하다 한다'라는 속담은 그런 정황을 어느 정도 일러 준다. '호랑이도 쏘아 놓고 보면 불쌍하다'라는 속담은 아무리 밉던 사람도 죽게 되었을 때는 측은하게 여겨진다는 말이다. 그러므로 '불쌍하다'라는 말은 '눈으로 보기에 처지가 안 됐다'라는 시각적 언어인 셈이다.

반면에 '안타깝다'는 마음을 뜻하는 '안'에, '답답하다'의 옛말 '답깝다'가 더해진 말이다. 자기만 못한 사람의 딱한 사정을 가엾게 여길 때 안쓰럽다고 말하는데 여기서의 '안'도 마음을 뜻한다. 요컨대 뭔가 도와주고 싶지만 그렇지 못해 애타고 갑갑한 마음이 '안타깝다'인 것이다.

그런가 하면 유의어 '측은하다'는 측은지심惻隱之心에서 나온 말이다. 중국의 사상가 맹자는 누구나 남의 고통을 외면하지 못하는 마음을 갖고 있다면서 우물에 빠진 아이를 예로 들었다. 어린아이가 우물에 빠진 모습을 보면 누구라도 그 아이를 불쌍히 여기게 되는데 이를 측은지심이라고 했다. 요컨대 '측은지심'의 측은은 다른 사람의 불행을 불쌍히 여기는 마음을 이른다.

의미

가엾다 마음이 아플 만큼 딱하고 불쌍하다.

불쌍하다 처지가 가엾고 애처롭다.

안타깝다 뜻대로 되지 아니하거나 보기에 딱하여 애타고 답답하다.

측은하다 (사람이/무엇이) 가엾고 애처롭다

예문

o 행상 소년을 보니 어린 나이에 가엾다는 생각이 들었다.

o 관객들은 영화 속 주인공이 불쌍하여 눈물을 흘렸다.

o 어찌된 영문인지 몰라 너무 안타깝다.

o 오랜 병시중으로 지친 친구가 측은했다.

각설하고, 거두절미, 단도직입

"각설 길동이 부모를 이별하고 문을 나설 때……"

『홍길동전』에 나오는 한 대목인데, 이처럼 고전소설에는 '각설'이라는 단어가 종종 보인다. 본래 무슨 뜻일까?

'각설'은 却(물리칠 각) 자, 說(말씀 설) 자로 구성된 단어이며, '먼저 것을 물리치고 다음 것을 말한다'는 걸 알리기 위해서 쓰인 말이었다. 긴 이야기를 하다가 어느 순간 장면을 바꿔 설명해야 할 때 바로 '각설'이라는 말을 사용한 것이다. 이에 연유하여 지금까지의 이야기를 그만두고 화제를 돌려 다른 말을 꺼낼 때, '각설하고'의 형태로 첫머리에 쓴다.

'각설'에 사람을 가리키는 접미사 '이'가 붙은 '각설이'란 말도 있다. 각설이는 옛날에 장타령꾼들이 하던 말을 넘기고 새로운 말을 내놓는 방법으로 계속해서 타령을 부른 데서 유래된 명칭이다. '장타령꾼'을 얕잡아 이르던 각설이가 시장이나 길거리로 돌아다니며 부른 노래는 '각설이타령'이라고 한다. 타령 후렴구에 "품바, 품바"가 있었기에

'품바 타령'이라고도 한다.

'각설하고'의 유사어 '거두절미'去頭截尾는 요점만 말한다는 뜻의 사자성어다. 여기에는 다음과 같은 유래가 있다. 진시황제가 중국을 통일했을 때, 재상이 된 이사李斯는 동문수학한 친구 한비자의 이론을 바탕으로 법치를 설명하려 했다. 하지만 이미 한비자가 쓴 책을 읽고 감탄하여 통달해 있던 진시황은 이렇게 말했다. "다 아는 내용이니 거두절미하고 본론만 말하라." 이 일화에서 '거두절미'라는 말이 나왔다. '머리와 꼬리를 잘라 버림'이니, 군더더기는 빼고 몸통, 즉 본론만 말하라는 의미인 것이다.

거두절미가 쓸데없는 것은 버리고 핵심만 말하는 걸 가리킨다면, '단도직입'單刀直入은 '요점이나 문제의 핵심을 곧바로 말함'을 이르는 말이다. 단도직입의 어원은 중국 역사서 『남사』南史에 기록되어 있다. 북위 군대가 쳐들어왔을 때, 남제의 승정은 군사 모집에 응해 나가 싸웠다. 그는 칼 한 자루를 거머쥐고 똑바로 적진을 향해 나아갔다. 이에 위군이 패하여 도망쳤다. 본디 '단 한 자루 칼에 의지하고 적진을 향해 나아감'이라는 뜻이었던 단도직입은 목표를 향해 용감하게 앞으로 나아가는 비유로 쓰이다가, 후에는 인사말 등 서두를 생략하고 직접 본론으로 들어감을 일컫는 형용어로 쓰이게 됐다. 흔히 '단도직입적으로'의 형태로 많이 사용한다.

의미

각설하다 지금까지의 이야기를 멈추고 화제를 돌려 다른 말을 꺼내다.

거두절미 어떤 일의 부차적인 설명은 빼고 요점만 간단히 말함.

단도직입 요점이나 문제의 핵심을 에두르지 않고 곧바로 말하는 것.

예문

○ 각설 경기도 양주에 임 씨라는 장사가 살고 있었다.

○ 그는 시간을 생각해서 거두절미하고 본론을 말했다.

○ 그는 회의실에 들어오자마자 단도직입적으로 말했다.

갈등, 알력, 번뇌

'갈등'葛藤은 서로 다른 입장과 견해로 인한 복잡한 관계나 거기에서 생기는 충돌을 가리키는 말이다. 심리 용어이지만 식물에서 유래했다.

葛(칡 갈) 자와 藤(등나무 등) 자로 이루어진 '갈등'에는 콩과에 속한 칡과 등나무의 생태적 특성이 반영되어 있다. '칡'은 줄기를 길게 뻗어 가면서 다른 물체를 왼쪽(시계 방향)으로 감고 올라가는 덩굴식물이고, 등나무는 오른쪽(시계 반대 방향)으로 감아 올라가는 성질을 지닌 덩굴나무이다. 따라서 칡과 등나무가 한 곳에서 같은 나무를 감아 올라갈 경우, 두 식물은 X자 모양으로 서로를 옥죄는 상황이 일어난다. 이러면 지지대가 된 나무도 곤란하지만, 칡과 등나무 역시 생장에 어려움을 겪게 된다.

이처럼 상반되는 두 가지가 엉켜서 맞서며 복잡해진 심리 상황을 갈등이라고 한다. 이런 이해의 대립은 개인이든 집단이든 간에 처지나 상황이 다르므로 서로 적대시하거나 충돌을 일으키곤 한다. 노사 갈등, 남녀 갈등, 세대 갈등등을 예로 들 수 있다.

　갈등이 두 사람 이상의 구성원 사이에 일어나면 대개 '알력'軋轢이 생긴다. 軋(삐걱거릴 알), 轢(삐걱거릴 력)이라는 음훈에서 짐작할 수 있듯 알력은 수레바퀴가 삐걱거린다는 뜻으로, 의견이나 입장이 서로 맞지 않아 충돌하는 것을 이르는 말이다.

　그런가 하면 어떤 선택을 놓고 갈등하는 경우 한 사람의 마음에서 '번뇌'煩惱가 생기기 쉽다. 불교 용어에서 유래된 번뇌는 자아를 중심으로 하여 일어나는 나쁜 경향의 마음 작용이나 갈등을 나타낸다. 불교에서는 중생의 번뇌를 108가지로 분류한다. '백팔번뇌'百八煩惱란 인간이 지닌 온갖 번뇌를 이르는 말로 쓰인다. 사람들은 일반적으로 사물을 대할 때 그것이 좋으면 탐내어 소유하려 한다. 그 욕망을 충족시키기 위해 애태우기도 하고, 포기하고자 억누르기도 하는 등 심리적 다툼이 일어나는 바, 이처럼 마음의 평온을 깨트리는 정신적인 모순이 번뇌다.

　정리하자면 갈등은 '한 사람의 마음속에서 벌어지는 두 가지 이상의 모순된 감정 혹은 외부 상대와의 대립이나 이해관계 충돌로 인한 괴로움'을 이르는 말이다. 알력은 '상대와 입장이 맞지 않아 충돌함'을 가리킨다. 또한 번뇌는 '욕망에 시달려서 괴로운 마음 상태'를 의미한다.

의미

갈등 상반되는 두 가지 이상의 감정이나 이해관계로 인해 갈피를 못 잡고 괴로운 마음.

알력 서로의 입장이나 이해관계가 달라 충돌함.

번뇌 욕망 등으로 인한 괴로운 마음.

예문

o   그는 회사 이직 문제로 갈등하고 있다.

o   보수파와 개혁파 사이에 알력이 심하다.

o   사랑이 크면 번뇌도 크다.

갈피를 못 잡다, 오리무중

"영~ 책갈피에 꽂아 둔 / 영~ 은행잎은 퇴색해도."

가수 이선희가 부른 노래 「영」의 가사인데, 여기서 '책갈피'는 책장과 책장 사이의 공간을 이르는 말이다. 예전에는 가을에 단풍잎이나 은행잎을 말려 책갈피 사이에 꽂아 놓는 일이 많았기에 위와 같은 노랫말이 나왔다.

책갈피는 서표書標, 즉 '책장과 책장을 가르기 위해 꽂아 두는 꽂이'를 가리키기도 한다. 책갈피에 책갈피를 꽂아 두다니, 말이 좀 이상하다. 어찌된 일일까?

책갈피의 '갈피'는 본디 겹치거나 포개어 놓은 물건에서 하나하나의 사이나 틈을 의미하는 말이다. 여러 옷감을 켜켜이 쌓아 놓았을 경우 그 옷감과 옷감 사이가 '갈피'이며, 많은 종이를 겹쳐서 만든 책의 종이와 종이 사이도 '갈피'이다.

옛날에는 책을 읽다가 멈출 경우, 책갈피에 서표를 꽂아 두었다. '서표'는 읽던 곳을 표시하고자 책장 사이에 끼워 두는 물건을 뜻하는 말이다. 영어단어 북마크bookmark

가 이에 해당한다. 그런데 책갈피에 꽂아 둔 서표를 아예 책갈피라고 말하는 사람들이 많아지면서 책갈피에 서표라는 뜻도 포함되기에 이르렀다.

한편 서표가 없을 경우, 읽었던 부분과 읽지 않은 부분의 갈피를 바로 찾아내기가 쉽지 않다. 여기인지 저기인지 책장을 뒤적거리기 일쑤이기에, 여기에서 '갈피를 못 잡다'라는 말이 생겼다. 이 관용어는 나아가 사람이 어떤 일의 방향을 제대로 잡지 못하고 갈팡질팡하는 걸 이르는 데 쓰이게 됐다.

그런가 하면 찾아야 할 사람의 행적을 전혀 알 수 없는 상태를 '오리무중'五里霧中이라고 말한다. 말의 유래는 중국 『후한서』後漢書에 기록돼 있다. 중국 후한 시대에 장해라는 인물이 있었다. 장해는 절개와 지조가 굳은 학자로서 어떤 권세에도 타협하지 않았기에 많은 제자들이 그를 따랐다. 장해는 벼슬에 나아가길 원치 않아 산중에서 생활했다. 그의 소문이 순제의 귀에까지 들어갔고, 순제는 장해의 학식과 지조를 칭찬하며 벼슬을 주고자 사신을 보냈다. 그러자 장해는 터득한 도술로 자신이 있는 곳으로부터 오리五里까지 안개를 일으켜 그 속에 숨어 버렸다. 이에 연유하여 오리무五里霧, 즉 '5리의 안개'라는 말이 생겼다. 사방에 안개가 자욱하면 어디로 걸어가야 할지 길을 찾기가 참으로 난감할 것이다. 훗날 '오리무'에 中(가운데 중) 자가 추가되어 '오리무중'이라는 사자성어가 됐고, 어떤 일의 상황을 파악하기 힘들거나 일의 갈피를 잡기 어려움을 비유하는 말로 쓰인다.

의미

갈피를 못 잡다 (사람이) 일의 나아갈 방향을 제대로 찾지 못하고 갈팡질팡하다

오리무중 어디에 있는지 찾을 길이 막연하거나 갈피를 잡을 수 없을 때를 이르는 말.

예문

○ 도시 개발과 자연 보존 사이에서 갈피를 못 잡고 있다.

○ 감옥 탈주범의 행방은 오리무중이다.

감감무소식, 함흥차사, 부지하세월, 백년하청

　조선 시대 때 각종 특수 임무를 수행하기 위하여 임시로 차출·임명 된 관직을 '차사원'差使員 혹은 '차사'라고 불렀다. '차'差는 '시키다, 파견하다, 심부름하다' 따위의 뜻이고, '사'使는 '명을 받고 일하는 사람'을 의미하므로, 차사는 일정한 용무를 주어 다른 곳으로 파견하는 사람을 가리킨다.

　'함흥차사'咸興差使라는 말은 조선 시대 초 형제를 무참히 살해하면서까지 왕위를 차지하려 한 아들 이방원의 행위에 분노한 태조 이성계가 함흥으로 가 버린 뒤에 생겼다. 이방원은 태조의 마음을 돌리기 위해 계속 차사를 함흥으로 보냈으나, 그들 모두 태조가 쏜 화살에 맞아 죽어 왕궁으로 돌아오지 못했다. 이에 함흥차사라는 사자성어는 '심부름을 갔으나 많은 시간이 흘러도 돌아오지 않는 사람이나 그런 경우'를 뜻하는 말로 쓰인다.

　함흥차사가 심부름을 보내고 그에 대한 답변을 기다리는 걸 나타내는 말이라면, '감감소식'은 약속 여부에 관계없이 어떤 소식이 전해지기를 기다리는 걸 표현한 말이다. '감감'은 본디 '아주 멀어서 아득하다'라는 뜻을 지닌 '감감하다'에서 나왔고, '소식'은 '천지의 시운時運이 바뀌어 가는 형편'을 뜻한다. 따라서 감감소식은 '어떤 형세나 안부 따위를 알 길 없어 아득한 모양'을 의미하며, 이에 연유하여 '소식이 전혀 없는 모양'을 뜻하게 됐다.

일상어에서는 '감감소식'보다 '감감무소식'이라는 말을 더 많이 사용한다. 이는 소식 없음을 강조하기 위해 無(없을 무) 자를 더한 것이다. '감감소식'과 '감감무소식'은 둘 다 표준어로 채택되어 있다.

하염없는 기다림을 강조할 때 '부지하세월'不知何歲月이라는 말도 자주 쓰인다. 여기서 '하세월'은 '매우 오랜 세월'을 뜻하며, '부지하세월'은 바라는 일이 늦어져서 언제 이루어질지 그 기한을 알 수 없음을 의미한다. 다시 말해 진행하는 일의 완성을 무척 오래 기다렸건만 아무래도 불가능하다고 느낄 때 볼멘소리로 하는 말이 부지하세월이다.

부지하세월의 유사어로는 '백년하청'百年河淸이 있다. 황토 고원을 통과하여 흐르는 중국의 황하는 엄청난 양의 토사를 실어 나른다. 그리하여 강물이 늘 흐려서 맑을 때가 없다는 데서 유래한 말로, 어떤 일이 아무리 오랜 시간이 흘러도 이루어지기 어려움을 비유한 말이다.

의미

함흥차사 심부름 가서 돌아오지 않는 사람. 또는 그런 경우를 일컫는 말.

감감소식 소식이나 연락이 전혀 없는 상태. 감감무소식.

부지하세월 일이 늦어져서 언제 이루어질지 그 기한을 알 수 없음.

백년하청 아무리 기다려도 실현 가능성이 없는 일.

예문

○ 심부름을 보낸 지가 언젠데 함흥차사야.

○ 여행 간 친구가 전화도 없이 감감무소식이다.

○ 그에게 일을 맡기면 부지하세월이다.

○ 교육 문제 해결은 백년하청이 될 가능성이 높다.

감응, 감탄, 혀를 내두르다

"정성 어린 병구완에 하늘도 감응感應했는지 어머니는 건강을 되찾았다."

위 문장에서 '감응'은 '신神이 어떤 사람의 마음이나 정성에 감동 받음'을 뜻하는 말로, 본래는 중생의 느낌과 부처님의 반응이 서로 통해서 사귄다는 뜻의 불교 용어였다. 신라 경덕왕 때 승려 월명사는 꽃을 뿌리며 「도솔가」를 불러서 부처의 감응을 받았다고 하는데, 이처럼 부처가 어떤 사람의 마음이나 정성에 감동 받으면 감응한 것이다. 요컨대 '감응'은 사람의 정성과 그에 대한 신의 응답에서 유래된 말이다. 이에 연유하여 민간에서도 '느낌을 받아 마음이 움직이는 것'을 감응이라 말하게 되었다.

'감응'이 서로 주고받은 감정의 교류라면, '감탄'感歎은 感(느낄 감) 자, 歎(칭찬할 탄) 자 음훈 그대로 '마음속 깊이 느끼어 탄복함'을 이르는 말이다. 우선 감탄은 청각적 분위기를 나타낸 말이다. 감동이 마음으로 느끼는 거라면, 감탄은 그 느낌을 겉으로 드러내는 걸 말한다. 그런 표시는 가벼운 한숨소리일 수도 있고, '와우' 하는 경쾌한 소리일 수도 있지만, 기본적으로 감동하여 내뱉는 소리임에는 분명하다. 감탄 대상은 경치, 인물, 음악, 사물, 행위 등 제한이 없다. 높은 산의 웅장함, 훌륭한 연설, 아름다운 그림, 자연적이든 인공적이든 마음이 저절로 움직여 깊은 느낌을 받고 그걸 청각적으로 나타낸 게 감탄이다.

그런가 하면 우리는 매우 놀라거나 감탄하여 미처 말하지 못하는 모양을 가리켜 '혀를 내두르다'라고 표현한다. 왜 그럴까? '혀를 내두르다'라고 말하면 언뜻 혀를 입 밖으로 내밀어 휘휘 흔드는 모습을 연상한다. 하지만 사실은 그렇지 않다. 이 말은 원래 '혀를 말다'(捲)라는 뜻의 '혀를 두르다'에서 나왔다. 중국(捲舌), 일본(舌を卷く), 한국에서 자신도 모르게 혀를 마는 일은 놀람이나 감탄을 뜻했다. 깜짝 놀랐을 때 저절로 입이 벌어지면서 혀가 아래로 말리는데, 그렇게 혀가 말린 상태에서는 말을 할 수 없다. 혀를 널름널름 내두를 때도 말을 할 수 없다. 요컨대 놀랐을 때의 표정을 혀 모양에 빗대어 과장되게 표현한 말이 '혀를 내두르다'인 것이다.

'혀를 내두르다'라는 관용어는 좋은 일과 나쁜 일을 가리지 않는다. "학생의 뛰어난 설명에 선생님은 혀를 내둘렀다" "그놈의 비양심적 태도에 혀를 내둘렀다" 등등 놀람 자체에 방점을 찍고 사용한다.

의미

감응 어떤 느낌을 받아 마음이 따라서 움직임.

감탄 마음이 움직여 깊은 느낌을 드러냄.

혀를 내두르다 몹시 놀라거나 어이없어서 말을 못하다.

예문

○ 혼신을 다한 배우의 연기에 관객들이 감응되었다.

○ 관광객들은 거대한 폭포가 보여 주는 경치에 감탄했다.

○ 손흥민 선수의 현란한 발기술에 모두 혀를 내둘렀다.

감쪽같다, 완벽하다

"그는 특수 용지를 이용해 위조지폐를 감쪽같이 만들었다."

"종이로 만든 꽃이 감쪽같아서 진짜와 구별하기 어렵다."

뭔가 꾸미거나 고친 것을 남이 알아채지 못할만큼 티나지 않게 처리한 걸 흔히 '감쪽같다'라고 말한다. 다시 말해 흔적을 남기지 않고 처리하는 걸 이르는 말인데, 여기서 '감쪽'은 뭘까?

그 유래에 대해서는 대략 두 가지 설이 있다. 하나는 감을 절반으로 자른 뒤 두 쪽을 다시 맞추어 놓으면 자른 흔적을 찾기 어려운 데서 비롯됐다는 설이다. 일설에는 곶감의 꼭지를 떼어 냈다가 다시 맞춰 놓아 흔적 없는 걸 일러 감에 貼(붙을 첩) 자를 써서 '감첩같다'라고 한 말이 '감쪽같다'의 어원이라고도 하는데, 여기서의 '첩'이 '쪽'을 의미하는지는 불분명하다. 다른 설은 곶감 한 쪽을 재빨리 먹어 치운 데서 비롯됐다는 설이다. 즉 곶감은 달고 맛있으므로, 누가 와서 빼앗아 먹거나 나눠 달라고 할까 봐 곶감 한 쪽을 빨리 먹고 흔적 없게끔 말끔히 했기에 '감쪽같다'라는 말이 나왔다는 것이다.

어느 설이 정확한지는 판단하기 어려우나, 감(곶감)을 별미로 여긴 문화 정서에서 생긴 말임은 분명하다. 나아가 어떤 물건이든지 나누었다가 다시 맞추어 놓은 것이 이전 모양과 같아서 흔적이 없을 때 '감쪽같다'라는 표현을 쓴다. 이에 연유하여 '감쪽같다'는 '어떤 행위를 남이 짐작하지 못할 만큼 교묘히 하다' 혹은 '고치거나 꾸민 흔적을 알아차리지 못할 만큼 말짱하다'라는 뜻으로 쓰인다.

이에 비해 '완벽完璧하다'라는 말은 '결함을 찾을 수 없을 정도로 완전하다'라는 뜻이며, 어근 '완벽'은 '흠이 없는 구슬'이라는 뜻이다.

춘추시대 말기 조나라 혜문왕은 당시 천하 최고 보물로 알려진 화씨벽和氏璧을 우연히 손에 넣었다. 소문을 들은 진나라 소양왕이 성 열다섯과 화씨벽을 맞바꾸자고 요청해 왔고, 혜문왕은 고민에 빠졌다. 군사 강국 진나라가 구슬만 빼앗고 성을 주지 않을 게 분명했기 때문이다. "어떻게 처리해야 하겠는가?" 혜문왕은 식객으로 있던 조나라 명신 인상여에게 조언을 구했고, 인상여는 "성이 들어오지 않으면 신은 완전한 구슬을 조나라로 가지고 돌아오겠습니다"城不入臣請完璧歸趙라는 말을 남기고 진나라에 갔다가 온전히 구슬을 다시 가져왔다. 이후 완벽이라는 말은 '흠이 없는 완전한 구슬' 또는 '구슬을 완전하게 보존하다'라는 의미로 통했고 '완전무결'을 비유하는 말로 쓰이게 되었다. "그의 연주 솜씨는 완벽했다"처럼 일하거나 솜씨를 발휘하는 데 있어 흠 없는 걸 표현할 때 사용한다.

의미

감쪽같다 꾸미거나 고친 게 전혀 알아챌 수 없을 정도로 말짱하다.

완벽하다 결함 없이 완전하다.

예문

○ 수리한 부분이 눈에 띄지 않도록 감쪽같이 고쳤다.

○ 실제론 완벽하지 않으므로 완벽해지려고 노력한다.

값싸다, 비싸다, 돈의 어원

'값'은 뭔가를 사고팔기 위하여 정한 액수, 또는 물건을 거래할 때 주고받는 돈의 크기를 가리키는 말이다. '값'의 어원은 무엇일까?

1434년 간행된 『삼강행실도』에 "빋 갑게 ᄒ시니"라는 구절이 나오는데 현대어로는 '빚을 갚게 하시니'라고 풀어 쓸 수 있다. '남에게 빌리거나 꾼 것을 돌려주다'라는 의미를 가진 '갑다'의 '갑'에 ㅅ이 붙은 말이 '값'인 것이다. 물건이나 돈을 쓰고 돌려주는 것을 이르는 '갑다'는 후에 '갚다'로 표기가 바뀌었다. 요컨대 '값'은 받는 것에 대한 대가로 주는 돈의 크기인 셈이다.

짐작보다 낮은 값을 지닌 물건도 있고, 더 높은 값을 지닌 물건도 있다. 그런 경우를 표현한 '값싸다'라는 말은 '가격이 저렴하다'를 의미하고, '비싸다'라는 말은 '가격이 너무 높다'를 뜻한다. 그런데 '값싸다'라는 말은 본래 '값이 적당하다'를 의미하는 말이었다. 여기서 '싸다'는 '매를 맞아도 싸다'의 경우처럼 '마땅하다'를 뜻한다. 그러나 점차

'적당하다'보다 '값이 낮다'는 뜻으로 바뀌었다. 이에 비해 '비싸다'라는 말은 원래 '빚이 싸다', 즉 '빚을 질 만하다'라는 뜻이었다. 고가품을 살 경우 빚지는 것은 당연한 일이므로 '비싸다'란 자연스레 '가격이 높다'를 의미하게 되었다. 다만 본래의 어순은 '빚이 만 원 싸다'(만원 빚을 질 만하다)와 같았는데, 지금은 '만 원이 비싸다'처럼 순서가 바뀌었다.

일설에는 1447년 『석보상절』에서 '빈ㅅ다'의 형태로 나타난 '빈'을 가치·채무·부채 등의 의미로 보고, 'ㅅ다'를 '값나가다'로 해석하기도 한다. 즉 '빈ㅅ다'는 본래 '값어치 있다'라는 뜻이고, 표기만 '비싸다'로 바뀌었다는 것이다. 사실상 같은 풀이이므로 그 맥락은 같다.

한편 물건을 살 때 내는 금액을 이르는 '돈'의 어원은 명확하지 않다. 한 곳에 머물지 않고 돌아다닌다는 뜻에서 '돈'이라 하게 됐다는 민간 어원설은 근거가 없다. 최세진이 1527년 지은 한자 학습서 『훈몽자회』에 錢(돈 전)이라 기록된 단어의 어원에 대해서는 다음 두 가지 설이 유력하다.

첫째, 고대 중국에서 화폐로 통용된 칼 모양의 도화刀貨, 한자어 刀(칼 도)에서 '돈'이란 말이 나왔다는 해석이다. 이후 화폐 모양은 바뀌었지만 발음은 그대로 '돈'으로 굳어졌다는 것이다. 둘째, 한약재나 금, 은 따위의 무게를 재는 단위인 '돈'에서 유래됐다는 설이다. 귀한 물질의 무게에 비례한 실질적인 값어치 명칭이 후에 명목 가치 명칭으로 쓰이게 됐다는 것이다.

의미

값싸다 물건이나 비용의 가격이 낮다.

비싸다 비용이나 값 따위가 보통보다 높다.

예문

o   대량 생산되는 물건은 대부분 값싸다.

o   역사적 가치가 있는 희귀한 유물은 비싸다.

갹출, 각출, 추렴, 십시일반

살다 보면 큰일을 치러야 할 때가 많다. 그럴 경우 여러 사람이 일이나 비용을 분담하면 한결 일처리가 쉬워진다. 갹출, 추렴, 십시일반은 그런 일처리에서 나온 말들이다.

'갹출'醵出은 醵(술잔치 갹)과 出(낼 출) 자로 이루어진 단어이다. 여럿이 함께 술을 마시고자 돈을 거둔 게 갹출이며, 뒤에 '공동의 비용을 여럿이 나누어 내는 것'이란 의미로 쓰이게 됐다.

갹출은 '한 목적에 대하여 여러 사람이 얼마씩 돈을 나누어 냄'을 뜻하고, 금전적 부담 분산에서만 쓰인다. 옛날에는 대보름날 마을마다 동제洞祭를 지내기 위해 집집마다 제사 비용을 갹출하곤 했다. '갹출'은 비교적 균등한 분할을 의미한다. 그러므로 '갹출'은 공평한 분담을 거론할 때 종종 쓰인다. "사회로부터 세금이라는 형식으로 돈을 갹출함으로써 공공의 편익을 배분하다"처럼 말이다.

한편 '각출'을 '갹출'과 혼동하는 경우가 있는데, 그 의미가 크게 다르다. '각출'各出은 '각각 나옴, 각각 내놓음'을 뜻하는 말이며, 특정한 목적보다는 각각의 사람이 내는 걸 강조할 때 많이 쓰는 표현이다. 예컨대 식사 후 음식 비용을 각자 낸다면 각출이라고 해야 한다.

갹출과 비슷한 말로 '추렴'도 있는데 뉘앙스 차이가 있다. 추렴은 원래 공동의 일을 위해 각자의 호주머니를 털어서 목표만큼의 목돈을 마련하는 일을 이르는 말이다. 出(낼 출) 자와 斂(거둘 렴) 자로 구성된 '출렴'出斂이 어원이며 '내보내고 거둠'을 뜻한다. 따라서 '추렴을 내다' '추렴을 거두다' '추렴하다'처럼 쓴다. 추렴은 누군가의 제안에 따라 이루어지기 일쑤이며, 모임이나 놀이 또는 잔치에서 여럿이 각각 얼마씩 비교적 공평하게 돈을 내어 거둔다. 그 목적은 술을 사 먹는 일일 수도 있고, 잔치 비용일 수도 있으며, 물건 구입 비용일 수도 있다. 때로는 물건 자체일 수도 있다. 이때의 '추렴'은 각자 형편에 따라 약간 차이가 있는 분할이라 말할 수 있다.

다만 추렴이 대인관계에 적용되는 경우 의미가 달라지므로 주의해야 한다. 예컨대 어떤 모임에 빠져 있다가 뒤늦게 끼어드는 걸 '그들의 대화에 추렴을 들다'라고 표현한다. 이때 '추렴을 들다'라고 해야지 '추렴에 들다'는 잘못된 표현이다. '추렴을 들다'라는 표현은 '추렴하는 데에 끼다'

'남들이 말하는 데 한몫 끼어 말하다'라는 뜻이다.

비슷한 유의어로 '십시일반'+匙一飯을 뺄 수 없다. 십시일반은 본래 '밥 열 술이 한 그릇이 되다'라는 뜻의 불교 용어로, 열 사람이 각기 한 숟가락씩 자기 그릇에서 밥을 덜어 내어 모으면 배고픈 한 사람을 먹일 수 있다는 말이다. 즉 '여러 사람이 힘을 합하면 한 사람을 구제하기는 쉽다'라는 자비를 일컫는다. 이에 연유하여 십시일반은 '여러 사람이 조금씩 힘을 합하면 한 사람을 돕기 쉬움'을 이르는 말로 쓰인다. 요즘에는 큰 부담을 해결한다는 의미의 용어로도 종종 쓰인다. "상수원 상류 지역 수질 보전을 위해 도시민들이 십시일반 물 이용 부담금을 내고 있다"처럼 말이다.

의미

o   **갹출** 같은 목적을 위하여 여러 사람이 돈을 나누어 냄.

o   **각출** 각각 나옴.

o   **추렴** 모임이나 놀이 또는 잔치 따위의 비용으로 여럿이 각각 얼마씩의 돈을 내어 거둠.

o   **십시일반** 여러 사람이 조금씩 힘을 합하면 한 사람을 돕기 쉬움.

예문

o   마을 잔치 비용을 마련하느라 1인당 월 10만 원을 갹출했다.

o   기업마다 수재 의연금 각출을 약속했다.

o   십시일반으로 수술비를 마련했다.

o   동네 사람들이 추렴해서 할머니를 도와드렸다.

개봉 박두, 디데이

임박했다는 긴장감 조성을 위해 쓰이는 용어로 '개봉 박두'開封迫頭가 있다. 이는 무성영화 시대의 산물이다. 1920년대 말부터 우리나라에 무성영화 바람이 불었을 때, 영화 상영의 숨은 주인공은 '변사'였다. 변사는 배우들 목소리를 일인다역으로 능수능란하게 연기하며 관객들 심금을 울린 다음, 영화가 끝난 뒤 곧이어 개봉할 다음 영화를 선전하기 위해 다음과 같이 말하곤 했다. "눈물 없이는 볼 수 없는 영화, 기대하시라, 개봉 박두!"

이때의 '개봉'은 '영화 필름이 담긴 상자를 뜯고 열어 보는 일'을 가리키며, 당시 제작사에서 영화 필름을 상자에 담아 밀봉한 채 극장으로 운반한 데서 비롯된 말이다. 또한 '박두'는 '예정된 사건이나 시기가 가까이 닥쳐옴'을 뜻한다. 따라서 개봉이 박두했다는 건 영화 첫 상영일이 임박했다는 뜻이 된다. 영화 홍보를 위해 요란스럽게 가두街頭 안내를 하는 선전꾼들도 '개봉 박두'라는 말을 애용했으므로, 이내 유행어가 되었다. 그런데 일제강점기에 상영된 영화는 주로 애절한 신파극이 많았으므로, 개봉 박두라는 용어에는 기대감이나 긴장감보다는 아련한 서글픔이 담기게 되었다.

'개봉 박두'가 어떤 일이나 상황이 가까이 닥쳐옴을 공개적으로 알리는 말이라면, '디데이'D-Day는 계획한 일을 실행하기로 정한 날을 이르는 말이다. 디데이는 제2차 세계대전 때 생긴 용어이다.

"이제 전쟁을 마무리 지을 때가 왔도다!" 제2차 세계대전 때 전세가 연합군 쪽으로 기울자, 미국의 아이젠하워 장군은 대대적인 프랑스 북부 해안 상륙 작전을 결정했다. 연합군 공격은 그 유명한 디데이, 1944년 6월 6일에 감행됐다. 본래 작전 개시일은 6월 5일이었으나 폭풍 때문에 하루 미뤄졌다. 드디어 6월 6일 동트기 전 영국 기습 부대가 주요 교량을 점거하고 나치 통신망을 두절시키는 동안 미국 공수여단이 상륙하면서 공격이 시작됐다. 이날 독일의 히틀러는 잠을 자고 있었는데, 부관은 새벽에 노르망디 급보를 받았음에도 그를 깨우지 않았다. 히틀러의 새벽잠은 유별나 어떤 일이 있어도 깨워서는 안 된다는 게 부관들의 수칙 1조였기 때문이다. 그런데다 롬멜 장군은 아내 생일을 축하하기 위해 전선을 떠나 본국에 가 있었고, 이런저런 이유로 독일은 연합군의 대대적인 기습 공격에 제대로 대응하지 못했다. 결국 독일은 항복했다. 이에 유래하여 디데이는 군사 용어로 '작전 지시일'을 뜻하지만, 요즈음은 결전의 날이 얼마 남지 않았음을 강조하며 '어떤 계획을 실시할 예정일'이라는 뜻으로 여러 분야에서 널리 쓰인다.

의미

○ **개봉 박두** 새로 만들거나 수입한 영화를 상영할 시기가 가까이 닥쳐옴.

○ **디데이** 어떤 계획을 실시할 예정일. 또는 결전의 날.

예문

○ 영화 예고편은 개봉 박두를 알리는 용도를 넘어 호기심 자극제다.

○ 연인들은 발렌타인데이를 사랑 고백의 디데이로 잡곤 한다.

개울, 개천, 냇물, 시냇물, 시내

'개울'은 골짜기나 들에 흐르는 작은 물줄기이며, 옛말은 '개골'이다. 본래는 '물이 드나드는 곳'이란 뜻의 '개'에 '산과 산 사이에 깊숙이 패어 들어간 곳'을 이르는 '골'이 합쳐진 말이다. '개가 있는 골'을 가리킨 '개골'에서 둘째 음절 첫소리 ㄱ이 빠져나가면서 '개울'로 되었고, '시내보다 작은 물줄기'를 나타냈다.

'개울'은 '시내'나 '냇물'보다 물줄기가 더 가는 걸 나타내고, 개울 중에서 폭이 아주 좁은 곳은 '실개울'이라 했다. 더 좁고 작은 개울은 '도랑'이라고 했다. "도랑 치고 가재 잡고"라는 속담은 매우 좁은 개울에서 일하면서 노는 풍경을 묘사한 말이다. '개울'이 자연적인 물줄기라면, '개천'開川은 '물이 흘러나가게끔 인위적으로 길게 판 내'를 뜻한다. 개천의 옛말은 '긔천'이며, 조선 시대 초기에 생긴 단어이다.

한양을 도읍으로 삼고 경복궁을 세웠을 때, 도성의 가운데에 큰 배수로를 만들어 백악산 및 인왕산의 계곡물과 민가의 하수가 모여 흘러가도록 했다. 당시 청계천은 제방이 없었기에 홍수가 일어날 경우 큰 피해로 이어질까 우려해서였다. 1411년(태종 11년) 공사를 위해 개천도감開川都監이 설치됐고, 이듬해 정월 역군 5만 명을 동원하여 착공 1개월 만에 준공했다. 어떤 구간은 자연하천 그대로, 어떤 구간은 하천을 파내고 넓히는 한편 석축과 목축으로 제방을 쌓았다. 이리하여 새롭게 형성한 청계천을 '터놓은 개울'이란 뜻에서 '개천'이라고 명명했다. 즉 개천은 인공 하천이다.

이에 비해 '냇물'은 '내에 흐르는 물'을 뜻하는 말이다. 여기서 '내'는 강보다 작으면서 평지를 흐르는 물줄기를 의미하며 옛 표기는 '나릿믈'이다. 냇물은 마을에서 가깝기에 사람들이 쉽게 이용하곤 했다. '하는 짓이 턱없이 성급함'을 비유적으로 이르는, "냇물은 보이지도 않는데 신발부터 벗는다"라는 속담은 더운 여름에 열기를 식히러 근처 냇물을 종종 찾은 데서 비롯되었다.

그런가 하면 골짜기에서 흘러내리는 맑은 물은 '시냇물'이라 했다. 본디 말은 '실+냏'이며 '실'은 골짜기를 지칭한다. 요컨대 골짜기에서 흐르는 물이 시냇물인 것이다. 그러나 '실+냏'가 '시내'로 변하면서 골짜기든 평지든 가리지 않고 '물이 흐르는 작은 내'를 뜻하게 됐다. 장소가 아니라 규모로서 물줄기를 바꿔 표현한 셈이다.

의미

개울 골짜기나 들에 흐르는 작은 물줄기.

개천 (인공적으로) 물이 흐르도록 길게 판 내.

냇물 강보다 작으면서 평지를 흐르는 물줄기.

시내 (자연적으로) 물이 흐르는 작은 내.

예문

○   그는 개울 가까운 곳에서 야영했다.

○   다리 위에서 개천을 내려다보았다.

○   냇물에는 여러 물고기들이 산다.

○   옹달샘이 개울이 되고 시내가 되어 강물을 이룬다.

58

개차반, 망나니

"그놈 완전히 개차반이네."

"저런 망나니를 봤나."

행실이 좋지 못한 사람을 봤을 때 위와 같이 말하곤 한다. 그런데 '개차반'과 '망나니'의 본래 뜻은 뭘까?

1447년 『석보상절』에 표기된 '차반'은 본래 한자어 茶飯(차반)에서 온 말이며, '격식을 갖춘 음식상'을 의미했다. 구체적으로 차반은 새색시가 친정에 갈 때나 시집으로 돌아올 때 정성껏 잘 차린 음식을 뜻하는 말이었다. 부모에 대한 공경을 담아 차린 상이므로 더없이 정성스러웠음은 물론이다. 이후 차반은 '예물로 차린 좋은 음식'이라는 뜻 이외에 '맛있게 잘 차린 음식'이나 '밥상'이라는 의미까지 지니게 됐다.

"딸의 차반 재 넘어가고 며느리 차반 농 위에 둔다"라는 속담은 '딸에게 줄 밥상은 아끼지 않으면서 며느리에게 줄 밥상은 아까워 농 위에 두고 망설인다'는 뜻으로 며느리보다 딸을 더 생각하는 심성을 풍자하고 있다. '범의 차반'

이라는 말도 있는데, '범의 먹잇감'이라는 뜻이다. 범이 먹을 게 생기면 나중을 생각하지 않고 일단 실컷 먹듯이, 뭐가 생기면 아끼고 모아 둘 생각 없이 생기는 대로 다 써 버림을 비유적으로 이르는 말이다.

반면에 '개차반'은 '개'에 '차반'이 더해져 생긴 말이며, '개가 먹는 차반'인 '똥'을 가리킨다. 다시 말해 개차반은 더러운 똥처럼 '언행이나 마음보가 몹시 더러운 사람'을 속되게 이르는 말이다.

이에 비해 말이나 행동이 몹시 못된 사람을 낮춰 부르는 '망나니'의 어원은 '망량'魍魎이다. 망량은 본래 사람을 홀리거나 짓궂게 괴롭히는 괴물을 지칭한 말인데, 옛날에 사형수의 목을 베는 참형斬刑 집행인이 사형수 앞에서 했던 이런저런 몸짓이 망량을 연상시킨다 하여 '망냥이'로 불렸던 명칭이 '망나니'가 되었다.

일반적으로 망나니는 천한 천민이나 중죄인 중에서 뽑아 썼다. 사람 죽이는 일을 좋아하는 이는 드물기에 신분 낮은 사람에게 강제로 그런 일을 시킨 것이다. 망나니는 법에 따라 사람을 죽인 처형 집행자일 뿐이었지만 사람을 죽였다는 사실은 어쨌든 마음을 불편하게 만들었다. 망나니들은 그 부담감을 견디지 못하고 함부로 행동하는 경우가 많았고 이런 과정에서 성질이 포악해졌다. 이에 연유하여 망나니는 '사회질서를 어지럽히는 자' '행동이 거칠고 나쁜 짓을 일삼는 사람'을 멸시하여 이르는 말로 쓰이게 되었다. 간혹 개구쟁이 소년에게 '망나니'라고도 하는데, 여기에는 귀여운 마음에서 바라보는 눈길이 담겨 있다. 그러나 좋은 표현은 아니다.

의미

개차반 언행이나 마음보가 몹시 더러운 사람.

망나니 행동이 거칠고 나쁜 짓을 일삼는 사람.

예문

o 그는 술만 마시면 개차반이다.

o 그 망나니 아들 녀석 말년까지 부모 속을 썩이더라.

거들먹거리다, 거덜나다, 건방지다

"밤이면 밤마다 권마성勸馬聲이 들려오기도 하고, 때로는 나귀 방울 소리가 나기도 하며, 때로는 경마잡이가 말을 차며 일어나는 모습과 말을 뒤따르는 모습이 보이기도 한다."

조선 말엽 영의정까지 지낸 이유원이 『임하필기』에서 단원 김홍도 풍속화에 대해 남긴 감상문 중 일부인데, 여기서 '권마성'은 가마나 말이 지나갈 때 앞장선 하졸이 목청을 길게 빼어 외치는 소리를 의미한다.

"물렀거라~! 썩 치었거라~!"

권마성은 본래 임금이 나들이할 때 사복시 거덜이 큰 소리로 외치는 호령이었다. '사복시'司僕寺는 가마와 말을 담당한 관청이고, 거기에 소속된 '거덜'은 궁중 행차가 있을 때 벙거지를 쓴 채 앞장서서 길을 틔우는 일을 맡은 하인이다. 거덜은 행차의 위엄을 더하면서 잡인을 막기 위해 위세 당당하게 큰 소리를 수시로 냈다. 권마성은 권위를 과시하는 청각적 행위였기에 고위 관리나 지방 수령들도 행차 때 따라 했다. 이럴 경우 하졸은 권마성을 내면서 종종 행패를 부리기까지 했다.

사람들은 권마성을 들으면 걸음을 멈추고 바닥에 엎드려 가마가 지나가기를 기다렸다. 거덜은 비록 하찮은 직책이나, 늘 큰 소리로 사람들을 몰아세우다 보니 우쭐거리며 몸을 흔들고 다녔다. 거덜의 그런 꼴에서 '신나서 잘난 체하며 함부로 거만하게 행동하다'를 가리키는 '거들먹거리다'와 '거들먹대다'라는 말이 생겼다.

거덜은 위태로워 보일 정도로 몸을 흔들거리고 다녔지만 실상 그의 처지는 아무 실속 없는 종 신분으로 별 볼일 없었다. 이에 연유하여 빈털터리가 된 사람을 거덜에 비유해 '거덜나다'라고 표현하면서 '재산이나 살림이 여지없이 허물어지거나 없어지다'라는 뜻으로 썼다. 나중에는 '살림이나 무슨 일이 흔들려 결딴나다'라는 의미로 확대해서 사용했다.

'거들먹거리다'의 유의어 '건방지다'는 저수지처럼 물을 저장하는 둑을 가리키는 '방죽'과 관련되어 생긴 말이다. '방죽'은 물이 넘치거나 치고 들어오는 것을 막기 위하여 세운 둑이므로, 가뭄이나 홍수에 유용한 역할을 한다. 그런데 1876년(고종 13년) 병자년에 큰 가뭄이 들어 조선 팔도 방죽이 모두 말라 버렸다. 이때 사람들은 바닥이 갈라 질 정도로 바짝 말라 버린 방죽을 보고 乾(마를 건) 자를 앞에 붙여 '건방죽'이라고 불렀다.

이후 '건방죽'은 제 역할은 못하면서 나대는 사람을 비유하는 말로도 사용됐으며, "그는 건방죽이야" 등으로 쓰이던 '건방죽이다'라는 말이 '건방지다'로 바뀌었다. 오늘날 '건방지다'는 자기 분수에 맞지 않게 잘난 체하거나 다른 사람을 낮추어 보듯 대하는 사람에게 사용한다.

의미

거들먹거리다 신이 나서 잘난 체하며 거만하게 행동하다.

건방지다 지나치게 잘난 체하여 주제넘다.

예문

○ 돈푼이나 있다고 거들먹거리는 그의 태도가 메스꺼웠다.

○ 그는 건방지게 굴다가 뭇매를 맞았다.

거북하다, 불편하다

거북의 단단한 등껍질이나 물과 땅을 오가며 생활할 수 있는 능력은 여느 동물에게서 볼 수 없는 독특한 특징이다. 이미 오래전 고대 주술사들은 그 점을 눈여겨보았다. 주술사는 신비한 주문이나 행위로 재앙을 피하게 해주거나 비를 내리게끔 하는 사람으로, 그러기 위해서는 하늘의 뜻을 알아낼 필요가 있었다. 고대 중국이나 우리나라에서 주술사는 거북 등딱지로 점을 쳤는데, 등딱지를 불에 태워 그 갈라지는 모양을 보고 하늘의 뜻을 사람들에게 전해 주었다. 거북을 이용해 점 치는 방법은 우리나라의 경우 백제에서 크게 유행했다고 한다.

이런 일을 '귀복'龜卜이라 하며, 이 말에서 갈라져 나온 '구복'이 '거붑'을 거쳐 '거북'이 됐다. '거북이'라고도 하는데 여기서의 '-이'는 사물을 가리키는 접미사이다.

거북이 신성한 존재라는 관념 때문에 일반인들은 제멋대로 거북을 붙잡거나 죽이는 일을 꺼림칙하게 여겼고, 거북에 대해 언급하는 것조차 망설였다. 이에 연유하여 '거북하다' 또는 '거북살스럽다'라는 말이 생겼다. 거북을 특별하고 상서로운 서수瑞獸로 여긴 관념의 유산인 '거북하다'라는 말은 '어색하고 겸연쩍다' '사람이 어찌하기가 자연스럽지 못하다'라는 뜻으로 쓰인다. 요컨대 '거북하다'라는 단어는 '사람의 마음이나 인체 내부 혹은 어떤 일의 상태가 썩 좋지 않아 답답하고 편치 않다'라는 뜻이다.

'거북하다'의 유사어로는 '불편하다'를 꼽을 수 있는데, 그 어감이 약간 다르다. '불편하다'를 국어사전에서 찾아보면 '(사람이나 상황이) 편하지 않아 거북하다'라고 설명되어 있다. '거북하다'와 그 맥락이 닿아 있는 단어임을 알 수 있다. 그렇다면 '불편'의 정확한 의미는 무엇일까?

명사 '불편'不便은 어떤 일을 하거나 무엇을 이용하기가 쉽지 않고 번거로움을 의미한다. 반의어 '편리'便利를 생각하면 그 뜻이 좀 더 명확해진다. 편하지 않고 이용하기 어려운 게 불편인 것이다. 이때의 불편에는 거북할 때의 꺼림칙함이 거의 없다.

정리하자면, '거북하다'라는 단어는 잠재적 꺼림칙함이 담긴 부자연스러운 심리 혹은 자연스럽지 못한 인체의 속 상태나 좋지 않은 일의 상황을 이른다. 이에 비해 '불편하다'라는 단어는 사람이나 상황이 어찌하기가 편하지 않고 번거롭거나 괴로움을 나타내는 말이다.

거북하다 (사람의 심신) 상태가 자연스럽지 못하거나 자유롭지 못하다.

불편하다 무엇을 이용하기 어렵고 번거롭다. 또는 몸이 편안하지 못하고 괴롭다.

예문

o 옷가게 점원의 지나친 권유가 좀 거북했다.

o 회사가 집으로부터 멀어서 다니기에 불편하다.

거지, 노숙자

'노숙자'를 한자로 어떻게 쓸까? 아마도 路宿者로 쓰는 사람이 적지 않을 것이다. 거리(路)에서 웅크리고 자는(宿) 사람(者)으로 생각하니까 말이다. 그러나 정답은 露宿者이다. 왜 그럴까?

'노숙'露宿이란 '한뎃잠'을 가리키는 말이다. '한뎃잠'은 '한데서 자는 잠'을 뜻하고, '한데'는 '하늘과 사방을 가리지 않는 곳'을 의미한다. 그러니까 노숙자는 지붕 없는 곳이나 벌판에서 잠자는 사람을 일컫는 말이다.

그렇다면 '노숙자'와 '거지'는 어떻게 다를까?

거지는 '걸어지'가 변한 말이다. '걸'乞은 빌거나 달랜다는 뜻의 한자어이고, '어지'는 명사를 만드는 접미사이다. 그러므로 거지란 '빌어먹고 사는 사람'이라는 뜻이다. 떠돌아다니기 때문에 '유걸'流乞이라고도 한다.

거지는 고대부터 있었다. 고대 그리스 시대에 이곳저곳 유랑하며 노래와 춤을 보여 주고 그 대가로 동냥을 한 초기 연극인들이 거지의 효시로 여겨진다. 우리나라의 경우 시장이나 거리로 돌아다니면서 동냥하는 사람들이 각설이 타령을 유행시키기도 했다. 거지는 '자연과 느림'이 지배했던 그 옛날 이곳저곳 떠돌아다니며 생계를 연명한 사람들이었다. 이에 비해 노숙자는 '기계와 속도'로 상징되는 문명사회가 낳은 낙오자들이라 할 수 있다. 사회에 적응하지 못하거나 혹은 본의 아니게 큰 피해를 당해 경제적으로 어려움에 처한 후 거리로 나선 것이다. 굳이 거지와 구분하자면 여러 곳을 떠돌지 않고 한 지역에서 맴돈다는 차이가 있다.

한편 흔히 노숙자로 번역되는 영어 단어 '홈리스'home-less는 그 의미가 미묘하다. 어찌하여 노숙자를 가리켜 '하우스리스'houseless가 아닌 '홈리스'라고 부를까? 그 이유는 이들의 상태를 집이라는 물리적 건물이 아닌, 가정이라는 심정적 공동체를 기준으로 판단한 데 있다. 소유한 주택이 없든, 스스로 집을 나왔든 간에 마음을 함께 할 가정이 없는 사람을 홈리스라고 표현한 것이다. 그러하기에 스스로 고향을 떠났거나 강제로 쫓겨난 실향민失鄕民을 영어로 번역할 때도 '홈리스' 혹은 '디스플레이스드 퍼슨'이라고 한다. '디스플레이스드 퍼슨'displaced person은 난민, 강제 추방자, 유민이라는 뜻이므로, 실제로는 홈리스가 더 실향민 의미에 가깝다.

의미

거지 남에게 구걸하여 얻어먹고 사는 사람.

노숙자 집이 아닌 길거리나 역 따위에서 잠을 자는 사람.

예문

○   그는 거지에게 동전 몇 개를 적선했다.

○   날씨가 추워지자 노숙자는 지하철역 안에서 잠을 청했다.

건달, 어깨, 깡패, 양아치

"건달파가 노닐던 성을 바라보고."

8세기 신라 노래 「혜성가」의 한 대목인데, 여기서 '건달파'乾達婆는 불교에서 음악을 맡은 천신을 가리키는 말이다. 이 '건달파'에서 '건달'이라는 말이 나왔다. 어찌된 일일까? 건달파는 본래 인도의 브라만교에서 향기를 먹고 사는 요정 '간다르바'Ganddharva를 이르는 말이었다. 산스크리트어를 음역한 건달파는 불교에서 수미산 남쪽 금강굴에 살면서 음악을 책임지는 신으로 모셔졌다. '건달바'라고도 표기된 건달파는 술과 고기를 먹지 않고 오직 향기만을 마시고 살기 때문에 절에 다니는 신도들은 향을 피워서 건달파를 봉양했다.

이 건달파에 빗대어 '하는 일 없이 놀거나 게으름 피우는 사람'을 '건달'이라 부르게 되었다. 건달의 상태를 강조한 '백수건달'이란 말은 '아무것도 없는 흰손白手 건달', 즉 돈 한 푼 없는 멀쩡한 건달을 뜻한다.

건달과 비슷한 말로 '어깨'와 '깡패'가 있다. 일제강점기에 종로를 장악한 주먹 패거리들이 어깨에 힘을 주고 다닌다 하여 그들을 '어깨'라고 불렀다. 폭력을 쓰면서 못된 짓 하는 무리를 가리키는 '깡패'라는 말 자체는 8·15 광복 이후에 생겼다. 깡패는 불량배를 뜻하는 영어 '갱'gang과 '몇 사람이 모인 동아리나 무리'라는 의미인 한자어 '패'牌 가 합쳐진 말이다. 사회적으로 몹시 혼란했던 시기에 폭력을 사용하는 패거리가 등장하자 그들을 지칭한 호칭이 그대로 관용어로 굳어졌다. 최근에는 깡패의 대용어로 '폭력배'를 많이 쓴다. 폭력배는 대개 무리지어 다니므로 '조직폭력배', 줄여서 '조폭'이라고도 한다.

한편 '양아치'는 이른바 건달 세계에서 가장 치욕적인 말인데, 말의 어원은 고려 시대로 거슬러 올라간다. 몽골 풍속이 성행하던 고려 후기에 구걸하러 다니는 거지를 '동냥아치'라고 낮춰 불렀다. 승려가 시주를 얻으려 돌아다니는 일을 가리키는 '동냥'에, 직업을 나타내는 몽골어 접미사 '-치'가 합쳐진 말이었다. 일하지 않고 구걸하러 다니는 거지를 가리키던 '동냥아치'는 이후 '양아치'로 바뀌었고, 남을 협박하여 돈을 갈취하는 불량배를 이르는 속어로 쓰였다. 흔히 양아치는 건달 깡패 중에서도 하류에 속하는 이를 이르는 말로 사용한다.

의미

건달 하는 일 없이 빈둥빈둥 놀거나 게으름 피우는 사람.

깡패 폭력을 쓰면서 못된 짓을 하는 무리.

양아치 품행이 불량한 사람을 속되게 이르는 말.

예문

○ 그는 불규칙한 출퇴근으로 인해 건달이라는 오해를 받는다.

○ 용역 깡패들에 의해 현장은 아수라장이 됐다.

○ 시장에서 자릿세를 걷는 양아치 조직이 있다.

고뿔, 감기, 독감

감기感氣는 참으로 묘한 질병이다. 쉽게 치료할 수 있는 흔한 병인가 하면 완벽하게 예방하지 못할 정도로 다양한 변종을 만들어 낸다. 감기는 바이러스에 의해 감염되며, 보통 코가 막히고 열이 나며 머리가 아프다. 이런 감기를 우리말로는 '고뿔'이라고 한다.

고유어 '고뿔'의 옛말은 '곳블'이며, '곳블'의 '고'는 코鼻라는 뜻이고, '블'은 '불'火의 옛말이다. 감기에 걸리면 콧물이 수시로 흘러내려 그걸 닦느라 몹시 바쁜 상태가 되기에 '코에서 불이 난다'는 뜻으로 '곳블'이라 했다.

이에 비해 한자어 감기는 문자 그대로 '기氣가 감염感染됐음'을 뜻한다. 15세기 한약 의학서 『구급방언해』나 『구급간이방』에서는 '김'이 '氣'의 뜻으로 쓰이고 있다. 여기서 김은 '입김'의 경우처럼 숨결을 의미한다. 따라서 감기는 숨결에 의해서 전염된 질병을 가리키며, 또한 기가 쇠퇴한 상태를 이른다.

"감기 고뿔도 남을 안 준다"(성품이 지독하게 인색하

다)라거나 "남의 죽음이 내 고뿔만도 못하다"(내 사정이 더 힘들게 느껴진다)라는 속담에서 알 수 있듯, 고뿔과 감기는 조선 시대 후기에 같이 쓰이다가 점차 고뿔은 사라지고 감기만 남았다.

감기라는 질병은 고대 그리스 의사 히포크라테스도 언급했을 정도로 오래전부터 있었다. 하지만 가벼운 재채기에서 시작하여 발열과 오한을 일으키다가 며칠 쉬면 나아졌기에 오랜 세월 심각한 질병으로 여기지는 않았다. 감기와 독감의 구분도 없었다. 그러나 1918년 가을, 유럽을 강타한 스페인 독감은 제1차 세계대전 참전 군인들의 전투력을 떨어뜨리고 세계 전역으로 퍼지면서 무려 4천만 명을 죽였다. 그러고는 어느 순간 사라졌다. 과학자들은 충격적이었던 이 사태의 원인이 된 병원균 분석에 나섰고, 1933년 인플루엔자 바이러스를 분리하는 데 성공했다. 1968년부터 증세가 심하고 유행성 강한 감기를 독감이라고 따로 부르고 있다. 요즘에도 치명적인 감기는 독감이라고 말한다. 인체에 치명적인 조류 독감이 그런 예다.

감기 혹은 독감은 여전히 불치병이다. 감기를 완벽히 예방하거나 치료하는 방법은 없다. 손발을 깨끗이 씻고 양치질을 자주 하여 몸을 깨끗이 하는 게 최선의 예방법이다.

감기에 걸리면 "약 먹을 경우 일주일, 안 먹을 경우 칠일 정도면 괜찮아진다"라는 농담성 속언이 있듯 푹 쉬는 게 상책이다. 물론 증세가 심각한 유행성 독감은 병원에 가서 치료받아야 한다.

의미

고뿔 '감기'를 예스럽게 이르는 말.

감기 열이 나고 머리가 아픈, 호흡기 계통의 질병.

독감 증세가 심한 유행성 감기.

예문

- 고뿔에 걸렸으니 오늘은 나가지 말고 집에서 쉬어라.
- 손잡이나 키보드 등을 여럿이 함께 사용하면 감기에 걸릴 수 있다.
- 고열과 근육통이 심하게 지독한 감기를 독감이라고 한다.

고자질, 밀고, 투서

"마마, 병판이 이런 말을 했사옵니다."

'고자질'은 '남의 허물이나 비밀을 일러바치거나 헐뜯는 짓'을 가리키는 말이다. 왕조 시대에 환관(宦官)이 궁궐에서 임금에게 이런저런 일을 보고한 데서 생긴 말이라는 학설이 있다.

고려 시대, 항상 궁에 머물면서 임금을 모신 환관은 수시로 다양한 말을 국왕에게 전하면서 영향력을 키웠고, 고려 중기 이후에는 환관이 날뛰면서 정치가 문란해진 일이 있다. 환관이 왕의 여자를 건드린 사건까지 있었을 정도였다.

이런 폐해로 인해 조선 시대에는 거세한 남자만 환관이 될 수 있었다. 생식기가 완전하지 못한 남자는 '고자'(鼓子)로 불렸기에, 못마땅하게 보는 관점에서 환관이 하는 일을 '고자가 하는 짓'이라는 뜻으로 '고자질'이라 일렀다. '-질'은 행위를 나타내는 명사에 붙어 그런 행동을 나타내는 말인바, '고자+질'이 어원이라는 풀이다.

그렇지만 뭔가를 일러바치는 일은 고위 관리의 심복이 더 심했고, 비밀스러운 음모나 쑥덕거림은 파벌주의 관료들이 더 많이 행했다. 조선 시대는 사실상 '왕의 나라'라기보다는 '신하의 나라'였으니 말이다. 그러하기에 그보다는 '들은 즉시 곧이곧대로 알리는 일'을 뜻하는 '고자告者+질'이라는 쪽이 더 설득력 있다. 여기서의 '고자'는 '밀고자'密告者에서 나온 말이며, 남몰래 일러바치는 사람을 이른다.

고자질과 비슷한 말 '밀고'密告는 '남몰래 알림'이라는 뜻이며, 중국 역사서인 『당서』唐書에 '왕에게 비밀리에 말하다'라는 의미의 "밀고소제조"密告訴諸朝라는 구절이 나온다. 일제강점기에 일본의 첩자 노릇을 하며 독립군을 밀고한 매국노들이 제법 있었다.

'밀고'가 입으로 비밀을 누설하는 것이라면, '투서'投書는 글로 비밀을 폭로하는 단어라고 말할 수 있다. 투서는 조선 중기 이후 사람들이 자신의 요구나 주장을 펼치는 수단으로 자주 이용했다. 어떤 내용을 문서로 만든 뒤 알려야 할 고관 집 담장 안으로 던져 넣었던 데서 유래된 말이다.

고자질·밀고·투서는 모두 '비밀 누설'이라는 공통점이 있지만, 어감이 미묘하게 다르다. '고자질'은 비밀스럽게든 공개적으로든 '알림'에 방점을 둔 말이고, '밀고'는 자신의 존재가 노출된 상태에서 대상자 몰래 특정인에게 비밀을 알려 주는 말이다. 이에 비해 '투서'는 자기 정체를 감춘 채 특정 대상에게 비밀을 알리는 일이라는 차이가 있다.

의미

○　**고자질** 남의 허물이나 비밀을 일러바치는 짓.

○　**밀고** 남몰래 넌지시 일러바침.

○　**투서** 드러나지 않은 사실이나 남의 잘못을 글로 적어 관계 기관에 몰래 보냄.

예문

○　반장이 선생님께 우리가 자습 시간에 떠든 것을 고자질했다.

○　김 동지는 친일파의 밀고로 일본 경찰에게 붙잡혔다.

○　각종 비리에 관련된 투서가 잇따르고 있다.

고주망태, 곤드레만드레

"후래자 삼배!"後來者三杯

이 말은 술자리에 뒤늦게 온 사람에게 술 석 잔 권하는 일을 이르는 말이다. 왜 석 잔일까?

우리나라 사람들은 '주불쌍배'酒不雙杯라 하여 술잔 수를 짝수로 하지 않고 홀수로 즐긴다. 대개 석 잔을 시작으로 하여 다섯 잔, 일곱 잔으로 늘려 가며 마시는데, 잔 수를 홀수로 하는 건 홀수를 선호한 민족 정서와 맞닿아 있다. 음양오행설에서 짝수는 음, 홀수는 양인 바 이왕이면 양기를 불어넣으려 홀수로 마시는 것이다.

사실상 어느 정도 술을 마시면 술잔을 세는 법 없이 그저 술 자체를 즐기게 된다. 또한 일곱 잔이 넘으면 대부분 취하고, 사람에 따라 만취 상태가 되기도 한다. 본인이야 즐거울지 몰라도 만취한 사람의 모습은 볼썽사납다. '고주망태'나 '곤드레만드레'는 그런 상황을 나타낸 말이다.

"술을 많이 마셔 고주일까?"

감당 못할 정도로 술을 많이 마셔서 정신을 못 차리는

상태를 '고주'라고 하는데, 여기서 '주'는 酒(술 주) 자와 관련이 없다. 고주의 어원은 '고주망태'이며, 이 말은 사람이 아니라 물건에서 유래했다. '고주'는 술을 거르거나 짜는 틀을 뜻하는 고유어 '고조'가 변한 말이며, '망태'는 망태기의 준말로서 '그물처럼 떠서 만든 그릇'을 말한다. 그러므로 고주망태는 술을 거르는 틀 위에 올려놓은 망태처럼 술에 잔뜩 절어 있는 상태, 혹은 술을 많이 마셔서 정신을 차릴 수 없는 상태를 나타낸다. 술 냄새가 밴 망태는 고약하므로 고주망태라는 표현에는 바라보는 사람 입장에서 불쾌하고 한심해하는 기분이 담겨 있다. 이에 비해 술 마시는 사람은 원하는 대로 마시는 행복을 나타내고자 "오랜만에 고주망태가 되어 보자" 따위로 사용한다.

"곤드레만드레 나는 취해 버렸어."

어느 가수는 이와 같은 노랫말로 한껏 취했음을 알리고 있는데, '곤드레만드레'는 고주망태와 비슷한 말이지만 어원은 불분명하다. 다만 강원도 산골에서 나는 '곤드레', 즉 고려엉겅퀴에서 유래하지 않았을까 유추할 뿐이다. 곤드레는 깊은 산속에서 여기저기 제멋대로 자생하는데 그 모습이 잔뜩 술에 취해 이리저리 돌아다니는 술꾼들을 연상시킨 것으로 짐작된다. '만드레'는 곤드레 뒤에 붙어 운을 주는 형태의 말이다.

오늘날 고주망태와 곤드레만드레는 잔뜩 술에 취해 자유롭고 기분 좋은 모습을 드러낸다는 점에서는 공통적이지만, 고주망태는 술 냄새가 풍기는 듯한 후각적 언어로 쓰고, 곤드레만드레는 만사 편하게 행동하거나 드러누운 듯한 시각적 언어로 쓰인다. 또 곤드레만드레는 술이 아니라 일하느라 힘들어서 잠에 곯아떨어졌을 때도 사용된다.

의미

고주망태 술을 많이 마셔 정신을 차릴 수 없는 상태.

곤드레만드레 술에 몹시 취해 정신이 흐릿하고 몸을 잘 가누지 못함.

예문

ㅇ 그는 고주망태 상태에서도 글을 곧잘 썼다.

ㅇ 곤드레만드레 술 취한 남자가 비틀거리며 성당 안으로 들어왔다.

곤죽, 녹초, 파김치, 그로기, 지치다

"밤 12시가 되자 곤죽이 된 술꾼들이 술집에서 거리로 나왔다."

원래 '곤죽'은 곯아서 썩은 죽을 뜻하는 말이었다. 그러다가 밥이 몹시 질거나 땅이 질척질척한 상태를 가리키게 됐으며, 나아가 사람의 몸이 몹시 상하거나 축 늘어진 상태를 의미하게 되었다. 예컨대 오랫동안 일을 해서 피곤해진 몸이라든가, 주색에 빠져서 늘어진 모습을 비유하는 말로 쓰인다. 또한 '주먹곤죽'처럼 주먹에 몹시 맞아 축 늘어진 상태를 나타내기도 한다.

"서울에서 부산에 도착했을 때 거의 녹초가 되었다."

이에 비해 '녹초가 되다'라는 말은 '아주 맥이 풀리어 늘어지다'라는 뜻이다. 본래 '녹초'는 '녹은 초'라는 뜻이지만, 지쳐서 축 처진 사람 모습이 마치 녹아내린 초를 연상시키므로 몹시 지친 상태를 뜻하는 말로도 썼다. 다시 말해 녹초는 녹아 흘러내린 초처럼 물건이 낡고 헐어서 보잘것없이 된 상태를 이르는 말이었다. 지금은 주로 사람이 맥이 풀어져 힘을 못 쓰는 상태를 비유적으로 나타낼 때 쓴다.

"하루 종일 일한 그는 파김치처럼 축 늘어졌다."

축 늘어진 상태를 '파김치'라고도 하는데, 여기서 파김치는 '파로 담근 김치'를 가리키는 말이다. 파김치 재료인 파는 굵은 줄기에 빳빳한 잎을 가지고 있지만 소금에 절이면 이내 부드러워져 늘어진 상태가 된다. 그 모습이 처음에는 힘이 있었으나 많이 일해서 지친 사람과 닮았기에 기운이 쭉 빠진 것을 일러 '파김치가 되다'라고 표현하게 되었다.

"그는 강력한 펀치를 맞아 그로기 상태에 빠졌다."

권투 용어 '그로기'groggy도 자주 쓰이는 말인데, 그 유래는 조금 엉뚱하다. 18세기 영국에 버논이라는 성격 괄괄하고 고집 센 해군 제독이 있었다. 버논은 그로그럼grogram이라는 모毛 섞인 직물로 만든 망토를 즐겨 입었기에 '올드 그로그'Old Grog라는 별명으로 불렸다. 그에게는 한 가지 걱정이 있었다. 바로 수병들의 술버릇이었다. 수병들이 술을 마셨다 하면 연달아 퍼 마시므로 언제나 곤드레만드레되었고, 제독은 통솔에 곤란함을 느끼곤 했다. 그래서 그로그 제독은 한 가지 묘안을 짜냈다. 전함 안에서는 누구를 막론하고 술에다 물을 타지 않으면 마시지 못하도록 엄명을 내린 것이다. 이때부터 제독 별명에 빗대어 물 탄 술을 '그로그'grog라고 불렀다. 권투 경기에서 크게 얻어맞고 정신이 몽롱해지거나 발목이 후들거리는 상태를 가리키는 말인 '그로기'는 여기에서 유래했으며, 술에 취한 사람처럼 비틀거리는 모습을 표현한 것이다. 오늘날 그로기는 '힘을 잃고 위기에 빠지거나 빠질 위험에 처한 상황'을 비유하는 말로 종종 쓰인다.

　　곤죽·녹초·파김치·그로기는 모두 지친 상태를 나타낸 말이다. 그렇다면 지쳤다는 건 어떤 의미일까? 피곤한 상태를 나타내는 말 '지치다'는 원래 '배탈이 나서 묽은 똥을 싸다'라는 의미를 가진 말이었다. 요컨대 설사하는 걸 이른 말인데, 설사를 하면 대부분 몸에 기운이 빠지고 피곤을 느끼게 된다. '지치다'는 그런 상태를 표현한 말이다. 그리하여 힘든 일을 하거나 병·괴로움 따위에 시달려 기운이 빠졌을 때 '지치다/지쳤다'라는 말을 사용한다.

의미

곤죽이 되다　일이 엉망진창이 되어서 갈피를 잡기 어렵게 된 상태가 되다. 또는 몸이 지쳐 늘어진 상태가 되다.

녹초가 되다　맥이 풀어져 힘을 못 쓰는 상태가 되다.

파김치 되다 몹시 지쳐서 나른하게 되다.

그로기 심한 타격을 받아 몸을 가누지 못하고 비틀거리는 일.

지치다 힘들거나 괴로워 기운이 빠지다.

예문

o   30시간 비행의 여독으로 곤죽이 되었다.

o   얼마나 쏘다녔는지 밤에 녹초가 되었다.

o   그는 일을 너무 많이 해 파김치가 됐다.

o   그로기 상태에 빠진 선수는 결국 다운되었다.

o   그는 사막을 며칠 동안 걸어서 많이 지쳤다.

공공, 공중, 공동

"공공 또는 공중은 사회적으로 두루 관계되는 것을 말한다."

'공공'公共과 '공중'公衆의 뜻은 뭘까? 그 의미와 차이를 알 수 있는 고사가 있다.

한나라 문제가 궁궐 밖을 나와 어느 다리에 이르렀을 때의 일이다. 갑자기 한 남자가 다리 밑에서 뛰어 나왔다. 그 바람에 황제가 탔던 마차의 말들이 놀라서 날뛰었다. 호위병이 그를 붙잡아 법무장관 장석지에게 데려갔다. 장석지가 왜 그랬느냐고 문초하자, 남자는 이렇게 대답했다.

"저는 황제께서 행차한다는 소리를 듣고 황급히 다리 밑으로 몸을 숨겼습니다. 한참 뒤 지나가신 줄 알고 나와 보니 바로 눈앞에 폐하의 마차가 보이기에 겁에 질려 달렸던 것입니다."

사정을 파악한 장석지는 가벼운 벌금형을 내린 뒤 황제에게 경과를 보고했다. 문제는 장석지에게 화를 내면서 말했다.

"하마터면 내가 마차에서 떨어져 큰 상처를 입을 뻔했는데도 그처럼 가벼운 벌을 주다니!"

이에 강직한 성품의 장석지는 다음과 같이 대답했다.

"비록 천자라 할지라도 법은 공공의 것이므로 만백성과 똑같이 지켜야 합니다."

公(공평할 공) 자와 共(함께 공) 자로 이루어진 '공공'의 의미를 정확히 보여 주는 일화이며, 법은 만인 앞에 평등함을 일러 주고 있다. 이후 공공은 사회 구성원 모두를 위한 개념으로 사용됐다. 예컨대 여러 사람이 다 같이 사용할 수 있는 물건은 '공공물', 여러 사람을 위한 사업은 '공공사업'이라고 한다.

중국 『예기』에는 "대도지행 천하위공"大道之行 天下爲公, 즉 '지켜야 할 도리를 행하면 천하는 모든 사람의 것이 된다'라는 구절이 있다. 여기서 公(공변될 공) 자의 기본 의미를 파악할 수 있다.

이에 비해 '공중'公衆은 '사회의 여러 사람들'을 이르는 말이다. 衆(무리 중) 자에서 짐작할 수 있듯, 많은 사람들이 이용하는 대상에 '공중'이란 말을 사용한다. 공중전화, 공중화장실, 공중목욕탕 등등 공중은 일반 사람들이 이용하는 시설에 흔히 적용된다.

그런가 하면 '공동'共同은 '여러 사람이 힘을 합하여 일을 같이함'을 뜻한다. 共(함께 공), 同(한가지 동)이라는 음훈 그대로 여럿이 같은 목적을 위해 일하는 것을 의미한다. 남북 공동 사업, 한일 공동 개최 등등 한 가지 목적을 위해 둘 이상이 함께 협력할 때 사용하는 말이다.

의미

공공 사회의 여러 사람에게 관계되는 일.

공중 사회의 일반 사람들.

공동 여럿이 같이 함.

예문

○　공공 서비스는 공중의 일상생활에 필요한 일이다.

○　휴대전화기로 인해 시내에 공중전화가 점점 사라지고 있다.

○　한일 월드컵은 공동 개최로 이루어진 첫 대회였다.

공인, 유명인, 명사

"공인으로서 물의를 일으켜 죄송합니다."

연예인이나 프로스포츠 선수들이 마약 복용, 음주운전, 폭행 사고, 병역 비리 등으로 말썽을 일으켰을 때 기자들에게 하는 말이다. 대중의 인기에 힘입어 큰돈을 버는 사람들이 쉽게 타락한 모습을 보일 때면 사람들은 눈살을 찌푸린다.

그러나 연예인이나 대중이나 착각하는 게 있다. 바로 '공인'公人의 개념이다. 결론부터 말하자면 연예인이나 직업운동선수는 공인이 아니다. 그들은 단지 유명세를 이용하여 개인적으로 돈벌이하는 '유명인'有名人일 뿐이다.

이런 점은 '공인'의 어원을 살펴보면 더욱 명확해진다. 公이라는 한자는 고대 중국에서 '벼슬아치의 직무' 혹은 '벼슬아치'를 뜻하는 말이었다. 『시경』詩經에 '공직'公職이라는 말이 보이는데, '벼슬아치의 직무'를 뜻한다. 公자가 '공변될 공'으로 읽히는 이유가 여기에 있으며, '공인'은 백성을 위해 일한다는 점에서 개인적으로 일하는 '사인'私人에 반대되는 개념으로 쓰였다.

"유명해지고 싶어."

이에 비해 名(이름 명)이라는 문자는 저녁 석夕 아래에 입 구口를 받친 글자로, 어두운 밤에는 사람이 보이지 않아 입으로 이름을 부른다는 뜻에서 생겨난 글자다. 따라서 '명'은 사람들 각각을 구별 짓고 대상을 분명히 하는 개인적 호칭을 의미했다.

한편 널리 알려진 대상에도 명 자를 붙였다. 예컨대 잘 알려진 특산품은 '명물'名物, 사회에 이름난 사람은 '명사'名士라 했다. 명산名山·명의名醫 등 다른 예도 많다. '유명'有名은 어떤 기술이나 행위와는 관계없이 이름이 세상에 널리 알려져 있음을 뜻했고, '유명인'은 널리 이름이 알려진 사람을 의미하게 되었다.

유명이라는 말은 『맹자』孟子에 다음과 같은 문장으로 등장한다. "오백년 필유왕자여 기문필유명세자."五百年 必有王者興 其間必有名世者 500년 만에 반드시 왕 노릇할 이가 나오는데, 그 사이에 반드시 이름을 떨치는 사람이 있다는 의미다. 이에 연유하여 유명은 '이름이 세상에 널리 알려짐'을 의미하는 말로 쓰이고 있다.

그런가 하면 유명인을 '명사'名士라고도 말하는데 이는

품격 있는 유명인을 가리키는 호칭이다. 여기에는 그럴 만한 이유가 있다. 본래 명사는 고대 중국에서 '이름난(名) 선비(士)'를 의미하는 말이었다. 좀 더 구체적으로 말하자면, 학문과 인품이 높은 경지에 도달했으나 벼슬을 하지 않는 선비가 곧 '명사'였다. 이들은 대부분 나서지 않고 살았지만, 그 이름은 입소문을 통해 군주들의 귀에도 들어갔다. 대표적인 인물로『삼국지연의』에 등장하는 최고 명사 제갈량을 꼽을 수 있다. 제갈량은 산야에 살면서 유유자적했는데, 명성을 들은 유비가 세 차례나 찾아가서 자신을 도와달라고 정중히 부탁했다. 세속적 출세에 관심이 없었음에도 유비의 정성에 감동하여 제갈량이 그에 응한 일이 널리 알려져 '삼고초려'三顧草廬라는 말이 생겼다. 이렇듯 '명사'는 단지 이름만 알려진 사람이 아니라 학식과 품성이 뛰어난 인물을 이르는 말이었다. 그러하기에 유명인 중에서 그런 면모를 갖춘 사람에게만 명사라는 호칭을 붙여 준다.

정리해 말하자면 공인은 공적인 일에 종사하는 사람이며, 유명인은 많은 이에게 이름이 알려진 사람이다. 또한 공인은 사회적 책무를 수행하는 사람이고, 유명인에게는 그런 책임이 없다. 그러나 오늘날 연예인이 청소년에게 끼치는 영향이 지대하기에 간혹 자신을 공인이라고 스스럼

없이 말하는 연예인이 적지 않으며, 일부 기자들도 그런 착각에 사로잡혀 있다. 어떤 이는 영향력 측면에서 보면 연예인은 공인이라고 주장하기도 하지만, 평소에 사회를 위해 봉사하는 일도 없으면서 마치 어떤 권력이라도 가진 듯이 공인 운운하는 것은 결코 옳지 않다.

의미

공인 공공을 위한 일에 종사하는 사람.

유명인 세상에 이름이 널리 알려진 사람.

명사 이름이 널리 알려졌고 품격 있는 사람.

예문

o   공무원은 공인으로서 자기의 책임을 다해야 한다.

o   할리우드 스타들은 공인이 아니라 유명인이다.

o   각계각층 명사가 두루 참석하였다.

괜찮다, 무난하다, 무던하다, 원만하다

어떤 상황이나 사람에 대해 그다지 우호적이지는 않지만 그렇다고 나쁘지도 않을 때 흔히 '괜찮다' '무난하다' '무던하다'라는 말을 쓴다. 그 본래 뜻은 뭘까?

'괜찮다'라는 말의 유래에 대해서는 세 가지 설이 있다. 그 하나는 '관계하지 아니하다'의 줄임말로 보는 설이다. 즉 '나는 관여하지 않았으니 무사하다'라는 의미로, 사화나 당쟁이 많았던 역사에서 비롯된 말이라는 것이다. 적대적 세력을 모조리 없애 버리려는 살벌한 풍토에서 어느 편에도 관계하지 않고 지내는 게 살길이었던 풍토를 반영한 말인 셈이다. 다른 하나는 '공연하지 아니하다'가 줄어서 '괜찮다'가 됐다는 설이다. 여기서 '괜히'라는 부사는 '공연히'가 줄어든 말인데, '괜한 일로 마음을 상하다'의 경우처럼 '괜하다'는 '공연하다'의 준말이다. 따라서 '괜찮다'는 '그만하면 됐다' '쓸 만하다'라는 뜻이라는 것이다. 또 다른 설은 '괘의掛意치 않다'의 줄임말이라는 것이다. '괘'掛는 걸리는 것을 의미하고, '의'意는 뜻을 가리키므로 '개의치 않다'는 '마음에 걸리지 않다'라는 뜻이 된다.

　　어느 설이 맞든 간에 오늘날 '괜찮다'는 '별로 나쁘지 않다' '지장이나 거리낄 게 없다'라는 의미로 쓰인다. 말하는 사람이든 듣는 사람이든 마음에 걸리는 것 없이 아무렇지 않을 때 자주 사용한다. 상대의 양해를 구할 경우 '괜찮으냐?'고 묻고, 어떤 상황을 설명해 주거나 자신의 마음 상태를 나타낼 때 '괜찮다'고 하는 식이다.

　　'괜찮다'와 비슷하면서도 뉘앙스에 차이가 있는 말로 '무난하다'와 '무던하다'가 있다.

　　'무난하다'의 어근은 '무난'無難으로, 어려움이 없는 상태·상황을 말한다. 이에 연유하여 별로 어려움이 없을 때나 흠잡을 만한 게 없을 때, 사람 성격을 판단할 때도 까다롭지 않으면 '무난하다'라고 한다. '괜찮다'가 마음에 걸림이 없음을 나타낸 표현이라면 '무난하다'는 상대할 상황 (사람)이 그리 어렵게 느껴지지 않음을 나타낸다.

　　그런가 하면 '무던하다'는 '가볍다, 괜찮다'의 의미를 가진 중세 국어 '므던ᄒ다'에 어원을 두고 있다. 15세기경 '므던ᄒ다'는 부담이 없어 마음 가벼운 '무방'(無妨, 거리낌이 없음) 상태를 의미했다. 그러나 구한말에 이르러 '무던하다'로 표기가 바뀌면서 '정도가 어지간하다'와 '성질이 너그럽고 편안하다'라는 의미로 통하였다.

일제강점기에 간행된 『삼천리』 잡지를 보면, 한성권
번漢城券番 기생들을 설명하면서 "한 달 잡고 육칠백 시간은
늘 불려 다닌다고 하니 춘홍의 인기도 무던하다"라는 표현
이 보인다. 이때의 '무던하다'는 인기가 보통 이상이라는
뜻이다. 그 연장선상에서 요즘에는 "하루 품삯 20만 원이
면 무던하다" "문장력과 언변이 무던하다" "감독의 역량이
무던하다"처럼 만족할 만한 수준을 나타낼 때나, "그는 무
던하고 좋다"처럼 사람의 성품이 여유롭고 좋게 느껴질 때
쓴다.

유의어 '원만하다'도 종종 쓰이는 말이다. '원만'圓滿은
만월滿月, 즉 둥근 보름달에서 비롯된 말이며, 꽉 찬 보름달
처럼 모자람 없이 충족함을 이른다. 원에는 모가 없으므로
'원만'은 모나지 않고 부드러운 인간관계를 가리킬 때도 쓴
다. "부부 사이가 원만하다"라는 표현은 두 사람 사이가 좋
다는 뜻이다. 또한 원은 잘 굴러가므로, "일이 원만하다"라
는 말은 순조롭게 잘 진행되고 있음을 나타낸다.

의미

괜찮다 나쁘지 않고 보통 이상으로 좋다. 걱정되거나 거리낄

게 없다.

무난하다 특별한 어려움이 없다. 이렇다 할 흠이 없다.

무던하다 정도가 어지간하다. 성질이 너그럽고 수더분하다. 대략 만족스럽다.

원만하다 성격이 모나지 않고 부드러운 면이 있다. 일이 잘되어 순조롭다.

예문

o 문장 구성은 서투르지만 내용은 괜찮다.

o 그의 식성은 까다롭지 않고 무난하다.

o 그의 성품은 온화하고 무던하다.

o 사회생활에서는 원만한 인간관계가 중요하다.

걸식, 탁발, 구걸, 동냥

고대 인도에서는 사람이 말년에 이르면 모든 집착과 욕망을 버리고 각지를 떠돌아다니는 풍습이 있었다. 이 시기를 유행기遊行期라 하는데 그런 사람은 남으로부터 음식을 얻어먹어야만 했다. 불교에서도 그걸 받아들여 출가한 승려는 세상 사람들로부터 음식을 얻었다. 이때 승려가 받는 건 목숨을 겨우 부지할 정도의 음식물이었고, 그나마 오전에만 허락됐다. 이를 산스크리트어로 '핀다파타'pin-da-pata라 했다. '핀다'는 '쌀로 만든 음식', '파타'는 '떨어진 것'을 뜻했다. 요컨대 음식이 그릇 속으로 떨어지는 것이 곧 핀다파타이다.

중국에서는 이 말을 '걸식'乞食과 '탁발'托鉢로 번역했다. '걸식'은 乞(빌 걸), 食(밥 식)이라는 문자 그대로 음식을 구하는 행위를 표현한 말이다. 이에 비해 '탁'托은 '손으로 받쳐 밀다'라는 뜻이고 '발'鉢은 음식 담는 그릇을 가리키므로 '탁발'은 그릇을 내밀어 음식을 구한다는 의미다.

"한 푼만 줍쇼!"

경제적으로 어려웠던 시절, 걸식을 했던 것은 승려나 구도자求道者만이 아니었다. 집 없이 떠돌아다니는 사람도 이 집 저 집 기웃거리며 음식을 구했는데 그런 사람을 '걸자'乞子, 그런 행위를 '구걸'求乞이라고 했다. 이에 연유하여 먹고 살고자 남에게 뭔가 달라며 손 벌리는 행위를 '구걸'이라고 한다. 또한 '걸자'를 우리나라에서 '걸어지'로 발음하여 '거지'라는 말을 낳았다.

한편 고대 인도에서 여름에 수행하는 하안거夏安居가 끝나면 구도자는 바랑(배낭)을 메고 바리(그릇)를 들고서 '동냥'에 나섰다. 동냥은 사람들에게 스스로 자비를 베풀 기회를 줌으로써 잘못을 용서받고 공덕을 쌓게 해주는 행사였다. 그렇다면 '동냥'이라는 말은 어디에서 유래됐을까?

동냥의 어원은 앞서 언급한 '핀다파타'이지만 그 의미는 조금 차이가 있다. 동냥은 한자어 '동령'動鈴에서 온 말이다. 원래 사찰에서 부처를 위한 의식을 행할 때, 놋쇠로 만든 방울을 흔드는데 이것을 동령이라고 했다. 이 동령은 '금강령'金剛鈴을 가리킨다. 금강령은 번뇌를 쳐부수어 없애는 보리심菩提心의 상징이다. 법사가 손에 쥔 기다란 금강저의 한쪽 끝에 달린 방울이 바로 금강령이다. 법사는 불교 의식 때 번뇌를 깨뜨리는 상징으로 장대 끝에 달린 동령을 흔들었다. 불교가 핍박받던 조선 시대에 일부 승려가 집집마다 돌며 동령을 흔들어 공양을 받으러 왔음을 알렸다. 사람들은 '스님이 시주를 얻기 위해 방울(鈴)을 흔드네(動)'라고 생각하여 이런 행위를 '동냥'이라고 말했다.

나중에는 동령 대신 목탁을 치는 승려들이 많아졌고, 승려로 꾸민 가짜 탁발승도 생겼다. 이처럼 승려들이 시주를 얻으러 다니며 목탁을 치자, 이걸 놋쇠방울 흔드는 것과 혼동하여 '동녕' 혹은 속된 말로 '동녕질'이라고 하였다. 이말이 변하여 '동냥' 또는 '동냥질'이 되었다. 동냥은 구걸과 같은 뜻이지만, 덕을 돌려준다는 뜻도 있으므로 서로 주고받는 구걸이라는 차이가 있다. 오늘날에도 구도자는 식량을 받아 고마워하고, 공양하는 사람은 덕을 받음에 고마워한다.

하지만 불교도가 아닌 사람들의 눈에는 다르게 보이는지라, 동냥이 곧 걸식을 의미하게 되었으며 부정적인 뜻마저 지니게 됐다. '동냥은 안 주고 쪽박만 깬다'라는 속담이 그런 예로, '요구를 들어 주기는커녕 오히려 해롭게 한다'라는 뜻이다.

요즘에 구걸은 거지나 노숙자가 '거저 달라고 하는 행위' 자체를 가리키고, 동냥은 구도자든 거지든 '돌아다니며

서 구걸함'을 이르는 말로 쓴다.

의미

○ **걸식** 남에게 음식 따위를 달라고 하여 거저 얻어먹음.

○ **탁발** 승려가 경문을 외면서 집집마다 다니며 보시를 받음.

○ **구걸** 남에게 돈이나 음식 따위를 거저 달라고 하는 것.

○ **동냥** 중이 시주를 얻으려고 돌아다니는 일. 거지가 돌아다
니며 구걸하는 것.

예문

○ 그는 재산을 탕진하고 결국 걸식에 나섰다.

○ 할머니는 탁발하는 스님에게 쌀 한 되를 주셨다.

○ 그는 구걸만 하다가 어느 날 생을 마감했다.

○ 애정이란 동냥해서 얻을 수 있는 것이 아니다.

국물도 없다, 추호도 없다, 눈곱만큼도 없다

"너한테는 국물도 없을 줄 알아!"

누군가에게 못마땅한 말투로 이렇게 말하는 경우, '국물도 없다'라는 표현은 협박성 경고를 전달한다. 왜 그럴까?

예부터 국물은 우리나라 음식 특징 중 하나이며, 마을이나 집안 잔치가 벌어질 때 큰 가마솥에 국을 가득 끓여 구성원 모두가 나눠 먹는 풍습이 있었다. 행사 의미를 음식으로 재차 느끼기 위해서였고, 국물은 부족한 건더기를 보충해 주는 역할을 했다. 이때 건더기와 국물을 적당히 섞어 주는 게 보통이지만, 막바지에 이르면 건더기가 적어지고 나중에는 국물마저 없어지게 된다. 순서가 맨 뒤에 있거나 너무 늦게 가면, 끓여 만든 국이 거의 바닥나서 건더기는커녕 국물마저 얻을 수 없다. 이에 연유하여 '국물도 없다'라는 말은 '돌아오는 몫이나 이득이 아무것도 없다'라는 뜻의 관용구로 쓰이게 됐다. 또한 상대방이 비협조적으로 나올 때 은근히 협박하듯이 설득하거나 경고하는 상황에서 사용한다.

'국물도 없다'가 상대에게 경고를 전하는 말이라면, '추호도 없다'는 단호한 결심을 강조하는 표현이다. 본래 '추호'秋毫는 '가을 짐승의 털'을 가리키는 말이다. 겨울을 가까이 둔 가을이 되면 짐승의 털이 가늘어지는 데서, '가을 털끝만큼 매우 조금'을 비유적으로 이른다. 맹자가 제나라 선왕이 왕도정치를 펴지 않는 걸 비판할 때 "가을의 동물 털끝까지 살필 수 있는"이라는 표현을 사용했다. 이후 '추호'는 단정적 상황이나 마음 상태를 나타낼 때 쓰게 되었다. 일반적으로 어떤 일에 대한 결심이 단호함, 혹은 전혀 없음을 드러낼 때 '추호도 없다'라고 한다. '추호도'나 '추호의'의 꼴로 쓰여, "내가 하는 말에는 추호의 거짓도 없다" "그럴 마음은 추호도 없다"처럼 쓴다.

그런가 하면 '눈곱만큼도 없다'라는 관용 표현도 있는데, 아무리 찾아 봐야 소용없을 정도로 '전혀 없음'을 강조할 때 쓰는 말이다. 발음 때문에 '눈꼽'으로 쓰는 경우가 많으나 '눈곱'이 바른 말이다. '눈'은 물체를 보는 감각 기관을 뜻하고, '곱'은 부스럼이나 헌 데에 끼는 고름 모양의 물질을 의미한다. 눈과 곱은 각각 다른 단어이므로 눈곱으로 써야 한다.

눈곱은 1527년 『훈몽자회』에 '눉곱'으로 표기됐으며, 눈에 낀 진득진득한 지방질의 액 혹은 눈에서 나오는 진득진득한 액이 말라붙은 것을 가리켰다. 눈곱은 아주 작으므로 매우 적거나 작은 것을 비유할 때 쓰며, '눈곱만큼도 없다'라는 말은 '전혀 없음'을 강조할 때 사용한다.

의미

국물도 없다 (협박성 경고) 돌아오는 몫이나 이득이 아무것도 없다.

추호도 없다 (단호한 결심) 그럴 마음이 전혀 없다.

눈곱만큼도 없다 찾아봐야 소용없을 정도로 아예 없다.

예문

o   네티즌에게 잘못 보이면 국물도 없다.

o   가수로 데뷔할 마음은 추호도 없다.

o   그에게 자비는 눈곱만큼도 없다.

국민, 인민, 백성, 민중, 민초

'국민'國民의 사전적 정의는 '한 나라의 통치권 아래에 있는 백성, 또는 그 나라의 국적을 얻은 사람'이다. 흔히 영어의 '피플'people에 대응하는 단어로 쓰이는데, 사실 피플은 '인민'人民으로도 번역할 수 있다. 그런데 왜 굳이 국민으로 옮겨 사용하고 있을까?

광복 이후 대한민국 헌법 제정의 핵심 산파 역은 유진오가 맡았다. 유진오는 13세기 영국의 마그나카르타(대헌장)를 비롯하여 17세기 권리청원 및 권리장전 등 민주주의 발상지 영국의 주요 인권헌장을 기본으로 헌법 초안을 작성하였다. 이에 따라 '권력자라도 법의 지배를 받아야 한다'라는 이념이 우리 헌법에 적극 반영됐다.

제헌 당시 의원들 사이에 벌어진 첫 번째 논쟁은 '영어의 피플을 인민과 국민 가운데 어느 것으로 정할 것이냐'였다. 1946년 6월 초 국회헌법기초위원회에 제출된 헌법 초안에는 일괄적으로 '인민'이라는 용어가 사용됐다. 그러나 윤치영 의원이 이를 문제 삼고 나섰다.

"인민이라는 말은 공산당의 용어인데 어째서 그런 말을 쓰려 하는가? 그런 말을 쓰는 사람의 사상이 의심스럽소."

조봉암 의원이 즉각 반격에 나섰다.

"인민은 미국, 프랑스, 소련 등 세계 많은 나라에서 사용하는 보편적인 개념이오. 단지 공산당이 쓰니까 기피하자는 것은 고루한 편견이오."

당시만 해도 세계 곳곳에서 공산주의자들과의 대립이 극심했던 터라 제헌의원들은 결국 '국민'을 선택했다. 이런 결정에 대해 유진오는 훗날 『회고록』에서 다음과 같이 아쉬움을 토로했다.

"국민은 '국가의 구성원'이라는 뜻으로 국가우월주의 냄새가 풍기는 반면, 인민은 '국가도 함부로 침범할 수 없는 자유와 권리의 주체'를 의미한다. 공산주의자들에게 좋은 단어 하나를 빼앗겼다."

이에 비해 '백성'百姓은 문자 그대로 뜻을 풀면 '백 가지 성'이지만, 왕조 시대에 특정한 신분 계층을 가리키는 말이었다. 신라 시대에는 골품제 하위 계층, 고려 시대에는 지방 향리들의 지배를 받던 계층, 조선 시대에는 벼슬이 없는 상민을 이르던 말이다. 이런 연유로 오늘날 '백성'은 국민·

인민에 해당하는 예스러운 표현으로 쓰이고 있다.

그런가 하면 '민중'民衆은 중국 경전 『춘추』春秋에 보이는 말이며, 우리나라에서는 육당 최남선이 1919년 기미독립선언서에 '거리에 나선 수많은 시위 군중'을 뜻하는 말로 썼다. 1923년에는 단재 신채호는 의열단 요청에 따라 집필한 「조선혁명선언」에서 '핍박하는 지배층에게 폭력으로 저항하는 혁명가들'이라는 의미로 '민중'을 썼다. 1970년대 이후에는 유신 정권에 저항하는 사람들이 민중이라는 말을 많이 썼다. 오늘날 민중은 피지배층을 이루는 노동자·농민 등을 통칭하는 말이 되었다.

'민초'民草도 있는데, 사실 이 용어는 일본에서 들어온 말이다. 백성을 뜻하는 일본어 '타미쿠사'(民草, たみくさ)를 우리식 한자어 발음으로 옮겨 쓴 것이다. 하나하나는 약하지만 합쳐서 끈질긴 생명력을 보여 주는 풀(草)의 상징성을 감안해 국민의 대체어로 사용한 것으로 여겨진다.

의미

○ **국민** 한 나라의 통치권 아래에 있는 사람.

○ **인민** 국가를 구성하고 있는 자연인.

○ **백성** 일반 국민을 예스럽게 이르는 말.

민중 국가와 사회를 구성하고 있는 사람들.

민초 백성을 질긴 생명력을 지닌 잡초에 비유한 말.

예문

o 국민의 자유와 권리가 크게 늘어났다.

o 독재자의 압박에서 인민을 구해야 한다.

o 백성들은 배를 두드리며 격양가를 불렀다.

o 민요는 민중들의 합작 가요라 할 수 있다.

o 소설은 이 나라 민초의 삶을 감동적으로 그렸다.

궁전, 궁궐

'궁전'과 '궁궐'은 모두 '왕이 사는 집'을 뜻하는데, 일반적으로 서양은 궁전, 동양은 궁궐이라 지칭한다. 왜 그럴까?

'궁전'宮殿의 영어 단어 '팰리스'palace는 역대 로마 황제들이 집을 세웠던 로마의 팔라티누스Palatinus 언덕에서 비롯됐다. 궁전은 요새 역할도 하는 성(城, castle)과는 구별된다. 지금까지 알려진 가장 오래된 궁전은 기원전 15세기 이집트 투르모세 3세와 아멘호테프 3세 때 테베에 지은 건물이다. 아멘호테프 궁에서는 작고 어두운 방과 안뜰로 이루어진 미궁迷宮을 둘러싼 직사각형 외벽이 발굴됐는데, 이 형태는 나중에 동양의 여러 궁궐에도 널리 쓰였다.

궁전이 권력의 중심으로서 의미를 지니게 된 건 로마 시대에 이르러서였다. 9만 제곱미터가 넘는 팔라티누스 언덕은 많은 궁전들이 들어서서 그 위엄을 과시했다. 르네상스 때 이탈리아에서는 모든 군주가 궁전을 가졌다.

이 무렵 유럽의 다른 국가에서는 서열에 상관없이 귀

족들이 사는 화려한 저택들도 궁전으로 불렀다. 프랑스에는 방방곡곡 궁전이 있으며, 루브르 궁전과 베르사유 궁전이 유명하다. 결국 공공건물이든 개인 저택이든 크고 으리으리한 건물을 일컬을 때 이 말을 쓰게 됐다. 요즈음 호화로운 주택을 가리킬 때 궁궐에 비유하지 않고 '궁전 같다'고 말하는 이유가 여기에 있다.

동양의 '궁궐'宮闕은 궁전보다 훨씬 더 큰 규모로, 임금의 집무·생활 공간과 이에 부속된 건물이 복합된 형태다. 시대에 따라 궁궐의 뜻은 약간씩 달라졌다. 宮(집 궁) 자는 본래 가난하고 천한 사람이 사는 집을 가리켰으나 진한秦漢 이후에는 왕이 사는 곳을 의미했다. 또 闕(대궐 궐) 자는 궁성 출입문 옆에 우뚝 솟아 주위를 감시하는 망대를 가리키는 말이다. 요컨대 '궁궐'은 왕과 그 가족이 살고, 망루에서 출입자를 감시하여 왕족을 보호하는 공간을 의미한다.

궁궐은 정무政務, 생활, 정원庭園 공간으로 크게 나뉜다. 우리나라에서 가장 오래된 궁궐 유적은 고구려의 옛 도읍지인 만주의 국내성과 평양의 안학궁이다. 조선 궁궐은 그 기능에 따라 정궁·별궁·행궁 3개로 나뉜다. 조선 궁궐은 지세에 따라 약간씩 다른 모습을 보이지만 전체 구성은 비슷하다. 궁궐 둘레에는 담장을 두르고, 담장 주위에는 문을 두어 출입했다.

한편 우리나라 궁궐이 대부분 목조인 데 비해 서양 궁전은 대부분 석조라는 차이도 있다. 우리나라에는 나무, 유럽에는 석재가 풍부하기 때문이다.

의미

궁전 왕이나 귀족이 사는 크고 으리으리한 건물.

궁궐 임금과 그 가족이 생활하며 외부 출입자 감시용 망루가 있는 집.

예문

o 오스트리아 쇤부룬 궁전은 프랑스 베르사유 궁전을 본떠 만들었다.

o 궁궐은 문으로 겹겹이 막았기에 '구중궁궐'九重宮闕이라는 말이 나왔다.

귀띔, 귀엣말, 힌트

"김 과장은 누가 승진할지 귀뜸/귀띰/귀띔 해주었다."

위에 제시한 보기 중에서 어떤 말이 옳을까? 정답은 '귀띔'이다.

귀띔은 '귀뜨이다'에서 형성됐으며, 귀가 번쩍 뜨이도록 해주는 말을 뜻한다. '막힌 귀를 트이게 하다'라는 의미이고, '귀뜨이다'가 '귀띄다'를 거쳐 '귀띔'이 됐다.

'귀엣말'이나 '귓속말'과도 비슷하지만 귀엣말(귓속말)이 다른 사람이 듣지 못하게끔 입을 상대방 귀에 가까이 대고 작은 소리로 하는 행위적 표현이라면, '귀띔'은 무언가 긴요한 정보를 남몰래 살짝 알려 주는 말이다. 의미의 넓이로 보면, 귀띔은 귀엣말에 해당한다. 하지만 귀엣말은 남이 보는지 여부와는 관계없는 둘만의 친밀한 의사 표현이고, '귀띔'은 되도록 남이 보지 않는 상황에서 전해 주는 고급정보라는 차이가 있다. 귀엣말은 친밀도나 시간에 상관없이 나눌 수 있지만, 귀띔은 친한 사람에게만 건넬 수 있는 아주 짧은 말이다. 즉 귀띔은 비밀이라 전체를 말하기 곤란하지만 아주 조금이나마 궁금증을 풀어 줄 때, 뒤늦게 와서 현재 분위기를 모르고 실수할까 염려될 때 변죽만을 울려 주는 간단한 말이다.

"힌트 좀 주세요."

이에 비해 '힌트'hint는 어떠한 일을 해결하거나 창작할 때에 실마리가 되는 것을 뜻한다. 이를테면 16세기 말엽 일본은 서양의 카드에서 힌트를 얻어 화투를 만들었고, 19세기 말엽 프랑스 작가 도데는 고대 그리스 시인 사포의 전설에서 힌트를 얻어 미남 청년과 창부의 갈등을 그린 소설 『사포』를 썼다. 미국 사업가 월트 디즈니는 창고에서 기르던 쥐에서 힌트를 얻어 미키마우스를 만들었다. 이외에도 많은 사람들이 어떤 일이나 사건에서 힌트를 받아 뭔가를 창조하거나 만들어 내곤 했다.

영어 힌트는 '붙잡다'라는 뜻의 중세 영어 'henten'(헨텐)에 어원을 두고 있으며, 무심코 흘러가는 듯한 혹은 일부러 흘려 준 말 속에서 붙잡아 낸 정보를 의미한다. 오늘날 힌트는 생각 등을 간접적으로 상대방에게 전해 주는 것을 의미하며, 동시에 (우연히) 스스로 찾아낸 단서를 뜻하기도 한다. 그러하기에 상대방에게 압력을 주기 위해 넌지시 힌트를 던질 수도 있고, 어려운 문제를 풀도록 힌트를 줄 수도 있다. 힌트는 '귀띔, 도움말, 슬기, 암시' 등으로 순화해서 쓸 수 있으나 귀띔이나 귀엣말보다 광의의 뜻을 지닌다.

의미

귀띔 눈치로 알아차릴 수 있도록 미리 슬쩍 일깨워 주는 일.

귀엣말 남의 귀 가까이에 입을 대고 소곤거리는 말.

힌트 문제를 해결하기 위한 단서.

예문

○ 사전에 한마디 귀띔도 없어서 서운했다.

○ 신랑은 신부에게 계속 귀엣말하며 웃었다.

○ 미국의 윌리엄 모건은 테니스에서 힌트를 얻어 배구를 창안했다.

극락, 천국

"삼가 고인의 명복을 빕니다."

누군가 세상을 떠났을 때 유족에게 건네는 말이다. '삼가'는 '겸손하고 조심하는 마음으로 정중하게'라는 뜻의 부사이고, '명복'冥福은 본디 불교에서 나온 말로 '저승에서 받는 복'을 의미한다. 명복은 불교 용어지만 워낙 보편화됐기에 널리 쓰인다.

사람은 언젠가 죽는다. 그런데 죽은 뒤의 세상 모습을 미리 알 수 없기에, 누구나 죽음을 생각하면 두려움을 느낀다. 그런 정서를 바탕으로 하여 생긴 종교는 신을 진실한 마음으로 섬기면 죽어서 좋은 세상으로 간다는 믿음을 준다. 사람이 죽은 뒤에 가는 세상을 가리켜 불교에서는 '극락'極樂, '기독교에서는 '천국'天國이라고 표현한다. 어떻게 다를까?

극락은 불교의 『아미타경』에 다음과 같이 묘사되어 있다. "지금으로부터 10겁 전, 아미타불은 성도하여 서방 10만억 불토를 지난 저쪽에 정토를 만들었고 현재에도 이

극락에서 사람들을 위해 설법하고 있다. 이곳은 의복과 음식은 마음대로 구할 수 있고 기후는 항상 따뜻하므로 매우 살기 좋다. 이곳에는 전혀 괴로움이 없고 오직 즐거움뿐이다."

요컨대 아미타불이 지배하는 걱정·괴로움 없는 세계가 곧 극락인 것이다. 극락의 어원은 산스크리트어 '스쿠하바디'sukhavati이며 '행복이 있는 곳' 또는 '행복에 이르는 곳'이라는 뜻이다. 아미타불의 세계를 인간세계 서쪽에 있다 하여 흔히 '서방 극락'이라고 말한다.

이에 비해 기독교에서 말하는 '천국'은 죽어서 가는 곳이 아니라 살아서 인식되는 곳이다. 에덴동산에서 쫓겨난 인간이 다시 에덴으로 복귀하려면 마음이 온전히 선해야 하는데, 늘 하나님과 함께 다닌다는 것은 마음에서 악을 완전히 지웠다는 뜻이다. 이렇듯 선한 사람은 하늘나라에 들어가 하나님의 보호를 받으며 평화롭게 살 수 있다. 이때 하늘로 올라가는 건 육신이 아닌 영혼이다. 또한 천국은 살아 있을 때도 마음으로 느낄 수 있다고 한다. 따라서 '천국'은 육신이 죽어서 가는 곳이 아니며, 살아 있는 상태에서 느끼는 평화로운 상태를 뜻한다. '지상 천국'이나 '지상 낙원'은 이런 맥락에서 나온 말이다.

사람들은 죽은 뒤의 상황을 더욱 두려워하기에 '하나님을 믿은 사람이 죽은 뒤에 가는 걱정 없이 편안한 세계'로 인식한다. 그런가 하면 사람들이 하늘을 밝은 곳으로, 땅속을 어두운 곳으로 인식하는 데 기인하여, 종교에 관계없이 천국을 '죽어서 가는 하늘의 좋은 세상'으로 일컫기도 한다.

의미

극락 죽어서 가는 아무런 근심 없는 세상. 더없이 안락해서 걱정이 없는 곳.

천국 하느님이 지배하고 보호해 주는 하늘나라. 죽음에 관계없이 느끼는 평화의 세계.

예문

o   불교에서는 생전에 선행을 많이 쌓아야 극락에 갈 수 있다고 한다.

o   사랑하는 사람과 산다면 그곳이 어디든 천국이 될 것이다.

깍쟁이, 얌체

'깍쟁이'는 몸집이 작고 얄밉게 약빠른 사람 혹은 인색하고 이기적인 사람을 뜻하는 말이다. 한 마디로 인색하고 얄미운 행동을 일삼는 사람을 가리킨다. 깍쟁이는 '깍정이'에서 유래됐는데, 본래 뜻은 조금 달랐다. 깍정이의 어원은 무엇일까?

"죄인임을 명백히 나타내 법의 엄격함을 알려라!"

깍정이는 원래 조선 시대 초기에 생겼다. 태조 이성계가 한양을 도읍으로 정한 뒤 나라의 기틀을 확고히 하기 위해 죄지은 자들을 엄하게 벌주었을 때, 조선 정부는 가벼운 범죄자 얼굴에 먹으로 죄명을 새긴 뒤 석방하였다. 풀려난 전과자들은 얼굴 흉터 때문에 사회생활을 온전히 할 수 없어 끼리끼리 모여 살았다. '얼굴에 먹물로 죄명이 새겨진 사람'들을 '깍정이'라 불렀다.

깍정이들이 모여 살던 곳은 지금의 서울 청계천 근처였다. 이들은 서로 패거리를 지어서 큰 잔칫날이나 명절에 이곳저곳 찾아다니며 음식·돈을 뜯어내거나 거지 생활을 했다. 그중에는 돈을 모아 장사하는 경우도 있었는데 이 경우 장의사를 차렸다. 장의사는 장례를 직업적으로 도와주는 사람 또는 영업소를 말한다. 그런데 깍정이 출신 장의사들은 장례를 치르는 중에 인색하고 인정머리 없는 행동을 하는 경우가 많았다. 이에 연유하여 이기적이고 얄밉게 행동하는 사람들을 일러 '깍정이'라고 하게 됐고, 이 깍정이가 '깍쟁이'로 변했다.

깍쟁이의 어원을 '괴악한 놈'이라는 뜻의 '괴악정'怪惡丁으로 보는 설도 있지만, 이는 음과 의미가 비슷한 한자를 갖다 붙인 풀이일 뿐이다.

일반적으로 사람들은 인정 없는 깍쟁이를 좋아하지 않는다. 그러나 그보다 더 미워하는 부류가 있으니 바로 '얌체'다. 그렇다면 얌체란 어떤 사람일까? 얌체는 한자어 '염치'廉恥에서 나온 말이다. 염치는 '체면과 부끄러움을 아는 마음'을 뜻한다. 조선 시대에 염치는 서로를 배려하는 공공 예절로도 통했고, 경우에 벗어난 행위는 '염치없는 짓'이라 하여 손가락질 받았다.

그런데 이 '염치'가 '얌치'를 거쳐 '얌체'로 변하면서 희한하게 '염치없는 사람'을 뜻하기에 이르렀다. 긍정적 의미가 부정적 의미로 완전히 달라진 것이다. 염치없는 짓을 하면 얌체가 될지니!

얌체는 오늘날 '자기 이익만 추구하고 부끄러움을 모르는 사람'을 가리킨다. 이를테면 자기 집 쓰레기를 공공장소에 몰래 버리거나 여행을 가서 쓰레기를 버젓이 버리고 오는 사람들을 '쓰레기 얌체', 많은 사람이 줄지어 선 곳에 슬며시 끼어들어 순서를 앞당기려는 사람을 '새치기 얌체'라고 한다.

의미

깍쟁이 이기적이고 인색한 사람. 얄미울 정도로 약빠른 사람.

얌체 자기에게 유리한 행동만 해서 얄미운 사람.

예문

o   그는 배불러도 음식을 나눠 주지 않고 깍쟁이처럼 굴었다.

o   그는 얌체같이 새치기해서 들어갔다.

꼬드기다, 꼬리치다, 추파, 감언이설

"그는 친구를 꼬드겨 기차 타고 춘천으로 갔다."

위 문장에서의 '꼬드기다'는 '어떤 일을 하도록 꾀어 부추기다'라는 뜻이다. "그를 꼬드겨서 물건을 갖고 나오도록 했다" 따위처럼 쓴다. 유혹할 때 쓰는 '꼬드기다'는 본래 하늘로 연을 날릴 때 연이 높이 오르도록 연줄을 잡아 잦히는 기술을 가리키는 말이었다. 연줄을 잘 꼬드기면 자신이 원하는 방향으로 연을 날릴 수 있다. 연날리기에서 꼬드김은 자기 뜻대로 만드는 기술인 것이다. 이처럼 연줄을 조종하여 연을 움직이는 동작에 연유하여 '꼬드기다'라는 말은 '남을 부추겨 움직이게 하다'는 의미로 쓰게 됐다.

"개새끼도 주인을 보면 꼬리 친다."

이 속담은 배은망덕한 사람을 꾸짖을 때 이르는 말인데, 여기서 개가 꼬리 치는 동작은 반가움을 의미한다. '치다'는 몸의 일부를 세게 흔드는 것을 이르는 말이다. 반가움의 정도가 클수록 개는 꼬리를 한층 거세게 흔든다. 주인의 관심을 끌어 자기 마음을 보여 주기 위해서다. 이에 연유하여 '꼬리치다'라는 말은 '남의 비위를 맞추기 위해 알랑거리다'라는 뜻으로 사용한다. 개는 기분 좋을 때 꼬리를 흔들지만, 사람의 경우에는 주로 여자가 남자를 유혹하는 상황에 빗대어 이 말을 쓴다. 성차별적 관념이 반영된 관용어다.

"초선은 여포에게 은근슬쩍 추파를 보냈다."

『삼국지연의』에 보이는 이 문장에서 '추파'秋波는 직역하면 '가을 물결'이라는 뜻이다. 이 단어가 유혹과 관련하여 쓰이게 된 데에는 다음과 같은 유래가 있다. 중국 삼국 시대 때 일이다. 동탁이 한소제를 폐위시킨 후 온갖 나쁜 짓을 하자, 사도 왕윤은 동탁을 제거하고자 연환계를 썼다. 연환계란 적진에 간첩을 보내어 계교를 꾸미게 하는 계략이다. 왕윤은 자신의 시녀인 절세 미녀 초선의 동의를 얻어 작전을 개시했다. 왕윤은 동탁의 양아들 여포를 불러 주연을 베풀면서 어느 정도 흥이 올랐을 때 초선을 불러 술을 따르게 했다. 거나하게 술에 취한 여포는 선녀처럼 아리따운 초선을 보고 한눈에 반해 버렸다. 초선은 그런 여포에게 은근슬쩍 추파를 던지면서 연정에 불을 붙였다. 기회를 보고 있던 왕윤이 초선을 첩실로 주겠다고 하자, 여포는 망설임 없이 받아들였다. 하지만 왕윤은 며칠 뒤 초선을 동탁에게 보냈고, 여포에게는 동탁이 빼앗아갔다고 말했다. 분노한 여포는 왕윤과 함께 동탁 제거 계획을 세운다.

이 고사에 나온 '암송추파'暗送秋波는 '은근히 추파를 던지다'라는 뜻인데, '여인의 아름다운 눈짓'을 '가을의 잔잔한 물결'에 비유한 표현이다. 여기서 '추파를 던지다'라는 말이 나왔으며, 추파는 '관심을 끌고자 은근히 보내는 눈길'이란 뜻으로 쓰이게 됐다.

유혹과 관련된 고사성어 '감언이설'甘言利說에는 다음과 같은 유래가 있다. "거북은 마침내 육지로 올라가서 토끼에게 말하기를, 바다 가운데에 한 섬이 있는데, 샘물이 맑아 돌도 깨끗하고, 숲이 무성하여 좋은 과실도 많아. 그곳은 춥지도 덥지도 않고 매나 독수리가 침범할 수 없어. 네가 만약 그곳에 간다면, 아무 근심 없이 편안하게 살 수 있을 거야." 『삼국사기』김유신 열전 중 「구토지설」龜兎之說에 나오는 이 이야기에서 '그럴듯한 이로운 조건을 내세워 남을 꾀는 말'을 뜻하는 감언이설이라는 성어가 나왔다.

의미

꼬드기다 어떠한 일을 하도록 꾀어 부추기다.

꼬리치다 잘 보이려고 아양 떨다.

추파를 던지다 상대방 관심을 끌기 위해 은근히 눈짓을 보내다.

감언이설 귀가 솔깃하도록 달콤한 말이나 이로운 조건을 내세워 꾐.

예문

o 그는 친구를 꼬드겨 영화를 보러 갔다.

o 그 여자는 처음 본 남자에게 꼬리를 쳤다.

o 관심 있는 이의 마음을 움직이려 할 때 추파를 던진다.

o 그는 친구의 감언이설에 넘어가서 물건을 샀다.

꼬투리, 실마리

어렵거나 곤란한 문제에 부딪쳤을 때 사람들은 '꼬투리'나 '실마리'를 찾는다. 둘은 의미상 미묘한 차이가 있다. 어떻게 다를까?

'꼬투리'는 원래 콩·팥·완두 따위의 콩과 식물의 깍지를 뜻하는 말로, 본디 말은 '고토리'이다. '콩꼬투리'는 콩알이 들어 있는 콩의 꼬투리를 말하며, '깍지'는 알맹이를 까낸 껍질을 가리킨다. 꼬투리는 알맹이가 빠져나간 빈 깍지이므로 꼬투리가 있으면 당연히 그 알맹이도 있었으리라 유추한 데서 어떤 일이 발생한 빌미를 뜻하는 말로 쓰게 됐다. 사람이 먹는 건 껍질이 아니라 알맹이이므로 꼬투리만 있을 땐 알맹이가 어디에 있는지 묻거나 추궁하기 일쑤다. 그런 맥락에서 '꼬투리 찾다'라는 말은 어떤 사건의 실마리를 찾거나 누군가를 나무라기 위해 단서를 캐낼 때 쓰게 되었다. '꼬투리를 캐다' '꼬투리를 잡다'와 같이 사용한다.

'실마리'는 본래 '실의 첫머리'를 뜻하는 말이었다. 15세기경 '머리'와 '마리'는 비슷한 의미로 쓰였고, '실마리'는 실타래(혹은 실뭉치)의 시작 부분을 가리켰다. 실타래의 실마리를 잡아당기면 실이 술술 풀리고, 뒤엉킨 실뭉치라도 역시 실마리를 잡고 살살 당기면 쉽게 풀린다. 이에 연유하여 '실마리를 풀다'라는 말은 '일이나 사건을 풀어 나갈 수 있는 첫머리'를 뜻하기에 이르렀다.

이 '실마리를 풀다'라는 말이 널리 쓰인 건 서양 고사성어와 관계가 깊다. 옛날 지중해 크레타 섬에 살던 괴물 미노타우로스는 섬 주민을 잡아먹었다. 사람들이 괴물을 몹시 무서워하자 디노스 왕은 아테네의 유명한 건축가 다이달로스로 하여금 미궁을 만들어 괴물을 그 속에 잡아 가두도록 했다. 그러나 신의 보복이 두려웠던 나머지 미궁에 빠진 괴물을 죽이지는 못하고 해마다 소년 소녀 7명을 제물로 바쳤다. 아테네 왕 에게우스의 아들 데세우스는 이를 보다 못해 자신이 직접 괴물을 처치하기로 마음먹었다. 데세우스는 제물로 바쳐질 소년이 되어 섬으로 갔고, 거사에 성공한 뒤 쉽게 빠져나오기 위해 실패의 끈을 풀면서 괴물을 찾아 미궁으로 들어갔다. 다행히 데세우스는 괴물을 죽일 수 있었고, 풀어 둔 실을 따라 미궁을 무사히 빠져나왔다.

이에 연유하여 '실마리를 잡다'라는 말이 생겼으며, 어렵고 복잡한 난제를 풀 수 있는 단서를 의미하는 말로 사용한다. 이 말은 실에서 유래됐기에 '실마리가 풀리다' '실마리가 보이다' '실마리를 찾다' '실마리를 잡다' 등으로 쓴다.

의미

꼬투리 어떤 일의 빌미를 삼기 위한 실마리.

실마리 일이나 사건을 풀 수 있는 첫머리.

예문

o   그는 무슨 꼬투리만 잡으면 울음을 터뜨릴 기색이다.

o   그는 사건 해결의 실마리를 찾았다.

꼰대, 노틀(노털), 꼴통

"대한제국 순종 황제는 1919년 10월 마지막으로 내린 명령에서 이런저런 이유로 여러 신하에게 작위를 내렸다. 이때 이완용은 백작 작위를 받았는데 그걸 매우 자랑스럽게 생각해서 '백작'을 뜻하는 프랑스어 '콩테'Le Comte를 자신에 대한 호칭으로 삼았다. 이로부터 '꼰대'라는 말이 생겼다."

인터넷에 '꼰대'의 유래라며 떠도는 이야기 중 하나다. 이완용이 스스로 '콩테'라고 떠들고 다녔기에 주변 사람들이 꼰대라고 흉보았다는 설명은 근거가 없다. 그런가 하면 '번데기'를 가리키는 영남 사투리 '꼰데기'를 어원이라고 주장하는 사람도 있다. 번데기처럼 주름 많은 늙은이라는 뜻에서 꼰대라는 말이 나왔다는 것이다. 이 역시 허무맹랑하다. 꼰대는 '귀족 호칭' 또는 '나이 든 외모'를 비하한 말이 아니라, '자기 경험을 맹신하여 강하게 주장하거나 젊은이 앞에서 우쭐거리는 늙은이'를 가리키는 은어인 까닭이다.

꼰대의 어원은 '뽐내어 우쭐거리며 고개를 흔드는 짓'을 이르는 고유어 '곤댓짓'이다. 옛날에 양반이 하인을 대할 때 거만하게 고개 끄덕이던 행위를 아랫사람들이 '곤댓짓'이라고 말했다. 구한말과 일제강점기 때 곤댓짓은 양반처럼 으스대는 몸짓을 비꼬는 말로 쓰였다. 1926년 3월 3일 자 『동아일보』 기사에 그런 문장이 보인다. "서울 대관의 청지기가 시골 머슴에게 곤대짓을 하는 격이다."

권력 가진 양반의 으스댐은 그 아랫사람들에게 무척 불쾌한 몸짓이었지만, "흉보면서 배운다"라는 속담이 있듯 점차 따라 하는 사람들이 많아졌기에 위와 같은 표현이 등장한 것이다. 이런 연유로 꼰대는 저항심을 가진 젊은이들이 기성세대를 흉보는 말로 사용하게 됐다. 최근에는 꼰대를 세분화한 '굉꼰' '젊꼰'이라는 신조어도 생겼다. 꼰대질이 무척 심한 '굉장한 꼰대', 나이는 젊지만 자기 생각을 타인에게 강요하는 '젊은 꼰대'를 가리키는 말이다.

꼰대가 우쭐거리며 자기 경험을 강요하는 늙은이라면, '노틀'은 늙은 남자를 속되게 이르는 말이다. 노틀의 어원은 중국어 '老頭兒'(라오터우)이다. '노인의 털'과는 아무 관계없다. 본래 나이 먹은 사람을 대접하여 이르는 중국 한자어 '老頭'(노두)에 '兒'(아)가 덧붙어서 만들어진 말이다.

나이 든 남자를 친근하게 부르는 호칭 '라오터우'를 빨리 발음하면 '노털'과 비슷하게 들린다. 이 말이 우리나라에 들어와 '노틀' 혹은 '노털'이 됐다. 현재 표준어로는 노틀만 인정되고 있으며, 나이 든 사람을 비하하는 은어로 쓰인다.

"꼴통으로 낙인찍히기 십상인 게 우리 현실."

'꼴통'도 꼰대나 노틀과 관련되어 자주 쓰이는 말이다. 위 문장에서 '꼴통'은 '세상 변화를 외면하는 보수적인 사람'을 의미한다. 그렇다면 본래 꼴통은 어떤 뜻일까? 꼴통의 어원은 '골통'이다. '꼴통'은 1897년 판 『한영자전』에 '골통'으로 처음 나오며, '머리'로 풀이돼 있다. 여기서 '골'은 '뇌'腦, '통'은 '뭔가를 담는 그릇'이다. 그러므로 골통은 '뇌를 담은 그릇'인 셈이다. '골통'이 된소리화된 20세기 중엽 이후 '말썽꾸러기'나 '머리 나쁜 사람'을 꼴통으로 불렀다. 또한 생각이 얕고 지적 수준이 낮은 사람도 꼴통이라 불렀으며, 관습이나 권위만 내세우고 변화를 거부하는 꽉 막힌 사람을 '수구 꼴통'이라 하기에 이르렀다.

의미

꼰대 학생들의 은어로, 늙은이를 이르는 말.

노틀 늙은 남자를 속되게 이르는 말.

꼴통 머리가 나쁜 사람을 속되게 이르는 말.

예문

○ 보잘것없는 놈이 양반입네 하고 곤댓짓을 한다.

○ 노틀은 본래 나이 먹은 사람을 대접하여 이르는 말이었다.

○ 그는 남의 말을 무시하고 자기주장만 내세우는 꼴통이다.

나라, 국가

단재 신채호에 의하면 지금 우리가 쓰는 '나라'라는 말의 고어는 '라라'이며, 그 '라라'는 본디 강에서 배가 건너다니는 곳을 이르는 '나루' 근처를 가리키던 데서 출발했다. 즉 '나라'의 어원은 물과 관련이 깊다.

나라의 땅 면적이 확장되면서 나라는 '특정 범위의 넓은 공간'을 의미하게 됐고, '배를 댈 수 있는 물가'는 '나루'로 갈라졌다. 또한 좁지만 개방된 개념의 땅과 달리, 나라는 넓지만 제한된 개념을 갖기에 이르렀다. 이때 나라는 땅보다 백성을 주체로 하기에 "나라 없는 백성 없다" "나라는 백성이 근본"이라는 속담이 생겼다.

나라는 명사와 함께 쓰이면서 그 단어가 나타내는 사물의 세상이나 세계를 이르기도 한다. 우리나라, 하늘나라, 과자 나라 등이 그런 예로서 하나같이 앞의 명사가 나라를 이루는 가장 중요한 요소임을 일러 준다. '나라'는 15세기 여러 문헌에 '나라ㅎ'로 나온다.

이에 비해 나라와 동의어로 쓰이는 '국가'國家는 주체

보다 보호의 상징이 강하다. 먼저 어원을 살펴보면 國(나라 국)의 본자는 或(혹 혹)이었다. 가운데의 口는 우두머리의 거주지이고, 창의 상형 戈(창 과)는 이 구역을 보호한다는 뜻이며, 좌측 아래의 짧은 횡선은 한 줄로 벌려 놓았던 출입자 저지용 무기들이다. 或이 '혹시'라는 뜻으로도 쓰이자, 외성을 뜻하는 圍(둘레 위)를 둘러 본뜻을 유지토록 한 글자가 國이다.

한편 家(집 가)는 집안에 돼지가 있는 형상을 본떠 만든 글자이다. 돼지는 고대 중국인이 가장 좋아하는 고기이기에, 중국인들은 집안에서 돼지를 정성스레 기르면서 분뇨와 음식 찌꺼기를 사료로 썼다. 家를 중심으로 생활하는 사람들을 가족이라 했고, 가족이 모여 부족이 되고, 부족이 모여 민족이 됐으며, 가족·부족·민족을 지켜 주는 사회 조직을 국가라고 했다.

쉽게 말해 국가는 일정한 지역 안에 거주하는 사람들로 구성되고, 그 구성원들의 바람을 효율적으로 실현하는 가장 큰 제도적 조직이다. 구성단위에 따라 부족 국가와 민족 국가 등으로 구분되고, 생산 및 분배 방식에 따라 민주 국가와 공산 국가 등으로 나눈다. 같은 맥락에서 국가 대항전에 출전하는 사람들을 '나라 대표 선수'라 하지 않고 '국가 대표 선수'라고 말한다.

요컨대 나라와 국가는 같은 뜻으로 쓰이는 말이지만, 나라는 공동체 의식과 거주하는 땅에 비중을 두고, 국가는 공동 목표와 차지하고 있는 영토에 비중을 둔다.

의미

나라 사람들이 모여 주권을 가지고 삶을 영위해 가는 일정한 범위의 땅.

국가 일정한 영토와 그곳에 사는 사람들로 구성되어 통치권을 가진 공동체.

예문

○ 우리나라 국호는 대한민국이다.

○ 노비는 주인과 국가로부터 철저한 통제를 받았다.

나락, 지옥

　고대 인도에서는 악인들이 모이는 곳이 따로 있다고 믿었다. 산스크리트어로 '나라카'naraka라 불린 그곳은 세계의 가장자리에 있으며, 즐거움은 없고 오직 괴로움만 있다고 여겨졌다. 부처는 그 개념을 받아들였으나 단순히 고통스러운 곳이라 하지 않고 인간 생활에서 도덕적인 반성의 재료로 삼았다.

　"이 세상 끝에는 고통스러운 나락奈落이 있다."

　중국은 불교를 소개할 때 나라카를 '나락'으로 음역하면서 극락에 대비하는 말로 썼다. 따라서 초기의 '나락'은 세계의 가장자리에 있는 괴로운 세계를 의미했다. 그런데 불교가 번성하고 사람들에게 널리 전해지면서 나락의 장소가 먼 가장자리가 아니라 사람들 발밑에 있는 땅속으로 바뀌었으며 용어도 '지옥'地獄이 되었다. 지옥은 '지하 감옥'의 줄임말로 처벌주의가 만연한 사회 풍토를 반영한 말이었다.

　"죄인들은 죄에 따라 무서운 벌을 받는다네."

또한 지옥 풍경이 각종 고문으로 얼룩진 범죄자 교도소처럼 묘사되면서, '지옥'은 특정한 분야의 괴로운 세계를 묘사하는 데도 쓰였다. 교통지옥, 입시 지옥 따위의 말은 그런 연장선상에서 나왔다. 또 지옥은 천국에 대비되는 말로 쓰이면서 나락과 혼용되기에 이르렀으며, 아주 불행한 처지에 이른 상태를 가리킬 때는 '나락에 떨어지다', 괴로움을 겪는 상태일 때는 '지옥 같다'고 표현한다.

"지옥에나 떨어져라!"

요즘 사람들이 떠올리는 지옥 개념은 크리스트교와 관계가 깊다. '감추다' 또는 '덮다'라는 뜻의 앵글로색슨어에서 유래한 'hell'(헬)이라는 용어는 지하세계의 뜨거운 지역을 가리키며, 저주받은 영혼들이 거주하는 장소나 존재 상태를 나타낸다.

지옥 개념 자체는 크리스트교 형성 이전부터 있었다. 여호와 숭배가 헤브루인의 민족 종교가 된 건 기원전 9세기경이다. 그때까지 그들 대부분은 훨씬 더 오래된 페니키아의 신 바알을 믿었다. 헤브루인은 옛 신앙에서 새로운 신앙으로 바꾸면서 바알의 이름을 외면했다. 그들은 나아가 바알에게 희생물을 올리는 장소였던 계곡의 의미를 격하하는 한편, 계곡 이름인 토펫Tophet을 죄인들이 죽은 뒤 불

속에 갇힌다고 하는 '영원히 꺼지지 않는 불'의 이름으로 사용했다. 이걸 크리스트교에서 '지옥'이라고 불렀고, 크리스트교 확산과 더불어 '큰 죄를 짓고 죽은 사람들이 구원받지 못하고 끝없이 벌을 받는 곳'으로 인식하기에 이르렀다.

의미

나락 불교의 지옥. 벗어나기 어려운 절망적인 상황.

지옥 기독교에서 죄인의 괴로운 세계. 아주 괴롭고 참담한 광경이나 그런 형편.

예문

o 그는 계속된 실패로 절망의 나락에 떨어졌다.

o 생각에 따라 날마다의 삶이 천국일 수도 있고 지옥일 수도 있다.

나리, 영감, 대감, 떼어 놓은 당상

"내가 자전거를 타고 지나가면 군중은 항상 그 모습을 즐겨 보곤 했다. 나는 요청에 못 이겨 그 길을 여러 번 자전거로 오고 가고 하여 떠들썩한 그들을 만족시켜야 했다. 이렇게 하여 나는 근처 사람들로부터 최고 대우를 받았다. 그곳에서 그들은 나를 '나리'라고 부르며 인사하곤 했다. '나리'는 연장자나 관리에게 쓰는 말이다."

구한말 선교사 H.N. 앨런의 기록에서 알 수 있듯, '나리'는 신분 높은 사람을 이르는 말임에는 틀림없지만 최상급 호칭은 아니었다. 조선 시대 고위 관리인 정3품에는 위로 통정대부, 아래로 통훈대부의 두 품계가 있었는데 통훈대부까지를 '당하관'이라 하고, 통정대부 이상을 '당상관'이라 하여 구별했다. 당상堂上과 당하堂下라는 이름으로도 알 수 있듯이 당堂에 입실할 수 있고 없음의 차이는 현격했다. 권력자를 근처에서 보고 못 보고는 출세와도 밀접한 관련이 있는 까닭이다.

그뿐만 아니라 통정대부는 망건에 옥관자를 붙이고

'영감'슈監이라는 존칭을 받는 반면, 통훈대부에게는 까막관자에다 '나리'라는 칭호만 허용됐다. 여기서 '떼어 놓은 당상'이란 말이 생겼다. 그 유래에 대해서는 임금이 미리 벼슬자리를 떼어 놓은 데서 생겨났다는 설도 있고, 당상관이 따로 떼어 놓은 옥관자는 당상관 외에는 아무런 필요가 없어 누가 가져갈 리 없으므로 '확실한 일, 틀림없는 일, 조금도 염려할 게 없는 일'을 나타낼 때 쓰게 됐다는 설도 있다. '따논 당상'과 '따 놓은 당상'은 틀린 말이다.

벼슬이 상대적으로 낮기는 하지만 통치 규모가 작은 고을에서 우두머리의 위세는 자못 대단했다. 백성들은 고을을 다스리는 사또에게 '사또나리'라고 호칭했고, 같은 맥락에서 작은 벼슬아치도 '나리'라고 불렀다. 또한 백성 입장에서는 중앙 고위 관리인 영감을 대할 일이 별로 없고 대부분 사또나 이속들을 접하게 되므로 나리가 사실상의 우대 존칭이었다. 오늘날 일정한 관직 이상에 있는 사람을 높여 부를 때 나리라고 말하는 이유가 여기에 있다. 한편으로 벼슬아치에 대한 반감에서 비아냥거릴 때 나리를 쓰기도 한다.

나리의 본래 말은 '나으리'이며 조선 초기부터 사용했다. 사육신이 단종 복위 거사에 실패하고 세조로부터 친국을 당할 때의 일이다. 여섯 신하는 세조를 부를 때 '전하'라 하지 않고 '나으리'라 했다. 자신들보다 높은 위치는 인정하나 결코 국왕으로 생각하지 않음을 나타낸 말이었다. 이렇듯 조선 초기에는 벼슬하는 관리들을 모두 나으리라 일컫다가 신분에 따른 호칭이 세분화되면서 나중에 당하관만 나으리라 하였다.

영감은 본래 종2품·정3품 관리를 부르던 존칭이었다. 이를테면 포도대장(종2품)이나 관찰사(정3품) 등을 영감이라 했다. 요즘에도 도지사나 판·검사를 사석에서 영감이라 호칭하곤 하는데 관습적인 존칭인 셈이다. 더 넓게는 관리나 노인을 높이 보는 전래 풍습에 따라 사회적으로 지체가 높거나 나이가 많은 남자도 영감이라고 부른다.

한편 관리에 대한 존칭 중 최고는 '대감'大監이었다. 정2품 이상 관원에 대한 존칭인 대감은 육조의 으뜸 벼슬 판서 및 정1품 삼정승을 이르는 말이었다.

의미

나리 지체 높거나 권세 있는 사람을 높여 부르는 말.

영감 나이가 좀 많은 남편의 호칭. 남자 노인을 대접하여 이르는 말.

대감 조선 시대, 정2품 이상의 관원에 대한 존칭.

예문

o   국회의원 나리께서 참석하신다는 연락을 받았다오.

o   영감님께서는 어디 가셨느냐?

o   홍길동은 판서 대감의 아들이다.

나물, 채소, 야채

"봄이 왔네 봄이 와, 숫처녀의 가슴에도. 나물 캐러 간다고 아장아장 들로 가네."

봄이 오면 밥상에 나물이 자주 오른다. 신선한 나물은 겨우내 잃어버린 입맛을 되찾아 준다. 그런데 '나물'과 '채소'는 어떻게 다를까?

'나물'은 사람이 먹을 수 있는 야생풀이나 식물 혹은 그걸 볶거나 데치거나 날것으로 무친 반찬을 가리킨다. 어원은 'ᄂᆞ무새'이며, '남새'와 'ᄂᆞ물'을 거쳐 나물이 되었다. 비교적 큰 여러해살이 식물인 '나무'의 어원도 'ᄂᆞ무새'인 바 근원적으로 나물과 나무는 같은 말에서 나온 셈이다.

나물은 산과 들에서 채집한 식용 식물로, 옛날에는 집 근처에서 쉽게 따서 반찬으로 삼았기에 그걸 무친 반찬도 나물이라 하게 되었다. 다시 말해 집에서 기른 농작물이 아니라 산야에서 구해 온 것을 나물이라 한다. 냉이, 쑥, 달래 따위를 '채소'라 하지 않고 '봄나물'이나 '산나물'이라 말하는 이유가 여기에 있다.

그런 점에서 '콩나물'과 '숙주나물'은 이례적이다. 집에서 물을 주어 기른 작물이기 때문이다. 곡식으로 먹는 콩(혹은 녹두)과 그늘에서 물을 줘서 나물로 키운 걸 구분하기 위함이다. 쉽게 상하는 녹두나물의 경우 단종을 버리고 세조에게 충성한 신숙주의 변심에 빗대어 숙주나물로 불리게 됐다고 전한다.

이에 비해 '채소'菜蔬는 '인위적으로 (집에서) 기른 나물'을 뜻한다. 옛말은 '치소'이다. 산야에서 채집한 비非재배식물, 즉 산채는 채소에 포함되지 않는다. 배추, 무, 상추, 시금치, 오이, 호박 따위 밭에서 기른 초본 식물은 모두 채소라 한다. 옛날에는 궁궐에서 특별히 나물을 길러 연한 싹을 요리 재료로 쓰곤 했다. 이를테면 중국에서 완두싹은 고급 건강 채소로서 종종 궁중요리에 등장했다.

'야채'野菜는 본래 '들에서 자라나는 나물'이란 뜻이다. 야생 나물과 재배 채소로 개념이 명확히 구분된 이후 잘 쓰지 않다가 현재는 채소 대신 많이 쓴다. 정확히는 '나물=야채' '채소=집에서 기른 야채'이지만, 밭에 심어서 가꾸어 먹는 온갖 나물이라는 의미로 야채를 사용한다.

한편 참외·수박·딸기·바나나·파인애플 등은 초본성 열매이지만, 목본성 열매를 뜻하는 과일로 취급받는다.

토마토는 과일 취급을 받지 못하는데, 바로 단맛 때문이다. 같은 초본성 열매라 하더라도 토마토만은 단맛이 없어서 분명하게 채소로 여겨지는 것이다.

의미

나물 사람이 먹을 수 있는 야생풀이나 채소.

채소 뿌리·잎·줄기·열매를 먹기 위하여 밭에서 기르는 초본 식물.

야채 들에서 자라는 나물. 밭에 심어서 가꾸어 먹는 온갖 나물.

예문

o   봄이 오면 산과 들에 나물이 지천이다.

o   새싹 채소에는 비타민과 미네랄 등이 다 자란 채소보다 더 많다.

o   고기에 야채를 곁들여 먹으면 소화가 잘된다.

남사스럽다, 쪽팔리다, 망신 당하다, 창피하다

다른 사람이 알면 어쩐지 부끄러운 일을 겪었을 때 흔히 '남사스럽다' '쪽팔리다' '망신 당하다' '창피하다'라고 말한다. 이 말들은 본래 어떤 뜻이고 뉘앙스는 어떻게 다를까?

'남사스럽다'의 원래 말은 '남우세스럽다'이며, 남에게 비웃음과 조롱을 받는 걸 가리킨다. '남우세'는 '남에게 웃음을 사다'라는 뜻으로 추정된다. 요컨대 '남우세스럽다'는 남에게 웃음거리가 될 만하다는 뜻이고, 줄여서 '남세스럽다'라고 말했다. '남세스럽다'는 자기에게 적용할 경우 '놀림받을까 봐 어쩐지 부끄럽다', 남에게 적용할 경우에는 '비웃음을 살 만한 부끄러운 행동이다'라는 의미를 담는다. 예전에는 '남사스럽다'와 '남새스럽다'는 틀린 말이었지만, 2011년 '남사스럽다'는 표준어로 인정되었다.

"오는 길에 돌에 걸려 넘어져서 쪽팔렸어."

여기서 '쪽팔리다'는 '부끄러워 체면이 깎이다'라는 뜻의 비속어이다. '얼굴'을 속되게 이르는 '쪽'에 '팔리다'가

붙은 형태인데, 얼굴이 팔린 게 왜 부끄러운 일일까? '얼굴이 팔리다'라는 말은 일본어 顔が売れる(가오가우레루)를 번역한 말이다. 일본에서는 '널리 알려져서 유명해지다'라는 뜻으로 쓰지만, 우리의 경우 '별로 좋지 않은 일로 세상에 알려지다'라는 의미로 사용한다. 일제강점기에 한양이나 평양 기생들 얼굴을 모아 실은 사진첩이 발간됐는데, 본인들이 원해서 만든 것이 아니라 남자 고객들을 위한 영업용 책자였다. 여기에 나온 기생들은 세상에 얼굴이 널리 알려졌지만 그리 좋은 일은 아니었기에 '얼굴 팔리다'라는 말은 부정적 의미로 쓰이게 됐다. 현대 들어서는 뒷골목 양아치들이 어떤 사건으로 말미암아 수배 받을 때 얼굴을 비속어 '쪽'으로 바꿔 '쪽팔리다'라고 말했다.

"망신살이 뻗쳤어."

망신은 사주에서 말하는 '망신살亡身煞에서 나온 말이다. '망신살'은 몸을 망치게 하는 언짢은 운수를 말하며, 여기서 '살'은 나쁜 기운을 의미한다. 망신살이 뻗치면 해로운 일을 당할 가능성이 높으므로 언행을 조심해야 한다고 하지만, 그런 미신을 믿고 믿지 않고는 각자 판단할 일이다.

어쨌든 망신은 잘못하여 자기의 지위·명예·체면 따위를 깎아내리는 일을 뜻한다. 체면을 중시하는 문화에서는 그런 일이 대인관계에서 가장 신경 쓰이는 법이다. '망신을 당하려면 아주 쉬운 일에도 실수한다'라는 뜻의 속담 "망신하려면 아버지 이름자도 안 나온다"는 그러한 정서를 잘 드러낸다. 다시 말해 망신은 체면이 크게 손상되어 남에게 얼굴 내놓기 싫은 상태를 가리킨다.

이에 비해 '창피하다'는 떳떳하지 못하거나 체면이 사나워 부끄러운 상태에 있음을 의미한다. '창피'猖披는 본래 옷매무새를 제대로 하지 못해 난잡한 모습을 뜻하는 말이었다. 옷을 입고 띠로 매지 않은 헝클어진 모습이 창피한 상태였던 것이다. 이에 연유하여 외모나 행위가 남에게 보이기에 떳떳하지 못하거나 체면이 깎이는 일을 당할 경우 '창피하다, 창피스럽다'라고 말하게 되었다.

또한 누군가에게 아니꼬운 일을 당해 부끄러움을 느낄 때도 '창피하다'라는 말을 쓴다. 망신이 애초부터 당사자가 인식하는 부끄러움이라면, 창피는 자기 생각(예상)과 달리 때때로 다른 사람의 언급에 의해 인식될 수도 있다는 차이가 있다.

의미

남사스럽다 남에게 놀림과 비웃음을 받을 듯하다.

쪽팔리다 부끄러워 체면이 깎이다.

망신당하다 명예나 체면이 손상을 입는 일을 당하다.

창피하다 체면이 깎이거나 떳떳하지 못한 일로 부끄럽다.

예문

o 정치인이 인기인과 사진 찍어 대는 꼴은 남사스럽다.

o 쪽팔리게 이 물건들을 나보고 길거리에서 팔라고?

o 일부 관광객은 해외에서 몰상식한 행동으로 나라 망신을
   하고 있다.

o 취업이 안 된 친구들이 창피하다는 이유로 졸업식에 오지
   않았다.

넉살, 비위

옛날 어느 해 가을에 연날리기 경기가 벌어졌다. 전국에서 연날리기라면 최고라는 자부심을 가진 사람들이 참가하여 실력을 겨뤘다. 이때 강화도 대표로 출전한 사람이 색다른 연을 가지고 와서 다른 사람들로부터 조롱을 받았다.

"저 연은 좀 부실해 보이네!"

모든 선수가 연살 5개로 만든 연으로 출전한 데 비해, 강화 선수의 연살은 4개에 불과했기 때문이다. 하지만 강화 선수는 연살 4개로 된 연을 가지고 놀라운 솜씨를 뽐내며 당당히 우승을 차지했다. 사람들은 "강화 연 넉살 좋다"라고 감탄했고, 이에 연유하여 '강화 연 넉살'은 '살이 넷인 강화의 연'을 의미하게 됐다. 세월이 흐르면서 '강화 연 넉살' 혹은 '넉살 좋은 강화 연'은 하늘을 나는 '연鳶'과 여자를 낮추어 부르는 말인 '년'의 발음이 비슷한 연유로 '수줍음 모르는 강화 년'으로 그 뜻이 바뀌었고, 이로부터 '넉살 좋은 강화 년'은 '체면이나 염치 모르는 사람'으로, '넉살스럽다'는 '부끄러움 없이 비위 좋다'로 통하게 됐다고 한다.

　강화 연 설화의 사실 유무는 확인할 수 없으나, 오늘날 넉살은 창피해하는 기색 없이 비위 좋게 구는 짓이나 그런 성미를 뜻하는 말로 쓰인다. 일설에는 넉살이 '넉'과 '살'이 합쳐진 명사로서, '잘도 하는 말'이라고 설명하기도 한다.

　그렇다면 '비위 좋다'의 '비위'는 무슨 뜻일까? '비위'脾胃는 글자 그대로 비장(지라)과 위장이라는 뜻이다. 그러므로 '비위 좋다'는 말은 비장과 위가 좋으므로 아무 음식이나 '다 잘 먹고 잘 소화시키다'라는 뜻을 나타내며, 이로부터 '비위 좋다'는 말은 여간한 핀잔을 받고도 감정을 나타내지 않거나 참고 견디는 뱃심이 좋다는 뜻으로 쓰이게 되었다.

　'넉살 좋다'와 '비위 좋다'는 부끄러움 없는 태도라는 점에서는 똑같지만, 넉살은 주로 사람에 대한 태도를 표현할 때 쓰고, 비위는 사람은 물론 사물·풍경에 대한 태도에도 쓴다는 차이가 있다. 또한 넉살은 긍정적인 관점에서 말하는 반면, 비위는 부정적인 관점에서 사용하곤 한다. 인체에서 비위가 약하면 구토를 하기 일쑤이듯 비위는 뭔가가 건드렸을 때 반응하는 까닭이다. 그래서 '비위를 긁다' '비위를 건드리다' '비위 사납다' 등 자극을 받아 참기 힘들 때 이런 표현을 쓴다.

정리하자면 넉살은 '부끄러움 타지 않고 비위 좋게 구는 짓'을 뜻하고, 비위는 내장의 기능에서 착안하여 '음식의 맛이나 어떤 일에 대해 좋고 나쁨을 분간하는 기분'이라는 말로 쓰인다. 비위는 부정적 상황에 많이 쓰므로 '아니꼽고 싫은 일을 잘 견디는 힘'이라는 뜻도 지니게 됐다.

의미

넉살 부끄러운 기색 없이 비위 좋게 구는 짓이나 성미.

비위 일이나 사물에 대하여 무엇을 하고 싶은 기분이나 생각.

예문

○ 그는 넉살이 좋아 어디 가서도 굶지는 않는다.

○ 쓰레기통 옆에서 빵을 먹다니 비위가 좋구나.

넋두리, 하소연

사람은 누구나 늙으면 자연스레 세상을 떠나게 되지만, 아무 질병이나 사고 없이 자연사하는 경우는 매우 드물다. 그보다는 갑작스레 억울하게 죽는 경우가 더 많다. 그럴 때 살아 있는 유족이나 지인의 마음은 슬프기 그지없으며, 죽은 이의 입장을 생각하면 더 그렇다.

우리나라에서는 예부터 억울하게 죽은 사람의 넋을 위로하는 풍습이 있었다. '넋'은 정신이나 마음을 나타내는 우리 고유어이며 '혼백'을 뜻하기도 한다. 육신은 죽을지언정 넋은 죽지 않는다고 믿었기에, 누군가 억울하게 죽었을 경우 굿을 하여 위로했다.

무당이 굿을 통해 죽은 이의 혼백을 불러낸다. 무당은 그의 못다 한 사연을 대신 말하고, 유족들은 마치 산 사람을 대하듯 그 얘기를 들어 주며 편한 마음으로 저승에 가길 빈다. 이때 무당이 하는 말은 대개 신세한탄이거나 울음 섞인 소리인 경우가 많다. 억울함이 담긴 이야기들인 까닭이다. 주변에서 듣는 사람들은 무당이 중얼거리며 하는 말이 무엇인지 알 수 없지만 죽은 자의 서러운 불평인 것만은 분명하다. 이렇게 무당이 죽은 자를 대신하여 내뱉는 말을 '넋두리'라고 하며, 여기서 '두리'는 둘러대는 말을 의미한다. 그러므로 넋두리는 '혼백이 하는 둘러대는 말'인 것이다. "죽어서도 넋두리를 한다"라는 속담은 죽은 사람조차 무당의 입을 빌려 못다 한 말을 하는데 산 사람이 못할 말이 있겠느냐는 뜻이다.

점차 그 뜻이 확대되어 넋두리는 자기 신세를 한탄하거나 불만을 혼잣말처럼 호소하는 걸 의미하게 되었다. 주로 가슴에 오랫동안 담아 둔 억울함을 혼자서 중얼중얼 토로할 때 쓰며, 그러하기에 타인은 우연히 넋두리를 듣게 된다.

"맺힌 게 많은지 혼자 넋두리를 하고 있네."

넋두리가 불만이나 불평을 혼잣말처럼 호소하는 것이라면, '하소연'은 억울하거나 딱한 사정을 노골적으로 드러낼 때 쓴다. "그는 나를 만나자마자 눈물부터 흘리며 억울하다고 하소연했다" "그는 친구에게 자기의 답답한 사정을 하소연했다"처럼 어떤 사람에게 호소하듯 이야기하는 걸 말한다. '하소하다' '하소를 듣다'처럼 줄여서 '하소'라고도 한다.

억울하고 딱한 사정을 털어놓고 호소한다는 공통점이 있지만, 넋두리는 누군가에게 말하기보다는 혼잣말처럼 내뱉는 가슴속의 응어리이고, 하소연은 남이 적극적으로 들어 주기를 바라는 답답한 심정이라 할 수 있다. 넋두리를 '늘어놓고', 하소연을 '하는' 이유가 여기에 있다.

의미

넋두리 불만을 혼잣말처럼 길게 늘어놓는 말.

하소연 억울한 일이나 잘못된 일, 딱한 사정 따위를 간곡히 호소함.

예문

o 밤새도록 그의 넋두리를 들어 주었다.

o 그 친구는 만났다 하면 시집살이 하소연이다.

노예, 노비, 머슴

'노예'奴隷란 권리·자유·인격권을 빼앗긴 채 물건처럼 매매되고, 무상으로 강제 노동하는 인간을 말한다. 고대 오리엔트, 그리스·로마, 식민지 시대의 아메리카 등지에 노예가 있었다. 고대 그리스 시대부터 흑해 북안에서 지중해 세계에 노예가 수출됐고, 이러한 경로를 통해 수입된 노예들은 노동용 일꾼이나 전투용 용병으로 활동했다.

고대 로마인들은 아시아, 아프리카, 그리고 슬라브인들이 많이 거주하는 지역에서 노예를 붙잡아 썼다. 노예를 뜻하는 영어 '슬레이브'slave는 '슬라브인'을 이르는 중세 라틴어 sclavus(슬라부스)에서 유래하였는데, 이 말은 중세 초기에 많은 슬라브인이 노예가 된 사실에서 비롯되었다.

15세기 말 스페인인은 신대륙 대부분을 정복한 뒤 원주민들을 탄광이나 밭에서 일하도록 만들었다. 원주민들은 유럽인이 옮긴 질병과 거칠고 힘든 노동 조건 때문에 오래 견디지 못하고 죽는 경우가 많았다. 이 문제를 해결하기 위해 1517년부터 아프리카에서 노예를 수입하기 시작했다. 백인들은 노예를 서인도제도로, 그다음에는 설탕 산업이 번성한 남아메리카 대륙으로 보내 강제노동을 시켰다. 농장 흑인 노예라는 가혹한 관행은 이렇게 시작되었다. '노예'라는 말은 훗날 어떤 일이나 대상을 제 의지대로 다루지 못하고 그것에 사로잡히거나 휘둘리는 사람에 빗대어 쓰이게 됐다. '노예근성'이라느니, '돈의 노예' 등이 그 예다.

중국이나 우리나라에도 비슷한 사람들이 있었다. '노비'奴婢가 그들이다. 하지만 노비는 서양의 노예와 달리 본인 원한다면 결혼이 가능했고 어느 정도 사유재산을 소유할 수 있었다. 보통 '종'이라고 불린 노비의 '노'奴는 남자 종, '비'婢는 여자 종을 말하며, 원시 공동체 사회가 붕괴되면서 노비가 발생했다. 고대 국가 체제에서 적대하던 집단이나 부족들이 전쟁 포로를 잡아서 노비로 부린 것이다. 고조선의 「8조 범금」에 "노비로 삼는다"라는 규정이 있으며, 부여 법률에도 살인자 가족은 노비로 삼는다는 규정이 있다. 1894년 갑오개혁으로 공사노비제가 완전히 혁파되고 차별적인 신분제가 폐지되고서야 노비제가 사라졌다.

남의 종노릇 하던 일을 '종살이'라고 하면, '머슴살이'는 뭘까? '머슴'은 고용주 집에 함께 살면서 농사나 가사노동을 하고, 그 대가로 일정한 새경과 의복 및 식사 등을 지급받는 사람을 말한다. 고려 시대에는 용작, 조선 시대에는 고공이라 불렀다. 그 밖의 지역 방언으로는 머슴 외에 '머섬, 몸꾼, 쌈꾼' 등이 있다. 김유정 단편소설 「봄봄」에서 점순이와 결혼하고 싶어 떠나지 못하고 계속 무료로 일한 주인공은 머슴이다. 이들은 민법적인 고용 관계를 맺고 있다는 점에서 사적 예속성이 강한 노비와는 달랐다. 그러므로 '머슴살이'는 언제든 고용주와의 관계를 끊고 떠날 수 있다는 점에서 주인 곁을 떠나지 못하는 '종살이'보다 나은 셈이다.

한편 우리나라 노비에게는 성은 없고 이름만 있는 반면, 서양 노예는 성이 있었다. 이 차이는 체면과 실리라는 상반된 가치관에서 비롯되었다. 다시 말해 체면을 중시하는 우리나라에서는 성을 매우 명예롭게 여겼기에 노비에게 성을 준다는 일은 상상할 수 없었고, 실용주의 사고가 만연한 서양에서는 노예를 매매할 때 그 산지를 증명하기 편리하도록 성을 준 것이다.

의미

노예 다른 사람의 소유물로 여겨지고 시키는 대로 일해야 했던 신분의 사람.

노비 신분제도 사회에서 지배층의 소유물로 예속되어 살아가던 최하층 사람.

머슴 일정 기간 고용되어 숙식하면서 보수를 받고 농사일이나 노동을 한 사람.

예문

○ 일이 즐거울 때 인생은 기쁨이고, 일이 의무일 때 인생은 노예가 된다.

○ 노비는 남자 종과 여자 종을 아울러 이르는 말이다.

○ 머슴은 부농에게 고용되어 그 집의 농사일이나 잡일을 했다.

노파심, 조바심, 안달

"노파심에서 하는 말이란다."

위 문장에서의 '노파심'老婆心은 직역하면 '할머니의 마음'이고 의역하면 '지나칠 정도로 남의 일을 걱정하는 마음'을 이르는 말이다. 그런데 이 말은 본래 스승이 수행자에게 나타내는 자비심을 뜻하는 불교 용어였다. 친절심親切心이라고도 하며, 줄여서 파심婆心이라고도 한다.

이때의 자비심은 노파老婆, 즉 할머니가 자식이나 손자를 애지중지하는 마음에 비유되었다. 세상 일을 많이 겪은 할머니 눈에는 장성한 자식도, 나이 어린 손자도 항상 염려의 대상으로 보이기 마련이다. 70세 아들이 외출할 때, 95세 어머니가 "길 다닐 때 자동차 조심해라"라고 말하는 게 바로 노파심이다. 이에 연유하여 노파심은 '남의 일에 대해 지나치게 염려하는 마음'이라는 뜻으로 쓰인다.

"조바심 내지 말고 가만히 있으렴."

이렇게 말했을 때 '조바심'은 '조마조마하여 마음이 불안함'을 나타낸 말이다. 이 말은 볏과 한해살이풀인 '조'와 관련하여 생겼다. 조를 수확할 때는 이삭을 자른 다음 한 꺼번에 두드려서 턴다. 조의 이삭을 떨어서 좁쌀을 만들기 위함이다. 그런데 조는 귀가 질겨서 두드리는 정도로는 잘 떨어지지 않는다. 그래서 온갖 방법을 동원해서 비비고 문지르면서 애를 써야 하고 심지어는 연자방아 밑에 깔아 육중한 돌을 굴려서 털기도 한다. 다시 말해 조의 이삭을 떨구려면 세심한 노력이 필요한데, 들인 시간에 비해 그 일이 잘 되지 않으면 애가 타기도 한다. 이런 연유로 무척 초조하고 불안해하는 것을 일러 조바심이라고 말하게 되었다. 여기서 '바심'은 '어떤 마음'이 아니라 타작, 즉 '곡식의 낟알을 떨어서 거두는 일'을 가리키는 우리말이다. 요컨대 '조의 이삭을 떨구고 거둬서 좁쌀을 만드는 일'이 '조마조마하고 불안한 마음'이 된 것이다.

"아이는 동물원에 가고 싶어 안달이 났다."

누군가의 애타는 심정을 표현한 '안달'은 '안이 달아오르다'라는 뜻을 가진 말이다. '안'은 인체의 안, 즉 내장이 있는 몸속을 이르는 말이다. 뭔가 빨리 하고 싶은 마음이 간절하지만 부득이 기다려야 할 때 속이 타는 걸 안달이라고 한다. '나다'는 '생겨 나타나다'를 의미하므로, 안달이 난 것은 속이 몹시 달아 조급한 마음이 생긴 상태임을 알 수 있다. 흔히 뭔가를 하고 싶거나 어떤 소식을 간절히 기다릴 때 안달이 난다.

의미

노파심 지나칠 정도로 남의 일을 걱정하는 마음.

조바심 조마조마하여 불안한 마음.

안달 마음을 졸이며 조급해함.

예문

o   노파심에서 하는 말이니 기분 나쁘게 생각하지 마라.

o   그는 약속 시간에 늦을까 봐 조바심을 냈다.

o   그는 밖으로 나가고 싶어 안달이다.

닦달하다, 보채다, 박차를 가하다

누군가에게 뭔가를 연달아 요구할 때 흔히 '닦달하지
말라'느니 '보채지 말라'라고 말한다. 둘은 어떻게 다를까?

'닦달하다'는 '닦다'와 '다듬질'이 합쳐져 이루어진 말
이다. '닦다'는 '더러운 것을 없애거나 윤기내기 위해 그 거
죽을 걸레나 수건으로 문지르다'라는 뜻의 동사이다. '다
듬질'은 '새기거나 만든 물건을 마지막으로 매만져 다듬는
일'을 의미한다. 물건을 여러 차례 닦고 다듬으면 원하는
상태나 품질을 얻을 수 있다.

물건에 그리하면 별문제 없으나, 사람에게라면 상황
이 달라진다. 그 대상이 자신이면 숙련도를 높이는 과정이
된다. 이에 연유하여 '닦다'는 '배우고 익혀 높은 단계가 되
도록 힘쓰다'를 뜻하게 되었다. '갈고닦다'는 '힘써 익히다'
라는 뜻이다. 하지만 다른 사람을 향할 경우에는 상대가 피
곤함을 느끼기 쉽다. 좋은 말도 여러 번 들으면 거부감을
느끼기 일쑤인데, 하물며 좋은 일이 아닐 때는 더 그렇다.
몰아세우면 이내 지쳐 버린다. 그런 맥락에서 '닦다'는 '상

대의 잘못을 따져 꼼짝 못하는 상태가 되게 하다'라는 뜻도 지니게 됐다.

오늘날 남을 몹시 윽박질러서 다투는 짓을 '닦달질', 몰아대서 나무라거나 을러대는 것을 '닦달'이라 한다. '닦달하다'는 주로 손아래 사람이거나 잘못이 있는 사람을 심한 꾸지람으로 몰아세워서 변명의 여지를 주지 않는 행위를 가리킨다. 또한 어떤 일이나 사람을 윽박지르거나 마구 몰아댈 때도 '닦달하다'라고 말한다.

이에 비해 '보채다'는 몸이 아프거나 졸리거나 불만족스럽거나 한 사람, 특히 아기가 자꾸 울면서 어떻게 해 달라고 하는 일을 이르는 말이다. "보채는 아이 밥 한 술 더 준다"라는 속담은 '열심히 구하는 사람에게 더 잘해 주게 된다'라는 의미로 종종 쓰인다. 이에 연유하여 '보채다'는 '뭔가를 요구하며 심하게 졸라 성가시게 굴다'라는 뜻으로 통하며, 대개 어린 사람에게 사용한다.

'닦달하다'와 '보채다'가 부정적 의미로 쓰는 말이라면, '박차를 가하다'는 긍정적 의미로 쓰는 말이다. '박차를 가하다'의 '박차'拍車는 승마용 구두 뒤꿈치에 톱니바퀴 모양으로 매달아 놓은 쇠붙이이다. 이걸로 말의 배를 차면 아픔을 느낀 말은 더 빨리 달린다. 이에 연유하여 어떤 일에

탄력을 붙여 속도를 촉진할 때 '박차를 가하다'라고 표현하
게 되었다.

의미

닦달하다 마구 몰아대어 나무라거나 을러메다.

보채다 어떠한 것을 요구하며 성가시게 조르다.

박차를 가하다 재촉하여 진행을 더욱 빠르게 하다.

예문

○ 아이에게 너무 공부하라고 닦달하지 말아야 한다.

○ 아이가 젖을 달라며 보채다 잠이 들었다.

○ 대체 에너지 개발에 박차를 가하고 있다.

단골, 십팔번, 트레이드마크, 등록 상표

"그 식당은 요리사가 바뀌면서 단골도 떨어져 나갔다."

'단골'은 소비자가 늘 정해 놓고 찾아가는 가게 또는 고정적으로 자주 오는 손님을 이르는 우리말이다. 이 단어는 무속신앙에서 나왔다. 옛날에는 가족 중에 병이 들거나 집안에 재앙이 있으면 무당을 불러다 굿을 하거나 제사를 지냈다. 이때 굿을 할 때마다 늘 정해 놓고 불러다 쓰는 무당을 '당골' 혹은 '단골'이라고 했다. 단골은 전라도 지방에서 혈통에 따라 대를 잇는 세습 무당을 가리키는 말이기도 했다. 무당이 단골의 어원인 것이다.

시대가 변하면서 아프다고 무당을 부르는 일은 사라졌지만 근대에 단골은 늘 정해 놓고 거래하는 곳을 뜻하는 말로도 쓰였고, 반대로 거래처 입장에서 자주 찾아오는 손님을 이르는 말로도 썼다. 지금의 '단골손님, 단골 가게, 단골집, 단골 메뉴' 등의 말은 이렇게 해서 생겼다.

"그의 십팔번은 「봉선화 연정」이야." 흔히 자신이 단골로 자주 부르는 노래를 일러 '십팔번'十八番이라고들 한다.

십팔번은 일본어에서 유입된 말이며 그 유래는 노래와 아무 상관이 없다.

에도 시대에, 일본의 전통극인 가부키 배우 중 이치카와 단주로라는 연극광이 있었고, 그 이치카와 집안이 9대까지 내려오는 동안 '야노네' '게누끼' 등 맡아 놓고 하는 18가지 교겐(狂言, 일본 연극의 일종)이 있었다. 이 18가지 교겐을 일러 '주하치방'十八番이라 했다. 연극 집안 대대로 갈고닦아 만든 '명연기 대본 열여덟 가지'가 십팔번이었던 것이다. 그러므로 십팔번의 본래 의미는 '자주 부르는 노래'가 아니라 '잘하는 연극'인 것이다. 이 말이 우리나라에 잘못 유입되어 '장기' 또는 '특기'의 뜻으로 쓰이고 있다. 십팔번이라는 말은 본디 우리말이 아닐 뿐만 아니라 그 의미도 전혀 엉뚱하므로, '단골 노래'나 '애창곡'으로 대체해 쓰는 게 바람직하다.

"늘상 물고 다니는 파이프는 셜록 홈스의 트레이드마크이다." 코넌 도일이 창조한 명탐정 셜록 홈스는 언제나 파이프를 입에 문 모습으로 묘사되었다. 하여 그를 그린 캐릭터에는 하나같이 파이프가 등장한다. '트레이드마크'trademark란 원래 어떤 말일까?

1852년 미국의 한 신문에 인상 깊은 광고가 실렸다. 수

염 덥수룩한 얼굴의 남자 두 명과 TRADE MARK(트레이드 마크)라는 단 두 마디 문구만 있는 광고였다. 광고 내용은 세상에 처음으로 소개되는, 기침을 삭이는 사탕 모양의 기침약으로, 트레이드와 마크 형제를 모델로 내세운 것이었다. 기침약 창업자 윌리엄 스미스의 서명을 곁들인 이 광고는 단조로우면서도 강렬한 인상을 남겼기에, 이후 어떤 사람이나 단체의 특징을 나타내는 것을 가리켜 트레이드마크라고 말하게 되었다. 트레이드마크는 개인의 특징을 나타내기도 하고, 특정한 상품을 나타내는 상표를 의미하기도 한다. 사람이냐 물품이냐만 다를 뿐, 여타 대상과 구별 짓기는 일은 마찬가지다. 한자어 '상표'는 문자 그대로 '상행위를 위한 표지'라는 뜻이다.

한편 등록상표 제도가 시행되면서부터 상표는 법적인 보호를 받게 됐다. 유럽에서 중세 말에 상인 조합이 생산과 소비자의 중간 역할을 할 때, 장인이 만든 정품이 아닌 유사품이 많이 나돌아 유통 질서를 어지럽혔다. 이에 상인 조합에서는 유사 제품과 진짜 장인이 만든 제품을 구분하기 위해 진품에 표지를 붙여 유통했다. 이것이 등록상표의 유래이며, 상표를 등록해 법으로 보호하는 제도는 1857년 프랑스 법이 효시다.

의미

단골 특정한 가게를 정해 놓고 늘 찾아가거나 거래하는 사람.

십팔번 자신이 가장 잘하거나 자랑으로 여기는 재주.

트레이드마크 어떤 사람이나 단체의 특징을 나타내는 성향.

예문

○ 맛있는 음식점에는 단골들의 발걸음이 끊이지 않는다.

○ 그는 술만 마시면 「아빠의 인생」을 으레 십팔번으로 불렀다.

○ 그녀는 트레이드마크인 긴 머리를 짧게 잘랐다.

답답하다, 억장이 무너지다, 복장 터지다

"시간 없는데, 그의 말이 너무 느려 답답하다."

어떤 사람이 하는 일을 보고 있거나 무언가 생각하다가 '답답'이라는 말을 내뱉는 경우가 있다. '답답'이란 무슨 뜻일까?

중국의 서주 여왕이 정치를 잘못하여 경제를 어지럽혔을 때, 당시에 범백이라는 사람이 나라 형편을 걱정하면서 읊은 시에 이런 구절이 있다. "하늘이 나라를 뒤엎으시려 한다. 사람들아 '예예' 하지만 마라." 훗날 중국 성인 맹자는 '예예'泄泄를 설명하면서 '답답'沓沓과 같은 말이라고 보충해서 덧붙였다. 이때 맹자는 '쓸데없는 말로 시끄럽게 떠들다'라는 뜻으로 답답을 풀이했다. 이에 비해 주자는 답답이 예예와 같은 말이라 하면서도, 예예를 '게으르고 그저 아부나 하는 모습'으로 풀이했다. 조선 시대 유학자들은 중국의 유학을 받아들이면서 맹자보다는 주자의 권위를 중시했기에, 예예와 답답에 대해서도 주자의 풀이를 따랐다. 오늘날 아부하는 모습을 예예라고 말하는 것은 여기에서 비롯됐다.

현재 답답은 원뜻과 달리 '걱정으로 인해 숨이 막힐 듯 가슴이 가쁘다'라는 뜻으로 쓰인다. 세월이 흐르면서 말뜻이 달라진 것이다. 일반적으로 일이 뜻대로 되지 않거나 후련하지 않아 애타고 안타까울 때 '답답하다'라는 말을 쓴다.

"사고 소식을 듣고 억장이 무너지는 심정이었다."

이 말은 '슬픔이나 고통이 지나쳐 큰 절망을 느꼈다'라는 뜻이다. '억장'이 무엇이기에 그럴까? 억장의 어원에 대해서는 두 가지 설이 있다. 하나는 '가슴'에 해당하는 한자어 臆腸(억장)과 관련해 생긴 말이라는 해석이다. 臆(가슴 억), 腸(창자 장) 문자 그대로 가슴과 창자가 무너지는 듯한 고통스러운 절망이 '억장이 무너지다'라는 표현의 본질인 것이다. 다른 하나는 억장億丈의 원래 말 '억장지성'億丈之城에서 유래됐다는 설이다. 즉 억 장 높이의 성이 무너진 것처럼 큰 절망감을 느낀 것이 '억장이 무너지다'의 유래라는 해석이다.

그런데 한국어 사전에는 억장지성이라는 단어는 보이지 않는다. 억장지성은 일본어 사전에 수록돼 있으며, '매우 높은 성'(極めて高き城)으로 풀이되어 있다. 이로 미루어 일본에서 쓰는 억장지성의 줄임말 '억장'을 근대에 받

아들이고 '억장이 무너지다'의 어원으로 오해한 것으로 여겨진다. 요즘 '억장이 무너지다'라는 말은 '슬픔이나 고통이 지나쳐 몹시 가슴이 아프고 괴롭다'라는 의미로 쓰인다.

"그의 느린 일 처리에 복장이 터질 뻔했다."

'복장 터지다'라는 관용어는 무언가를 보고 마음이 몹시 답답하거나 애가 탈 때 쓰는 표현이다. 이 말의 유래에 대해서도 두 가지 설이 있다. 가슴과 내장을 뜻하는 한자어 '복장'腹臟, 혹은 불상을 만들 때 가슴에 넣는 금은 및 칠보를 가리키는 '복장'伏藏이 어원이라는 것이다. 두 어원 중 전자가 더 설득력 있다. 불상의 복장이 터지는 건 심각하지만 쉽게 일어날 일이 아닌 데다 답답한 마음과 거리가 멀기 때문이다. 그보다는 '속 터지다'라는 말처럼, 가슴을 이르는 복장에 공감이 간다. "복장이 따뜻하니까 생시가 꿈인 줄 안다"라는 속담에서 그런 면모를 확인할 수 있다. 마음이 태평하여 눈앞에 닥치는 현실적 위험도 걱정하지 않고 지냄을 비꼬아 이르는 말인데, 여기서의 복장이 가슴과 내장임은 자명하다.

의미

답답하다 숨 막힐 듯 가슴이 가쁘다.

억장이 무너지다 슬픔이나 고통이 지나쳐 매우 절망하다.

복장 터지다 마음에 몹시 답답함을 느끼다.

예문

o   아파서 가만히 누워만 있자니 답답하다.

o   작년의 화재를 생각하면 억장이 무너진다.

o   생각하면 정말 기막히고 복장 터질 일이다.

당돌하다, 싸가지 없다, 버릇없다

"참으로 당돌하다."

이렇게 말했을 때, '당돌'의 '돌'突 자는 개가 개구멍에서 갑자기 뛰쳐나오는 모습을 나타낸 글자로, '갑자기'라는 뜻이 있다. 그렇다면 당돌의 본래 뜻은 무엇일까?

옛날 중국의 진나라에 주의라는 관리가 있었다. 어느 날 한 친구가 찾아와서 남들이 그를 악광과 비교한다고 말해 주었다. 악광은 진나라의 유명한 현인으로, 죽고 나서도 존경받는 인물이었다. 주의는 매우 겸손한 사람이었으므로 이렇게 말했다.

"아니 자네 지금 무슨 말을 하는 건가? 어찌 내가 감히 악광 그분과 비교될 수 있단 말인가? 마치 무염을 서시에 비하는 꼴이지. 생각해 보게. 그건 서시에게 얼마나 당돌한 짓인가를……"

중국에서 서시는 미녀, 무염은 추녀의 대명사로 통한다. 주의가 말한 당돌은 '상식적으로 이해되지 않는 과장된 비교'를 뜻했다. 이에 연유하여 당돌은 '과장해서 말하는

173

것' 혹은 '예상을 뛰어넘는 엉뚱한 마음가짐'을 뜻했으며, 대인 관계에서 어린 사람이 어른 앞에서 예상 밖의 말이나 행동을 하는 것까지 의미하게 됐다. 젊은이가 어른에게 스스럼없이 함부로 대할 때 보수적인 사람들은 '당돌하다'라고 느끼기 일쑤이지만, 개방적인 사람들은 자신감 넘치는 행위로 받아들인다. 그런 까닭에 '당돌하다'라는 말은 '윗사람을 대하는 태도가 버릇없고 주제넘다'라는 뜻으로 통하는 한편 '지나치게 자신감이 넘치다'라는 뜻으로도 통한다.

'당돌하다'와 비교할 말로는 '싸가지 없다'와 '버릇없다'가 있다. '싸가지'는 국어사전에 등재된 표준어는 아니다. 하지만 전라도·강원도 지방에서는 많이 쓰이는 말이며 서울에서도 종종 쓰인다. 표준어로는 '싹수'라고 한다. 싸가지는 '싹'과 '아지'가 합쳐져 생긴 말이다. 여기서 싹은 '식물의 어린 새싹'을 뜻하고, 아지는 접미사로서 송아지·강아지처럼 흔히 동물의 새끼를 가리킨다. 거듭 말해 싸가지는 동물의 어린 새끼 혹은 식물의 어린 새싹을 의미한다. 따라서 '싸가지 없다'는 것은 '자라날 가능성이 없다', 즉 잘될 가능성이 없다는 말이 된다. '싹수(떡잎)가 노랗다'는 말도 같은 뜻으로, 노란 싹은 곧 죽을 운명을 상징하므로 역시 잘될 가능성이 없음을 나타낸다. '싸가지 없다'라는 말은 나이 많은 사람이 자신보다 어린 사람에게 사용한다.

이에 비해 '버릇없다'라는 말은 문자 그대로 '버릇이 없다'는 뜻이다. 여기서 '버릇'은 어린 시절부터 익혀야 할 예의를 의미한다. 다시 말해 사회인으로서 갖추어야 할 공공예절이나 대인 관계에서 행해야 할 인사법 등을 가리킨다. 그러므로 버릇은 '좋은 습성'이다. 가정이나 학교에서 제대로 버릇을 익히지 못하면 아무렇게나 제 기분 내키는 대로 하기 쉽다. 공공장소에서 함부로 날뛰는 아이는 다른 사람들 눈에 꼴사납게 보이므로 이때의 '버릇없다'라는 말은 '예절 없다'라는 뜻이다. 또한 어른이 공공장소에서 다른 사람들 기분에 관계없이 행동할 때 '버릇없다'라고 하는 것은 '교양 없다'라는 뜻이다.

의미

당돌하다 꺼리거나 어려워함이 없이 다부지고 씩씩하다.

싸가지 없다 (미래에) 잘될 가능성이 없다.

버릇없다 어른이나 남 앞에서 마땅히 지켜야 할 예의가 없다.

예문

o　그는 자신감이 지나쳐 당돌하다는 느낌마저 주었다.

o   그는 선배에게 인사하지 않아서 '싸가지 없다'는 말을 많이
       들었다.

o   어른 앞에서 어린 녀석이 담배 피우는 것은 버릇없는 행동
       이다.

대강, 대충, 적당히

"그는 대강 일했다."

일하는 사람의 모습을 보면 열심인 사람도 있지만 남의 눈치 보면서 조절하는 이도 있다. 전자의 경우 성실하다는 말을 듣지만, 후자의 경우 요령주의자라는 말을 듣기 쉽다. 그런데 불성실한 사람이 은근히 많은지라 그런 사람들을 가리키는 표현이 많이 생겼다.

'일을 대강 마무리했다'에서 '대강'大綱은 '대강령'大綱領의 줄임말이다. 본래 '기본적인 부분만을 따 낸 줄거리'를 뜻하는 명사이며, 부사로서는 '자세하지 않게 기본적인 부분만 들어 보이는 정도로'라는 뜻이다. 시간적 여유가 없을 때 대강 추리거나 간략히 살펴보는 게 '대강'인 것이다. "시간이 없어서 사건의 대강만을 설명했다"라거나 "오랜만에 찾은 서울을 대강 둘러보다"처럼 쓰인다. 꾀를 부리는 사람은 시간 여유가 있을 때도 일을 대강 하면서 노는 경우가 많기에 대강은 때때로 부정적인 의미로 통한다.

"범인의 윤곽을 대충 파악했다."

이 문장에서의 '대충'은 대강보다 더 자주 쓰이는 말로 '어림으로 적당히 헤아려서'라는 뜻이다. 일의 중요 부분만 대강 긁어모은 걸 가리키는 한자어 '대총'大總에서 나온 말이며, 어떤 일에 대해 윤곽을 파악할 수 있을 만큼만 정리하고 추린 걸 의미한다. "범인 윤곽을 대충 파악하다"라고 하면 용의자를 어느 정도 알아냈다는 뜻이고, "이번 일은 대충 넘어갈 일이 아니다"라고 하면 '좀 더 따져 보고 잘잘못을 추궁해야 한다'라는 의미다.

'대강'이 시간적 압박에 의한 요약이라면, '대충'은 정보의 품질에 관한 간추린 정보라고 할 수 있다. '대충대충'이라는 말은 완벽하지는 않지만 나름대로 완성에 가깝게 보이는 일 처리를 표현할 때 쓴다.

"올해는 비가 적당히 내렸다."

이때 '적당히'는 모자람도 부족함도 없는 만족스러운 상태를 나타낸다. 원래 '적당히'는 '적당'適當을 어근으로 한 말이다. 適(도달할 적)에 當(마땅할 당)이므로 적당은 마땅한 정도에 도달했다는 뜻이다. 따라서 지나치거나 모자람이 없을 때, 또는 잘 어울려 마땅할 때 '적당히'라는 말을 사용한다.

"그 정도면 됐잖아. 적당히 하자고."

그렇지만 요령주의자들은 아예 작정하고 그렇게 일하는지라 '적당히'는 '요령껏 엇비슷하게 하거나 말썽만 없을 정도로 대강대강 하는 상태로'라는 뜻도 지니게 되었다.

의미

대강 자세하지 않게 기본적인 정도로.

대충 어림으로 적당히 헤아려서.

적당히 정도에 알맞게. 대충 통할 수 있을 만큼만 요령이 있게.

예문

○ 오랜만에 경주에 갔지만, 불국사를 대강 둘러보았다.

○ 대충 먹는 식사가 비만을 부른다.

○ 피부에 수분과 유분이 적당히 유지되도록 하는 것이 좋다.

대단원, 피날레, 종지부, 끝장

"춘향과 이도령의 재회는 『춘향전』의 대단원이다."

고전소설 『춘향전』은 두 사람이 다시 만나는 장면으로 끝나는데, 여기서 '대단원'大團圓은 어떤 일의 마지막 단계를 뜻한다. 원래 대단원은 중국의 고전 연극에서 사건의 엉킨 실마리를 풀어 결말을 짓는 마지막 부분을 이르는 연극 용어다. 바꿔 말해 긴장이 해결되면서 묶였던 매듭이 풀리는 순간을 의미한다. 중국인은 둥글넓적한 것을 좋아하고 매사를 둥글게 살아가려 한다. 유명한 '만만디 정신'도 무리하지 않으려는 느긋한 처신의 결과다. 대단원은 우여곡절을 겪더라도 막판에는 둥글게 마무리하려는 원圓 사상에서 생겼다.

이에 유래하여 대단원은 '모든 사건을 해결하고 끝을 내는 마지막 장면' '오래 진행되어 온 행사의 마지막 장면'을 가리킬 때 쓴다. 대체로 '대단원의 막을 내리다'로 쓰며, 이 경우 모든 일이 무난하게 끝났음을 이른다.

"폐회식의 불꽃놀이는 이번 행사의 피날레였다."

대단원과 유사한 뜻으로 쓰이는 '피날레'finale는 원래 음악 용어다. 끝을 의미하는 라틴어 '피날리스'finalis에서 유래한 피날레는 기악 음악에서 활기찬 마지막 악장을 일컫는다. 오페라의 한 막이나 한 장 중에서 마지막 절정을 이루는 부분을 나타내기도 하는데, 오페라의 피날레는 독창보다는 여러 명의 출연자가 함께 노래하는 합창을 포함하는 게 보통이다. 피날레는 청중의 감동을 최고조까지 끌어올린 뒤 끝내는 것이 일반적이므로, 여기서 유래하여 피날레라는 말은 '멋진 마무리' 또는 '화려한 마지막 등장'이라는 뜻으로 쓰이게 되었다. 대개 '피날레 장식' '피날레를 장식하다'처럼 쓴다.

대단원과 피날레는 둘 다 '어떤 일의 마무리'를 의미하지만, 대체로 피날레는 아름다운 낭만적 결말을 뜻하고, 대단원은 오랜 기간에 걸친 혹은 거대한 프로젝트의 장엄한 종막을 뜻한다.

"오랜 논쟁에 종지부를 찍었다."

문장의 끝맺음을 나타내는 부호인 '종지부'終止符도 마무리를 표현할 때 종종 쓰인다. 종지부가 문장을 끝내듯, 일이나 사건을 끝장내거나 끝장날 때 '종지부를 찍다'라고 말한다. 비슷한 맥락에서 책의 마지막 장을 이르는 '끝장'

도 '일의 마지막'을 의미하며, '끝장내다'나 '끝장나다'의 형태로 많이 쓴다.

의미

대단원 모든 사건을 해결하고 끝을 내는 마지막 장면. 대미大尾.

피날레 멋진 마무리. 화려한 마지막 등장. 마무리.

종지부 문장이 끝남을 나타내는 부호를 이르는 말.

예문

○ 대하 드라마는 행복한 결말로 대단원의 막을 내렸다.

○ 9회 말 홈런은 결승전의 피날레를 장식했다.

○ 내일이면 군인 생활에 종지부를 찍게 된다.

대자보, 방문, 사발통문

'대자보'大字報는 1930년대 초기 소련에서 정치 선전 목적으로 활용되었던 벽보로부터 영향을 받아 중국 문화혁명기에 확산된 벽신문 형태의 매체를 가리키는 말이다. 큰 글씨로 작성하였기에 '대자보'라 불렀다.

"쑹쉬, 루핑, 펑페이윈은 문화혁명에서 도대체 무엇을 했는가?"

1966년 5월 25일 중국 베이징대학교 학생식당에 위와 같은 대자보가 붙었다. 최초의 대자보였고, 이후 중국 인민이 자신의 견해를 주장하기 위하여 대형 대자보를 다투어 붙였다. 마오쩌둥은 대자보 여론을 활용해 자신의 정적들을 숙청했다.

우리나라에서는 1980년대 초부터 대학가에서 대자보가 활발하게 나붙기 시작했다. 당시 제도 언론에 의해 왜곡되거나 보도되지 않았던 여러 정치적·사회적 문제들을 널리 알리고, 권력의 부패를 폭로하는 수단으로 활용되었다. 이러한 대자보 전통은 현재로 이어져 예전만큼은 아

니지만 이따금 정치 비판이나 학내의 부정을 폭로할 때 등
장한다.

조선 시대에 대자보 역할을 한 것은 '방문'榜文이다. 방
문은 어떤 일을 여러 사람에게 알리기 위하여 길거리에 써
붙이던 글을 이른다. 태조 때 역적을 잡기 위해 자수를 권
하는 방문을 곳곳에 붙였다. 방문은 대개 사람들이 많이 다
니는 곳 벽에 부착했으므로 '방문을 붙이다'라는 말은 '새
로운 소식을 알리다'라는 뜻이나 다름없었다.

하지만 방문은 대체로 정부에서 백성에게 무언가를
알리기 위한 홍보 수단이었다. 백성들이 부패한 관리를 폭
로하는 방문을 붙이는 경우 정부에서 개인적인 방문 부착
을 규제했기에 사적인 방문은 붙이자마자 사라지기 일쑤
였다. 그런 점에서 진정한 대자보는 동학혁명 때의 '사발통
문'沙鉢通文이라고 할 수 있다. '통문'은 '여러 사람에게 알리
는 고지문'을 말하는데 조선 후기, 특히 고종 때 만중 저항
을 이끌어 내기 위해서 이런 선전 격문이 성행했다. 그 대
표적인 예가 동학군의 통문 제1호라고 할 수 있는 '사발통
문'이다. 전봉준을 비롯한 동학 지도자 20여 명은 서부면
죽산리 송두호의 집에 모여 고부성을 격파하고 악질 관리
들을 제거한 뒤 서울로 직행할 것을 결의하면서 사발통문

을 작성했다. 이때 주모자가 드러나지 않도록 참가자 명단을 사발 언저리처럼 빙 둘러 가며 적었기에 사발통문이라고 한다.

의미

대자보 대학가에서 내붙이거나 걸어 두는 큰 글씨로 쓴 글. 크게 쓴 벽보.

방문 여러 사람들에게 널리 알리기 위하여 길거리 등에 써 붙이는 글.

사발통문 주모자를 식별할 수 없도록 이름들을 둥글게 빙 돌려 적은 통문.

예문

o 총학생회는 자신들의 입장을 밝히는 대자보를 붙였다.

o 조선 시대에는 범인을 잡고자 현상 수배 글을 방문으로 써 붙였다.

o 그들은 주모자를 감추고자 성명을 밝히되 사발통문을 쓰기로 했다.

대역, 스턴트맨

"그는 스턴트맨으로 영화계에 입문해 대역 배우를 거쳐 스타가 됐다."

영화계에서 이따금 볼 수 있는 말이다.

먼저 '대역'代役은 대신 맡아 하는 일 또는 그 사람을 말하는데, 이 말의 어원은 다소 엉뚱하다. 혈통을 중요하게 여기는 경주마계에서 더러브렛Thoroughbred은 순혈종 경주마로 유명하다. 영국산 말에다 아라비아계 말을 교미시켜 낳은 준마로 뛰어난 활약을 보인 까닭이다. 더러브렛처럼 좋은 경주마를 생산하는 일은 말 주인들의 한결같은 소망인데 그게 쉽지 않다. 말의 성격이 워낙 예민한 까닭이다.

"저 말들이 말을 듣지 않네."

말을 교미시키는 일은 더욱 어렵다. 암말은 여간해서는 수말을 받아들이지 않는다. 혈통이 우수한 종마는 한 차례의 교미료가 상당한 고액이라 그날 교미에 실패할 경우 마주의 손해가 이만저만이 아니다. 그래서 마주는 말들이 신방을 차리는 날에 만반의 준비를 한다. 씨받이용 암컷을 발정시키기 위해 쓰이는 수컷도 그중 하나다. 대리 역할을 맡은 수말이 먼저 나서서 애만 달구다 적당한 시간에 물러나고, 뒤이은 종마가 그 분위기를 이용하여 사랑을 완성시킨다. 여기에서 대역이라는 말이 생겼다.

대역은 여러 분야에 있지만 특히 영상물에서 주로 이루어진다. 외국 영화배우의 목소리를 성우가 다른 언어로 대역하는 일, 연극·영화에서 주·조연에게 사고가 발생하는 경우 다른 사람이 대신 나서는 일 등이다. 머리카락이나 팔, 다리 등 특정한 신체 부위만을 영화나 광고에서 대역하는 사람도 적지 않다.

대역 가운데서 가장 돋보이는 건 단연 '스턴트맨'stunt man이다. 영어로 '묘기(stunt)를 부리는 사람(man)'이라는 뜻이며, 위험한 장면을 대신하는 일이 마치 묘기 같으므로 스턴트맨이라 부르게 되었다. 최초의 스턴트맨은 기병대원 출신의 프랭크 하나웨라고 전해진다. 그는 1903년 「대열차 강도」 영화 촬영 중 말에서 떨어지는 장면을 연기해 최초의 스턴트맨으로 기록되었다. 달 로빈스는 1979년 「하이포인트」를 촬영할 때 356미터 높이에서 뛰어내려, 가장 높은 곳에서 뛰어내린 스턴트맨으로 기록되었다. 이때의 스턴트 요금은 15만 달러로 1회 액수로는 최고액이었다. 오늘날 스턴트맨은 위험한 장면을 주연 배우 대신 연기하는 사람을 일컫는 말로 쓰인다.

의미

대역 어떤 역할을 맡은 사람 대신에 그 일을 하는 사람이나 그런 일. 대리 역할.

스턴트맨 영화나 드라마에서 위험한 장면을 찍을 때 배우를 대신하여 연기하는 사람.

예문

○ 샤런 스톤은 「원초적 본능 2」에서 대역을 썼다.

○ 장혁은 스턴트맨 없이 액션 장면을 스스로 소화하는 배우 중 한 명이다.

덩달아, 편승, 부화뇌동

"남이 장에 가니 저도 덩달아 장에 간다."

이 속담은 자기 주견 없이 남이 한다고 속사정도 모르고 따라 함을 비유적으로 이르는 말인데, 여기서 '덩달아'는 동사 '덩달다'에서 나온 말이다. '덩달다'의 어원은 불명확하지만 북·장구 따위를 칠 때 나는 소리 '덩'에서 파생된 말로 여겨진다. '북이나 장구를 흥겹게 두드리는 소리' '덩달아 덤비는 모양'이라는 뜻을 가진 '덩더꿍', '남의 걸 이용해 자기 이익을 꾀하는 경우'를 비유적으로 이르는 속담 "이웃집 장단에 덩달아 춤춘다"가 그 흔적으로 짐작된다. 오늘날 '덩달다'는 주로 '덩달아' '덩달아서' 꼴로 쓰이며, '속내도 모르고 남이 하는 대로 좇아서' '영문모른 채 남이 하는 대로 따라'라는 뜻으로 통한다.

우리 일상사는 물론 역사를 살펴보면 덩달아 일을 벌이는 경우가 많다. 이를테면 구한말에 정부가 동학을 탄압했을 때 지방 호민들도 덩달아 동학교도의 집을 헐고 재산을 뺏는 등 횡포가 심했다. 이때의 '덩달아'는 기회를 노린

편승이나 다름없다.

'편승'便乘은 본래 '남이 타고 가는 차 따위를 얻어 탐'을 이르는 말이다. 지나가는 차에 비용을 내지 않고 탔으니 탑승자는 들인 노력 없이 이익을 본 셈이다. 그에 연유하여 편승은 '어떤 흐름에 덧붙어 따라가 자기 이익을 거둠'이라는 의미로도 쓰게 됐다.

'덩달아'의 유사어로 '부화뇌동'附和雷同도 있다. "공자가 말하기를 군자는 화합하지만 부화뇌동하지 않고, 소인은 부화뇌동하지만 화합하지 않는다." 『논어』에 나오는 말이다. 군자는 의를 숭상하고 타인을 자신처럼 생각하여 어울리지만, 이익을 따지는 소인은 이해관계 맞는 사람끼리 그때그때 분위기 따라 행동하므로 이익 없는 사람들과 어울리지 못한다는 뜻이다. 여기 나오는 '뇌동'은 우레가 울리면 만물도 이에 따라 울린다는 뜻으로, 다른 사람의 말이나 행위에 대해 옳고 그름을 생각하지 않고 부화하는 걸 비유하는 말이다. '부화'는 후에 첨가된 말이며, 부화뇌동을 줄여서 '뇌동'이라고도 한다.

부화뇌동은 객관적·합리적 기준이 아니라 물질적 이해관계에 따라, 혹은 다른 사람들의 가치 판단을 맹목적으로 추종할 때 일어난다는 특징이 있다. 부화뇌동은 생각 없이 남 하는 대로 따라 하는 이들에 대한 경고를 담고 있다.

의미

덩달아 속내도 모르고 남이 하는 대로 따라.

편승 어떤 세력이나 흐름에 덧붙어서 따라감.

부화뇌동 자기 생각이나 주장 없이 남의 의견에 동조함.

예문

○ 사람들은 남들이 웃으면 덩달아 웃는 경향이 있다.

○ 수입 자유화 물결에 편승하여, 밀수 사례가 많아졌다.

○ 두 사람은 주변 분위기에 부화뇌동하여 따라 나섰다.

도긴개긴, 피장파장, 피차일반

"도 나왔으니 한 끗수로다."

우리 풍속에 윷놀이는 정월 초하루부터 보름까지만 했다. 단순한 놀이라기보다 한 해 운세를 점치는 민속 점으로서의 상징이 컸기 때문이다. 윷놀이 말판에서 앞으로 나가는 끗수를 나타내는 도, 개, 걸, 윷, 모가 각각 돼지, 개, 양, 소, 말을 의미하는 것도 그런 풍속과 관련 있다.

윷놀이에서 나온 일상용어 중에 '도긴개긴'이 있다. 도긴(한 끗 차이), 개 긴(두 끗 차이) 하며 앞서거니 뒤서거니 하는 모양을 이르는 말이다. 여기서 '긴'은 윷놀이에서 자기 말로 남의 말을 쫓아 잡을 수 있는 거리를 의미하는 순우리말이다. 윷놀이에서 도나 개가 나왔을 경우 앞으로 나갈 수 있는 거리에는 별반 차이가 없다. 이에 연유하여 도긴개긴은 비슷비슷하여 견주어 볼 필요가 없음을 이르는 말로 쓰인다.

유사어 '피장파장'의 어원은 '피장부 아장부'彼丈夫 我丈夫이다. 맹자가 "그가 훌륭하지만 다 같은 사람이므로 노력

192

하면 나도 그렇게 될 수 있다"라는 뜻으로 한 말이다.

"그도 장부이며 나도 장부이니 내가 어찌 저를 두려워 하겠습니까?"彼丈夫也 我丈夫也 吾何畏彼哉 이 말에서 '피장부 아장 부'는 별 차이 없이 서로 맞설 수 있음을 이르는 말로 쓰이 게 됐다. 다시 말해 사람의 능력은 비슷하므로 노력 여하에 따라 훌륭하게 될 수도 있고 안 될 수도 있다는 뜻이다. 줄 임말 피장파장은 '너나 나나 마찬가지'라는 의미로 사용하 며, 특히 상대 행동에 따라 그와 같은 행동으로 맞서는 것 을 이른다.

'도긴개긴'이 약간 차이가 있는 비슷함, '피장파장'이 엇비슷한 상태를 나타내는 말이라면, '피차일반'彼此一般은 두 편이 서로 같음을 가리킨다. 피차일반은 불교 용어 '피 안'彼岸에서 유래됐다. 피안은 산스크리트어 '파람'pāram의 번역어이며, '강 저쪽 둔덕'이라는 뜻이다. 불교에서는 속 박에서 벗어난 해탈을 피안에 도달했다 하여 '도피안'到彼岸 이라고도 하는데 '진리를 깨닫고 이상적 경지에 도달함'을 이르는 말이다. 피안의 반대어인 '차안'此岸은 생사의 고통 이 있는 이 세상을 의미한다.

같은 상황도 생각하기에 따라 천국이 되거나 지옥이 되듯, 불교에서는 피안과 차안 역시 사람이 마음먹기에 달렸다고 말한다. 즉 피차일반은 '피안과 차안은 결국 한 가지', 나아가 '저것이나 이것이나 마찬가지'라는 뜻을 나타낸다.

의미

도긴개긴 조금 낮고 못한 정도의 차이는 있으나 본질적으로는 비슷비슷함.

피장파장 두 편이 서로 낮고 못함이 없이 같은 처지임.

피차일반 두 편이 서로 같음.

예문

○ 둘이 하는 짓을 보면 도긴개긴이다.

○ 돈을 바라는 정치인이나 사업권을 원하는 기업인이나 피장파장이다.

○ 도둑이나 강도나 해롭기는 피차일반이다.

도로아미타불, 물거품, 부질없다

옛날 어떤 고을로 동냥 갔던 젊은 스님이 아리따운 처녀를 보고 그만 상사병에 걸렸다. 스님은 오랜 시간을 고민하다가 마침내 용기 내어 처녀에게 청혼했다. 처녀는 스님을 바라보더니 이렇게 말했다. "10년 동안 한 방에서 같이 지내되, 손목도 잡지 말고 바라만 보고 친구처럼 지내면 10년 뒤에는 아내가 되겠습니다." 스님은 그렇게 하겠다고 굳게 약속했고, 그날부터 같이 살았다. 세월이 흘러 어느덧 10년째가 되기 하루 전날 밤이었다. 스님은 사랑스러운 마음에 그만 하루를 더 못 참고 처녀의 손을 덥석 쥐었다. 깜짝 놀란 처녀는 스님 곁을 떠났다. 이리하여 10년 동안 노력한 일이 헛일이 되고 말았다.

이에 연유하여 "10년 공부 도로아미타불"이라는 속담이 생겼다. '다시 아미타불을 외쳐야 하는 신세가 됐다'라는 뜻이며, 줄여서 '도로아미타불'이라고 한다. 오늘날 도로아미타불은 '오랫동안 애쓴 일이 순간의 실수로 인해 소용없게 되어 처음과 같아짐'을 일컫는 말로 쓰인다.

헛수고가 된 상황을 이르는 유의어로 '물거품'이 있다. 15세기 『금강경언해』에서는 물거품을 '믌더품'이라고 표기했다. '더품'은 '덮는 것'이란 뜻이다. 그런데 물 위를 덮은 물거품은 어느 순간 흔적 없이 사라진다. 이에 물거품은 어떤 노력이 헛되게 된 상태를 비유적으로 이르는 말로 쓰이게 됐다.

소용없게 된 상황을 가리키는 말로 '부질없다'도 있는데 그 어원에 대해서는 두 가지 설이 있다.

하나는 옛날 대장간에서 철을 녹여 농기구나 무기를 만들 때 하던 '불질'과 '담금질'에서 나왔다는 설이다. 불질이란 불로 쇠를 달구는 일을 뜻하고, 담금질은 불에 달구어진 쇠를 찬물에 담그는 일을 가리킨다. 그 과정을 여러 차례 되풀이할수록 쇠가 단단해진다. 불질하지 않은 쇠는 금방 휘어져 쓸모없게 된다. 이에 연유하여 '불질 없다'라는 말은 '아무짝에도 쓸모없게 됐다' '아무런 쓸모없는 행동이나 말을 하다'라는 뜻으로 쓰이게 됐고, 발음은 '부질없다'로 변했다고 한다.

다른 설은 풍로風爐와 관계됐다는 것이다. 예전에 불을 피울 때는 풍로를 돌려 불길을 활활 일으키곤 했다. 바람을 일으키는 풍로가 없으면 불질을 할 수 없었고, 불질을 못하면 불꽃이 금방 꺼지기에 '불질 없다'라는 말은 '아무 결과를 볼 수 없다'라는 말로 통하게 됐다는 것이다.

'도로아미타불'이 완전한 헛수고를 의미한다면, '부질 없다'는 쓸데없는 공연한 행동을 뜻한다.

의미

도로아미타불 애쓴 일이 소용없이 되어 처음과 같아짐.

물거품 흔적 없이 사라져 헛되게 된 상태.

부질없다 대수롭지 아니하거나 쓸모가 없다.

예문

○ 한 번의 말실수로 모든 노력이 도로아미타불이 되었다.

○ 지각으로 인해 준비했던 노력이 물거품이 되었다.

○ 닭과 달걀 중 어느 게 먼저인가에 관한 논쟁은 부질없다.

돌팔이, 엉터리, 사이비

옛날에 아는 것이나 실력이 부족해서 일정한 주소 없이 이리저리 떠돌아다니며 자신의 얄팍한 기술이나 물건을 파는 것을 '돌팔이'라 했다. 돌팔이라는 말의 어원에 대해서는 세 가지 설이 있다. 첫째, 돌팔이가 '돌다'와 '팔다'의 합성어라는 설이다. 둘째, 본격적으로 무당 노릇을 하기에는 서툴어 이집 저집 돌아다니면서 무당 행세하는 무속인 '돌바리'(돌아다니는 무당)에서 비롯됐다는 설이다. 셋째, 돈을 받고 어설픈 지식을 팔려는 '돈팔이'에서 유래됐다는 설이다.

어느 설이 옳든 간에 오늘날 돌팔이는 전문지식이 없는 가짜나 엉터리, 또는 제대로 된 자격이나 실력 없이 전문적인 일을 하는 사람을 뜻하는 말로 쓰인다. 돌팔이 점쟁이, 돌팔이 약장수, 돌팔이 의사 등은 전문가처럼 행세하며 여러 사람에게 해를 끼친다.

돌팔이가 전문가처럼 속이는 가짜라면, '엉터리'는 내용이 빈약해 실속 없는 것을 이르는 말이다. 엉터리는 본래

'사물의 윤곽이나 대강의 근거'를 뜻하는 말이었다. 다시 말해 엉터리는 명확하지는 않으나 대략적인 무언가를 가리킬 때 썼고, 같은 맥락에서 '이치에 닿지 않음'을 강조할 때 '엉터리없다'라고 말했다.

이처럼 긍정적인 뜻으로 쓰이던 엉터리에 '없다'를 붙여 쓰면서 점차 부정적 의미로 바뀌었으며, 나아가 '없다'를 뺀 '엉터리'는 보기보다 실속 없는 사람의 과장된 말이나 행동을 의미하게 되었다. 이에 연유하여 엉터리는 터무니없는 말을 하거나 그런 행동을 하는 사람을 지칭하게 됐고, 내용이 전혀 이치에 맞지 않음을 가리킬 때 주로 사용했다. 예를 들어 누군가의 말을 듣고 잔뜩 기대하고 보았는데 실제는 보잘것없거나 사실과 다를 때 엉터리라 한다. 요컨대 엉터리는 이치에 맞지 않거나 사실과 다른 상황 또는 그렇게 행동하는 사람에게 쓰는 표현이다.

비슷한 맥락에서 '사이비'似而非도 종종 쓰인다. 여기에는 유래가 있다. "온 고을이 다 그를 향원(점잖은 사람)이라고 하면 어디를 가나 향원일 터인데 공자께서 '덕의 도적'이라고 하신 건 무슨 까닭입니까." 어느 날 만장이 그의 스승 맹자에게 이와 같이 묻자, 맹자가 답했다.

"비난하려 해도 비난할 게 없고 공격하려 해도 공격할

게 없다. 시대 흐름에 함께 휩쓸리며 더러운 세상과 호흡을 같이 하여 그의 태도는 충실하고 신의가 있는 것 같으며 그의 행동은 청렴하고 결백한 것 같다. 모든 사람들이 그를 좋아하고 그 자신도 스스로 옳다고 생각하고 있다. 그러나 그와는 함께 참다운 성현의 길로 들어갈 수 없다. 그래서 덕의 도적이라고 말하는 것이다. 공자는 말씀하셨다. '나는 같고도 아닌 것似而非을 미워한다'라고. 즉 그들은 꼬집어 비난할 구석이 없으며 얼핏 보기에는 청렴결백한 군자와 같으나, 실인즉 오직 세속에 빌붙어서 사람들을 감복케 하고, 칭찬받으며, 만족한 삶을 누리는 것뿐 결코 성인의 도를 행할 수 있는 인물이 아니라는 것이다. 그래서 공자는 이들이야말로 '덕의 적'이라고 갈파했으며, '세상의 사이비한 인간을 미워한다. 돌피는 잡초에 불과하나 벼 포기와 비슷한 까닭으로 더욱 성가시다. 수작이 능한 자를 미워함은 정의를 혼란케 만드는 때문이요, 정나라 음악을 미워함은 그것이 아악과 비슷한 관계로 더욱 바른 음악을 흐리게 하기 때문이다. 이와 마찬가지로 향원을 증오하는 까닭은 그들이 덕을 어지럽게 한다는 데 있다'라고 외쳤다."

오늘날 사이비는 겉으로 보면 같은데 실상은 그게 아닌 것, 즉 가짜·모조품·위선자 등을 가리키는 말로 쓰인다.

의미

돌팔이 떠돌아다니며 지식이나 기술, 물건 따위를 팔며 사는 사람.

엉터리 이치에 맞지 않는 터무니없는 말이나 행동.

사이비 겉으로는 비슷하나 속은 완전히 다름.

예문

ㅇ　돌팔이 점쟁이가 거리에서 예언가 행세를 했다.

ㅇ　장사꾼은 약의 효능을 엉터리로 가르쳐 주었다.

ㅇ　사이비 교주는 자기를 믿으면 영생불멸한다고 신도들을 속인다.

딴지, 몽니, 심술, 심통, 심보, 트집

"자꾸 딴지 걸지 마라."

누군가 어떤 일에 이의를 제기하거나 반대할 때 흔히 '딴지 걸다'라고 말한다. '딴지'는 씨름 용어 '딴죽'에서 왔다. 딴죽은 태껸이나 씨름에서, 발로 상대방 다리를 옆으로 치거나 끌어당겨서 넘어뜨리는 기술을 이른다. 그 모습이 마치 시비를 거는 듯이 보이기도 한다. 이에 연유하여 어떤 일을 방해하는 행동을 가리켜 '딴죽 걸다'라고 표현하게 되었다.

'딴지'는 본래 '딴죽'의 비표준어였으나 2014년 12월 국립국어원에서 표준어로 인정하였다. 일반적으로 '걸다' '놓다'와 함께 '딴지 걸다'나 '딴지 놓다'의 형태로 쓰인다. '딴죽 걸다, 딴지 걸다'라는 말은 일이 제대로 진행되지 못하도록 노골적으로 방해하는 걸 이를 때 쓴다.

'몽니'는 딴지와 비슷한 듯 다른 말이다. 몽니란 '못마땅하여 삐딱하게 굴면서 부리는 심술'을 뜻하는 말이다. 주로 자기 뜻대로 일이 진행되지 않을 때 받고자 하는 대우를 받지 못하기에 내는 심술이다. 당하는 입장에서는 그다지 잘못한 일도 없는데 상대가 공연히 트집 잡고 심술부리니 고약한 성질로 보일 수밖에 없다. '몽니 부리다'로 표현하는데, '부리다'는 '어떤 성질이나 행동을 드러내어 보이다'라는 뜻이므로, '몽니 부리다'는 못된 심술을 드러내 보이는 행위인 셈이다.

몽니는 잘 쓰지 않는 말이었다가 1998년 12월 김종필 전 국무총리가 당시 김대중 대통령에게 내각제 개헌 약속을 지키라고 요구하며 "참다가 안 되면 몽니를 부리겠다"라고 말해 세상에 다시 나왔다. 이후 심술로 방해하겠다는 의미로 몽니라는 말이 유행했다.

이에 비해 '심술'心術은 짓궂게 남을 괴롭히거나 남이 잘되는 걸 시기하는 못된 마음을 가리키는 말이다. 꾀(術)를 부려 상대를 괴롭히는 마음(心)이 곧 심술이고, 그런 악하고 고약한 마음이 담긴 것을 '심통'이라고 말한다.

인체의 내장과 관련되어 생긴 말 '심보'는 심술이나 심통과 약간 뜻이 다르다. 우리 선조들은 사람의 경우 오장육부 외에 심보가 따로 있고 그것이 곱고 나쁜지에 따라 마음씨가 다르게 나타난다고 여겼다. 심보는 '마음을 쓰는 속바탕'이라는 의미이므로 좋고 나쁨을 가리지 않는다. 그렇지만 '도둑놈 심보' '놀부 심보'처럼 나쁘거나 못된 경우에 많이 쓰여, 부정적 느낌을 지닌다.

"심보가 고약한 사람은 트집을 잡아서 몽니를 부린다."

'트집 잡다'는 '조그만 흠집을 들춰서 남을 공연히 괴롭히다'라는 뜻이다. '트집'은 원래 한 덩이가 돼야 할 물건이나 한데 뭉쳐야 할 일이 벌어진 틈을 이르는 말이다. 이 말의 유래는 조선 시대로 거슬러 올라간다. 조선 시대 선비들이 쓴 갓은 구멍이 나기 쉬워서 종종 수선해야 했다. 틈새가 벌어지는 트집이 갓에 잘 생겼기 때문이다. 그런데 갓을 수선하는 기술자들이 수선비를 비싸게 받고자 여기저기 트집을 많이 찾아 잡아냈다. 이에 연유하여 '트집 잡다'라는 말은 부정적인 의미로 사용되어, 오늘날에는 '흠을 들춰내 불평하다'라는 뜻으로 쓰인다.

의미

딴지 어떤 일에 이의를 제기하거나 반대하는 것.

몽니 못마땅하여 삐딱하게 굴면서 부리는 심술.

심보 마음을 쓰는 속 바탕.

트집 남의 조그만 흠집을 들추어 불평함.

예문

o   무슨 일이든 꼭 딴지 놓는 사람들이 있다.

o   자기 뜻대로 되지 않자 그는 몽니를 부렸다.

o   이제 보니 도둑놈 심보로구나.

o   과장은 사사건건 트집을 잡아서 직원을 괴롭혔다.

뜬금없다, 영문을 모르다

"그는 뜬금없이 나타나서 내게 부산에 가자고 말했다."

여기서 '뜬금없이'는 '갑작스럽고도 엉뚱하게'를 의미하는데, 이는 거문고에서 온 말이다. 옛날에 거문고는 '뜬금없이'라는 말까지 낳을 정도로 선비의 필수품처럼 여겨졌다. '뜬금없이'의 '금'琴은 거문고를 의미한다. 거문고를 연주하려면 왼손으로 줄을 짚은 채 오른손으로 단단한 막대기인 술대를 잡아 줄을 뜯거나 튕겨야 한다. '뜬금'은 거문고를 술대로 뜯거나 튕기는 상황을 나타낸 말이다. 따라서 '뜬금없이'는 '뜯어야 할 금(거문고) 없이'의 줄임말로, 거기에는 두 가지 상황이 있다.

하나는 소리는 들리는데 거문고가 보이지 않는 상태를 표현한 것이다. 거문고가 없는데 어디선가 소리가 들리면 의심스럽고 괴이한 기분이 든다. "아니, 이게 무슨 소리일까?" 난데없는 거문고 소리는 갑작스럽고도 엉뚱한 일임에 분명하다. 다른 하나는 거문고를 준비하지도 않은 채음악을 연주하겠다고 말하는 상황이다. "거문고 없이 소리를 내겠다고?" 거문고는 휴대하기에 큰 악기라서 준비하려면 이동에 노동과 시간이 필요하므로, 갑자기 거문고를 연주하겠다는 말은 황당한 말이다. 어느 상황이든 오늘날 '뜬금없이' 혹은 '뜬금없는 소리'라는 말은 '상황에 맞지 않게 엉뚱하게' '난데없이'라는 뜻으로 쓰인다.

"누군가 뜬금없는 일을 하면 영문을 알 길이 없다."

여기서 '영문'은 일의 진행되는 까닭이나 형편을 뜻한다. "도대체 영문을 모르겠어"라는 예문에서처럼 '영문을 모르다'라는 관용어는 의문이나 부정을 나타내는 말과 함께 쓰인다.

영문營門의 본래 뜻은 '군대가 주재하는 진영'이다. 조선 시대에 중앙의 각 군문이나 병영, 혹은 각 도의 관찰사가 집무하는 관청인 감영의 출입문을 가리켰다. 그런데 관찰사가 머무는 감영의 대문인 영문으로는 아무나 드나들 수 없었다. 영문은 고위 관리들이 드나들 때만 열렸고 평소에는 굳게 닫혀 있었다. 신분 낮은 일반 관리들은 쪽문으로 출입했다.

따라서 일반 백성들은 영문이 언제 열리고 닫히는지 알 수 없었고, 어쩌다 감영으로 들어갈 일이 있을 때도 출입문이 어디인지 알지 못해 우왕좌왕했다. 이에 연유하여

까닭이나 사유를 모를 때 '영문을 모르다' 또는 '영문을 알
수 없다'라고 표현하게 되었다.

의미

뜬금없이 갑작스럽고도 엉뚱하게.

영문을 모르다 일의 진행되는 까닭이나 형편을 모르다.

예문

o   그는 일하다가 뜬금없이 여행을 떠났다.

o   그는 영문도 모르는 채 무리를 따라갔다.

마냥, 하염없이

"그는 여인이 올 때까지 마냥 기다렸다."

"그는 남자를 마냥 모르는 척했다."

위 문장들에서 '마냥'은 '언제까지나 끊이지 않고 계속해서'를 뜻한다. 어원은 무엇일까?

'마냥'의 옛말은 '미샹'이다. '미샹'은 '늘, 항상'이라는 뜻의 每常(매상)을 표기한 말이며, '미양'을 거쳐 '마냥'으로 바뀌었다. '마냥'은 요즘에도 "그를 마냥 그리워하다"처럼 '늘, 언제나, 항상'이라는 의미로 쓰인다. 이때의 마냥에는 흐뭇하고 편안한 마음이 담겨 있으므로 그다지 부담이 없거나 긍정적인 상황에 쓰는 게 옳다.

또한 마냥은 '부족함 없이 실컷'이나 '보통의 정도를 넘어 몹시'라는 의미도 지니고 있는데, 마냥의 긍정적 의미가 확대된 것이다. "아름다운 명화를 마냥 감상하다" "그가 해외여행 간다는 말에 마냥 부러움을 느끼다"처럼 쓴다.

마냥에 흔히 비유되는 말로는 '하염없이'가 있지만, 어감에 차이가 있다. '하염없이'의 '하염'은 뭘까?

하염의 어원에 대해서는 두 가지 설이 있다. 첫째, 동사 '하다'의 명사형인 '하욤'에서 유래됐다는 설이다. 따라서 본래의 하염은 '하는 일'을 뜻하고 '하염없이'는 '하는 일 없이'라는 것이다. 둘째, 한자어 '하염'何厭에서 나왔다는 설이다. 何(어찌 하) 厭(싫을 염)은 '뭐가 왜 싫은지'라는 뜻으로 '무엇을 왜 싫어하는지 모르고'라는 의미가 된다는 것이다.

둘 중 전자가 유력하다. 15세기 『남명집언해』에 적힌 "ㅎ염없는 도인"이 '하는 일 없이 무익하게 지내는 도인'을 의미하는 까닭이다. 다시 말해 '하염없다'의 본래말 'ㅎ염없다'는 '하는 것이 없다'라는 뜻이다. 요컨대 이렇다 할 만한 생각 없이 허전하게, 어떤 생각에 잠겨 끝맺을 데 없이 멍하게가 '하염없이'인 것이다. 오늘날 '하염없이'는 '시름에 싸여 멍하니 아무 생각 없이'라는 의미로 쓰이며 끝맺는 데가 없는 상태를 나타낸다.

'마냥'과 '하염없이'는 공통적으로 지속성을 표현하나, '마냥'은 비교적 여유로운 마음 상태를 나타내는 반면 '하염없이'는 근심이나 허탈감이 담긴 심리라는 차이가 있다. 그러므로 끝없는 기다림을 표현할 때 '마냥 기다리다'라고 말하면 상대적으로 한가한 기다림을 나타내고, '하염없이 기다리다'라는 말은 한시바삐 돌아오기를 바라는 마음을 담는다.

의미

마냥 언제까지나 줄곧. 부족함이 없이 실컷.

하염없이 아무 생각 없이 그저 멍하니, 시름에 잠겨서 아무
생각도 없이.

예문

o   그가 돌아올 때까지 마냥 기다렸다.

o   그는 장례식장에서 하염없이 눈물을 흘렸다.

마녀사냥, 마녀재판, 매카시즘, 여론재판

중세 유럽은 신앙의 시대인 동시에 미신의 시대였다. 특히 의학이 발달하지 않은 만큼 약초에 대한 지식을 가진 사람이나 미래를 점치는 사람은 위대한 초인간처럼 존경받거나 무서운 사람으로 여겨졌다. 교회는 성경의 가르침을 단지 인간 정신에 대한 것으로 그치지 않고 자연계와 인간계의 진리를 모두 포함한 하나님 말씀으로 해석하여, 이런 가르침을 위반하는 자는 악마에게 영혼이 침해당한 이단자, 즉 '마녀'魔女로 규정하였다.

마녀라고는 하지만 여성에 한하지 않고, 교회 가르침에 위배된다고 판단된 이는 모두 마녀로 규정했다. 프랑스의 잔다르크는 1431년 종교재판에서 마녀로 지목되어 억울하게 화형당했으며, 오랜 세월 수백만 명이 마녀로 낙인찍힌 채 피살되었다. 이때 마녀 색출 작업을 '마녀사냥', 마녀 여부를 심사하는 고문拷問을 통상 '마녀재판'이라고 불렀다. 이 마녀재판 제도가 아메리카 대륙으로 건너가 뉴잉글랜드 세일럼에서 100여 명을 체포하여 그중 19명을 화형에 처한 이야기는 유명하다.

　소련의 스탈린, 중공의 마오쩌둥, 북한의 김일성이 정적을 숙청했을 때도 이데올로기를 구실로 내세웠다. 공산주의 독재 정권하에서는 마르크스·레닌주의라는 이데올로기에 위배되거나 독재자의 정책에 반대하는 이들을 중세 마녀재판과 흡사한 방법에 의해 처벌했다. 오늘날 마녀사냥 및 마녀재판은 권력보다는 여론몰이에 의해 자행된다는 점에서 '매카시즘'McCarthyism과 일맥상통하는 면이 있다.

　극단적 반공주의를 의미하는 매카시즘은 흔히 '현대판 마녀사냥'으로 불리는 용어다. 미국 위스콘신의 지방 검사 출신 조지프 매카시는 1946년 상원의원 선거에서 당선되어 뚜렷한 활동 없이 몇 년간 평범하게 보내다가, 1950년 2월 한 연설회장에서 느닷없이 서류 한 장을 꺼내 치켜들고는 국무성에 공산주의자 205명이 침투해 있다고 주장했다. 이른바 '매카시 리스트'였다. 내용이 너무나 충격적이어서 매카시는 전국 신문의 1면 머리기사를 장식했다. 미국 전역을 들끓게 했던 이 사건은 상원의 외무위원회에 출두한 매카시가 증거를 전혀 제시하지 못해 어처구니없는 해프닝으로 끝났다. 그렇지만 당시의 반공적 사회 분위기에 편승하여 매카시는 일약 영웅으로 떠올랐고, 매카시를 이용하여 언론은 발행 부수를 크게 늘리는 상업적 대성공을 거두었다. 대중의 인기를 등에 업은 그는 1952년 무난히 재선되었고 상원 운영위원장까지 맡아서 공산주의자 색출에 전념했다. 매카시는 무책임한 고발로 아무 근거 없이 수많은 사람들을 일터에서 쫓아냈을 뿐 공산주의자는 한 명도 잡아내지 못했다. 결국 그는 1954년 상원에서 쫓겨나고 말았다. 매카시 열풍의 근원은 제2차 세계대전 후 공산주의자를 최대 적으로 간주한 미국 사회 분위기였다. 선동적 언론이 이에 편승하여 극단적인 우익 분위기를 조성하며 사세를 확장하려 했다.

오늘날에는 무고한 사람을 어처구니없는 근거에 의해, 불순한 의도로 비난하려는 움직임을 가리켜 마녀사냥(혹은 마녀재판)이라고 한다. 특히 사법 절차에 의해 옳고 그름을 가려야 할 사안을 여론과 매체가 미리 결정하는 현상을 가리켜 '여론 재판'이라 부르는데, 이 또한 현대판 마녀사냥이다. 요즘에는 인터넷에서 네티즌(누리꾼)이 어떤 사건이나 대상에 대하여 무차별적 비방을 유포하여 여론을 선동하는 일을 매카시즘에 빗대어 '네카시즘'이라고 말하기도 한다.

의미

마녀재판 비이성적 잣대로 누군가를 부당하게 몰아세우는 일.

매카시즘 정적이나 체제에 반대하는 사람을 공산주의자로 몰아 처벌하려는 태도.

예문

○ 그는 물증도 없이, 심증에 기초한 전형적인 마녀재판을 주도했다.

○ 매카시즘으로 인해 약 1만 명 정도의 미국인들이 직장을 잃었다.

막걸리, 탁주, 동동주, 모주, 약주, 청주

'막걸리'는 빛깔이 뜨물처럼 하얗고 탁하며, 알코올 성분이 적은 술이다. 막걸리는 어떻게 만들까? 먼저 찹쌀, 보리, 밀가루 등을 시루에 찐 지에밥을 적당히 말려서 누룩과 물을 섞는다. 일정한 온도에서 발효시킨 다음, 청주를 떠내지 않고 그대로 막(거칠게) 걸러 짜낸다. 즉 곡주가 익어 청주와 술지게미를 나누기 이전에 '막 걸러서 만든 술'이라 하여 막걸리라고 부르게 된 것이다.

체에 거르면 뿌옇고 텁텁한 '탁주'濁酒가 되는데 이걸 용수를 박아 떠내면 맑은 술이 된다. 이때 찹쌀이 원료면 '찹쌀막걸리', 거르지 않고 그대로 밥풀이 담긴 채 뜬 것은 '동동주'라고 한다. 동동주라는 이름은 밥알이 동동 뜬다 해서 붙여진 이름이다.

막걸리를 '모주'母酒라고도 말하는 데에는 사연이 있다. 『대동야승』大東野乘에 따르면, 광해군 때 제주도에 유배당한 인목대비의 어머니 노씨 부인이 술지게미를 재탕한 막걸리를 섬사람들에게 값싸게 팔았다. 사람들은 왕비의 어머니가 만든 술이라 하여 '대비모주'大妃母酒라 부르다가 나중에는 그냥 모주라고 불렀다. 모주는 술지게미에 물을 타서 뿌옇게 거른 탁주이므로 도수가 거의 없다. 잘 취하지 않으므로 수시로 마시는 사람도 많았다. 이에 연유하여 술을 대중없이 많이 마시는 사람을 '모주꾼'이라고 놀림조로 말했다.

좋은 막걸리는 달고 시고 쓰고 떫은 네 가지 맛이 잘 어우러져 있고 감칠맛과 청량미를 지녔다. 또한 막걸리는 다른 술보다 알코올 도수가 낮은 데다 각종 영양분이 풍부하게 함유돼 있어 작업 중 새참 등으로도 좋다.

"약주 한 잔 드셨나 봅니다."

'약주'는 어떤 술일까? 이 말에는 유래가 있다. 조선 중엽 한양 서소문 밖 약현 마을에 서성이라는 인물과 그의 어머니가 살았다. 가세가 기울자 어머니는 '청주'清酒를 빚고 음식을 만들어 팔아 생활했다. 청주는 다 익은 막걸리에 용수를 박고 떠 낸 '맑은술'이다. 서성이 29세 나이에 과거에 급제하여 마을에서 유명해지자, 사람들은 서성의 호 약봉 藥峰에 빗대어 그의 어머니가 만든 음식 이름에 '약'자를 붙였다. 하여 청주는 '약주', 찰밥은 '약밥', 유밀과는 '약과'로 불리게 되었다.

의미

막걸리 맑은술을 떠내지 아니하고 그대로 걸러 짠 술. 탁주.
모주.

동동주 맑은 술을 떠내거나 걸러 내지 아니하여 밥알이 동동
뜨는 막걸리.

예문

○ 우리나라 전통주인 막걸리는 곡류 재료를 발효시킨 뒤 여
과하지 않고 그대로 만든다.

○ 맑은 술과 찹쌀 누룩만으로 빚은 동동주는 고려 시대부터
전해 내려오는 맑은 술이다.

맹목적, 무조건, 쇼비니즘

송나라 시인 소식은 대단한 미식가로서 특히 돼지고기를 즐겼다. 그는 한때 정쟁에 휘말려 100일간 옥중에 갇혀 있다가 황강에 유배되었다. 그곳에서 작게나마 황무지를 일군 소식을 '동파'東坡라고 불렀다. 소식이 자신을 '동파거사'東坡居士라고 부른 것은 이때의 일이다. 황강에서는 돼지고기 값이 쌌기에, 그는 돼지고기를 마음껏 즐겨 먹었고 곧 새로운 요리법을 개발했다. 이것이 절강성 항주의 명물 요리로 소문난 '동파육'의 유래다. 소동파는 훗날 죄를 용서받아 항주지사가 되었고, 백성들이 바치는 돼지고기와 술을 이용하여 동파육을 만들어 백성들을 대접했다.

소동파는 돼지고기 때문에 '맹목적'盲目的이라는 말도 남겼다. 그가 기산에서 살 때의 일이다. 소동파는 하양의 돼지고기가 일품이라는 소문을 듣고 시종을 시켜 몇 마리 사 오도록 했다. 지독한 술꾼이었던 시종은 술을 한 잔 두 잔 마시다가 곯아 떨어져 그만 돼지를 잃어버리고 말았다. 아무리 찾아도 없자 하는 수 없이 자기 돈을 털어 보통 돼지를 몇 마리 샀다. 소동파는 친구들을 불러 일품 돼지고기 잔치를 벌였다. 그들은 당연히 하양의 돼지고기려니 하고는 덮어놓고 일품이라고 칭찬했다. 그때였다. 밖에 촌로 몇 사람이 찾아왔다는 전갈이 와서 소동파가 나가 보니 돼지를 한 마리씩 안고 있었다. 술꾼이 잃었던 돼지였다. 이 사실을 뒤늦게 안 친구들은 다들 머쓱해졌다. 이로부터 맹목적이라는 말은 '사리를 따지지 않고 덮어놓고 하는'이라는 뜻으로 쓰이게 되었다.

'맹목적'은 '무조건'無條件과 다름없다. 다만 맹목적이 '선입견을 바탕으로 한 따름'이라면, 무조건은 문자 그대로 '이러저러한 조건을 따지지 않고' 뭐든 받아들이겠다는 말이다.

또한 맹목적이 무조건적인 믿음이나 추종이라면, '쇼비니즘'Chauvinism은 맹목적인 태도의 문제점을 드러내는 용어다. 쇼비니즘은 맹목적 국수주의, 광신적 애국주의, 자민족 중심주의를 일컫는 말이다. 자국 이익을 위해 수단과 방법을 가리지 않기에 배타적 애국주의라고도 한다. 이 말은 나폴레옹 1세를 신과 같이 절대적으로 숭배하면서 호전적·배타적 애국심을 발휘하여 주목을 끌었던 프랑스 병사 N. 쇼뱅Chavin의 이름에서 유래됐다. 쇼비니즘은 자집단을 절대화하고 타집단을 공포와 시기심으로 대하는 감정을 교묘히 자극하는 한편, 대중매체와 결부된 선전·교육으로 대내적으로는 억압하고 대외적으로는 침략하는 일에 활용됐다. 또한 쇼비니즘은 대외적으로는 주전론 또는 호전적 시위 운동으로, 대내적으로는 우익 테러리즘으로 나타나기도 한다.

의미

맹목적 주관이나 원칙이 없이 덮어놓고 행동하는.

쇼비니즘 배타적 애국주의.

예문

○ 맹목적 치아미백, 큰 화 부른다.

○ 남성 쇼비니즘은 맹목적 남성우월주의를 말한다.

멍청이, 멍텅구리, 얼간이, 바보, 등신

"멍청이라고 놀리지 마!"

"이런 멍텅구리 좀 보게."

"얼간이가 따로 없네."

"바보 같은 놈!"

모두 생각이 어리석고 판단력이 부족한 사람을 가리키는 말이다. 하지만 단어의 유래와 어감은 조금씩 다르다.

'멍청이'는 남의 말을 잘 알아듣지 못하는 어두운 골격을 뜻하는 몽청골朦聽骨에서 비롯된 말이다. 朦(흐릴 몽), 聽(들을 청), 骨(뼈 골)이라는 글자에서 알 수 있듯 말을 잘 못 알아들어 정신이 몽롱한 사람을 의미하던 말이 발음이 잘못 전해져 '몽청이'를 거쳐 멍청이가 됐다. 또한 그런 정신 상태는 어떤 자극에 대해 더딘 반응을 나타내기에 "그는 넋 나간 사람처럼 멍청히 앉아 있다"처럼 형용사 '멍청하다'나 부사 '멍청히'의 형태로도 쓰인다. 예전에 이스라엘 국방장관은 전방부대를 시찰할 때 렌즈 뚜껑을 벗기지 않은 채 쌍안경을 들여다보았다고 해서 멍청이라는 비난을 받은 바 있다.

'멍텅구리'는 바닷물고기 이름에서 비롯됐다. '뚝지' 혹은 '물메기'라고도 불리는 이 물고기는 몸길이 25센티미터 이상이고, 배에 빨판이 있어서 바위 등에 붙어 산다. 그 모양이 못생긴 데다가 굼뜨고 동작이 느리기에 사람들은 멍텅구리가 아무리 위급한 때라도 벗어나려는 노력조차 할 줄 모른다고 생각했다. 그리하여 판단력이 약하고 시비를 제대로 모르는 사람을 '멍텅구리'라고 말하게 됐다. 다시 말해 급할 때조차 아무 조치 없이 가만히 있는 답답한 사람을 이르는 말이다.

'얼간이'의 어원은 정확지 않으나 '얼이 나간 사람'의 줄임말로 보는 설이 있다. 정신없는 상태를 '얼이 나갔다'고 하듯이 얼빠진 표정이나 그런 상태의 사람이 얼간이라는 것이다. 요컨대 얼간이는 뭔가에 홀린 듯 정신 나간 상태의 사람을 의미한다.

그런가 하면 누군가를 놀리거나 얕볼 때 '바보'라는 말을 잘 쓴다. 바보는 본래 '밥보'가 변한 말이며, 밥만 먹을 줄 알고 아무것도 할 줄 모르는 사람을 가리킨다. 다만 이때의 바보는 선천적으로 지능이 부족하여 정상적으로 판단하지 못하는 사람을 일컫는다. 여기서 확장돼, 바보는 어리석고 못난 사람을 두루 이르는 말로 쓰이게 되었다.

바보는 누군가로부터 가르침을 받으면 그에 잘 따르는 경향이 있다. '바보 온달'이 그 대표적인 사례이며, 그런 맥락에서 부족한 자신을 지칭하는 역설적이고도 겸손한 표현으로 '바보'를 사용하기도 한다.

"구구단도 못 외우는 등신아!"

아둔하고 어리석은 사람을 얕잡아 이를 때 '등신'이라는 말을 쓰기도 한다. 이때의 등신은 등신상_{等身像}에서 유래됐다. 등신은 '자신의 키와 똑같은 높이'를 이르는 말이다. 한국 전통적 미의 기준인 육등신은 '키가 얼굴 길이의 여섯 배 되는 몸'이고, 서양 미인의 기준인 팔등신은 '얼굴 길이가 키의 팔분의 일에 해당하는 몸'이다. 일반적으로 우리 사회에서 등신상은 실물 크기로 만든 불상을 가리켰다. 나무나 구리로 만든 등신상은 움직이지 못하고 가만히 있으므로, 뭔가 멀거니 쳐다보는 모습에 '등신처럼, 등신 같은'이라는 비유어를 썼다. "할머니는 등신처럼 멀거니 서서 멀리 바라보았다"처럼 쓴다. 그런데 "가만히 있으니 사람을 등신으로 보네"의 경우처럼 나쁜 뜻으로도 번져, '생각 없이 어리석은 사람'을 일컫는 말이 되었다.

의미

멍청이 아둔하고 어리석은 사람을 놀림조로 이르는 말.

멍텅구리 옳고 그름을 제대로 분별할 줄 모르는 어리석은 사람.

얼간이 됨됨이가 변변하지 못하고 덜된 사람.

바보 지능이 부족하여 정상적으로 판단하지 못하는 사람.

등신 몹시 어리석은 사람을 낮잡아 이르는 말.

예문

○ 나는 저런 멍청이가 아니어서 참 다행이라고 생각하며 대충 사는 사람들이 많다.

○ 그런 일을 바른대로 말하는 멍텅구리가 어디 있을까?

○ 옛날에 한 옛날에 얼간이가 살았는데 동네 아가씨를 짝사랑 했더래요.

○ 바보 온달은 훗날 고구려의 전쟁 영웅이 되었다.

○ 잠자코 있으니 내가 등신으로 보여?

무아지경, 삼매경, 몰두, 골똘하다

"우주의 근본과 개인의 중심은 궁극적으로 같다."

고대 인도에 '우파니샤드'라 불리는 철학 유파가 있었는데 이들은 '우주의 근본 원리가 곧 우리의 본체'라는 '아트만'atman, 즉 '범아일여'梵我一如를 주장하였다. 우주의 근본인 브라만과 개인의 중심인 아트만이 궁극적으로 같다는 사상이다.

"나라는 존재는 없다. 내가 아닌 것과 나를 소유하지 않는 것의 두 가지만 있다."

불교는 그에 대항하여 '무아설'無我說을 내세우면서 새바람을 일으켰다. '무아'의 원리는 아트만의 부정, 아나트만anatman이다. 모든 현상은 계속하여 나고 없어지고 변하여, 그대로인 것이나 영원한 존재는 없다는 뜻이다. 또한 불교는 '나라고 하는 관념, 내 것이라고 하는 관념'을 없애면 '무아경지'無我境地에 이르게 된다고 설파했다. 무아경지는 해탈의 다른 말이었다. 이에 연유하여 무아경 혹은 무아지경無我之境이라는 말은 '정신이 한곳으로 완전히 쏠려 자신의 존재를 잊은 경지'를 뜻한다. 자신을 완전히 잊을 만큼 어디엔가 몰두하는 것을 표현할 때 주로 쓴다.

'삼매경'三昧境이라는 말도 불교에서 나왔다. '삼매'는 산스크리트어 '사마디'samadhi를 번역한 말이며, '마음을 한곳에 집중시키다'라는 뜻이다. 다시 말해 정신을 하나의 대상에 집중시켜 산란하게 하지 않는 것을 의미한다. 이는 수련의 한 과정이자 매우 높은 단계의 정신 상태를 상징한다. 삼매는 여러 경전에서 언급됐으며 불교의 경우 수행의 구체적 방법으로 제시했다. 이를테면 앉아서 오로지 한 부처의 이름만 부르는 걸 '상좌 삼매', 불상 주위를 돌아다니며 아미타불의 이름을 마음속으로 외는 걸 '상행 삼매'라고 설명했다.

삼매라는 말은 일반에도 스며들어 무언가에 열중하는 것을 '삼매경에 빠지다'라거나 '△△삼매'라고 표현하게 되었다. 예컨대 책 읽기에 몰두하면 '독서 삼매', 요가를 수시로 즐기면 '요가 삼매', 낚시에 몰입하고 있으면 '낚시 삼매'라고 하는 게 그렇다.

"어디에 그렇게 골똘히 몰두하고 있니?"

무아지경이든 삼매경이든 모두 골똘히 몰두하고 있는 상태인데, '골똘하다'의 '골똘'은 '골독'汨篤이 변한 말이다. 汨(빠질 골), 篤(오로지 독)이라는 문자 그대로 정신이 뭔가에 빠져 있는 게 골똘이다. 몰두 역시 沒(잠길 몰), 頭(머리 두) 음훈 그대로 머리가 생각에 잠겨 있음을 의미한다.

의미

무아경 자신을 완전히 잊을 만큼 어디엔가 몰두하고 있는 상태.

삼매경 어떤 한 가지 일에 열중하고 있는 상태.

몰두 어떤 일에 정신이나 관심을 기울여 열중함.

예문

o 그는 조각할 때 모든 분노를 잊고 무아경에 빠진다고 말했다.

o 요즈음 친구는 요가 삼매경에 빠져 있다.

o 그는 시험을 앞두고 역사 공부에 몰두했다.

밑천, 본전, 원금

"젊음을 밑천으로 창업 전선에 뛰어들었다."

"그는 장가갈 밑천마저 노름에 써 버렸다."

위와 같이 말했을 때의 '밑천'은 어떤 일을 하는 데 바탕이 되는 돈이나 물건, 기술, 재주 따위를 이르는 말이다. '근본, 본바닥, 기본'을 뜻하는 우리말 '밑'에 '돈, 재물'을 의미하는 '전'錢이 더해져 생긴 말이다. 15세기에는 '믿쳔'으로 표기됐으며 '장사를 처음 시작할 때 들어간 돈'이라는 뜻으로 통용되었다.

'밑천이 많이 드는 장사'에서의 밑천은 자본을 의미하고, '밑지고 파는 물건'에서의 '밑지고'는 '본전 아래로'를 뜻하며, '주머니밑천'은 '주머니에 늘 넣어 두고 좀처럼 쓰지 아니하는 약간의 돈'을 말한다. 밑천이 바닥나면 더 이상 일을 진행하기 힘들기에, 시작한 사업이 망했을 경우 '밑천만 까먹었다'라고 표현하기도 한다.

"방송에서는 재밌게 말하는 게 밑천이 될 수 있다."

그런데 일을 추진하는 바탕에는 돈만 있는 게 아니다.

기술이나 재주도 사업의 바탕이 될 수 있다. 하여 밑천은 일의 바탕이 되는 물건, 기술, 재주까지 의미하기에 이르렀다.

"사업에 투자했다가 이자는커녕 본전도 못 건졌다."

이렇게 말했을 때 '본전도 못 찾다'라는 관용어는 '아무 보람이 없이 일이 끝나 도리어 하지 아니한 것만 못하다'라는 뜻이다. '본전'本錢은 우리말 밑천에 대응하는 한자어로서 원금을 의미한다. 本(기본 본), 錢(돈 전) 자로 이루어진 '본전'이나 元(근본 원), 金(돈 금) 자로 이루어진 '원금'은 같은 말이다.

누군가 장사(사업)를 시작할 때 쓴 돈이 곧 본전이며, 다른 사람에게 빌려준 경우에는 맡긴 돈에 이자를 붙이지 아니한 돈을 가리킨다. '본전 생각이 나다'라고 하면 벌인 일이 망했거나 누군가에게 꾸어준 돈을 되돌려 받지 못하게 된 상황을 연상시킨다.

"되든 안 되든 밑져야 본전이잖아."

그런가 하면 아무것도 가진 게 없는 상황에서 뭔가에 도전할 경우 '밑져야 본전'이라는 말을 쓴다. 밑졌다고 해도 이득을 얻지 못했을 뿐 본전은 남아 있다는 뜻으로, 어떤 일을 하다가 혹시 일이 잘못되더라도 손해 볼 것은 없다는 말이다.

정리하자면 '밑천'은 본전이면서 돈 이외의 바탕도 아울러 뜻한다. '본전'은 오직 금전적 바탕만을 의미한다.

의미

밑천 어떠한 일을 하는 데에 바탕이 되는 돈이나 물건, 기술.

본전 본래 가지고 있던 돈. 원금.

예문

○ 독서는 든든한 면접 밑천이다.

○ 본전 걱정을 하지 않아도 되는 똑똑한 보험 상품은 없을까.

바가지, 덤터기

"여름휴가 때 바닷가 횟집에서 바가지 썼어."

휴가철이 되면 사람들은 산으로 강으로 바다로 여행을 간다. 모처럼 시원한 바람을 쐬며 상쾌한 기분을 느끼면 천국이 따로 없다. 하지만 그런 기분을 망치는 일이 간혹 생긴다. 바로 바가지를 쓰는 일이다.

'바가지'는 덩굴풀 열매 '박'에 '어린 것, 작은 것'을 나타내는 접미사 '아지'가 붙어 이루어진 말이다. 박을 반으로 쪼개면 바가지가 된다. 예전에는 큰 박을 절반으로 쪼갠 뒤 속을 파내고 말려서 물을 뜨거나 쌀을 담는 그릇으로 사용했다. 물바가지, 쌀바가지 이외에 바가지는 여러 용도로 사용됐다.

'조롱박'이라고 하여 작은 호리병 모양의 박도 있다. 이같이 작은 박은 반으로 잘라 휴대용 물잔으로 쓰거나, 호롱박의 속을 파내고 통째로 말려서 물병 대용으로 허리에 차고 다니기도 한다. 『동국세시기』에 어린아이들이 겨울부터 빨강·파랑·노랑의 호리병박을 차고 다니다가 정월 대보름 전날 밤에 남몰래 길가에 버리면 액을 물리칠 수 있다는 기록도 나온다. 이런 관념은 큰 박에도 반영되어 바가지 긁는 관습이 생겼다. 옛날에 전염병이 돌면 그 원인으로 여겨진 귀신을 쫓기 위하여 상 위에 바가지를 놓고 긁거나 문질렀다. 바가지를 긁으면 몹시 시끄럽기에 귀신이 그 소리를 듣기 싫어해서 달아나리라 여겼기 때문이다. 이후 '바가지 긁다'라는 말은 '듣기 싫은 심한 잔소리를 하다'라는 뜻으로 쓰게 됐다. 주로 아내가 남편에게 잔소리와 불평을 심하게 할 때 '바가지 긁다'라는 말을 사용한다.

그런데 박으로 만든 바가지는 떨어지거나 뭔가에 부딪치면 쉽게 깨지거나 금이 생긴다. 그럴 경우 집에서 쓸 때는 물론 밖으로 가지고 나가 우물에서 사용할 때도 물이 줄줄 샌다. "안에서 새는 바가지 밖에서도 샌다"라는 속담은 여기서 나왔으며, 사람 본성이 어디서든 바뀌지 않음을 표현할 때 쓴다.

그런가 하면 '바가지 쓰다'는 큰 손해를 보거나 피해를 당했을 때 쓰는 말이다. 이 말의 유래는 구한말로 거슬러 올라간다. 개화기 이후 중국에서 십인계十人稧라는 노름이 우리나라에 들어왔다. 이 노름은 1에서 10까지 숫자가 적힌 바가지를 이리저리 섞어 엎어 놓는 것에서 시작된다. 물주가 어느 수를 말하면, 노름 참가자는 그 수가 들어 있는 바가지에 돈을 갖다 댄다. 이때 그 수가 적힌 바가지에 돈을 댄 사람은 못 맞힌 사람의 돈을 모두 가지지만, 만약 손님 중 아무도 맞히지 못하면 물주가 돈을 차지한다. 이렇게 바가지에 적힌 수를 맞히지 못할 때 돈을 잃는 까닭에 터무니없이 손해 보는 걸 '바가지 썼다'고 하게 되었다. 남의 꾀에 걸려 부당하게 많은 돈을 치르거나 책임을 도맡아 지게 됐을 때도 사용한다.

'바가지 쓰다'와 비슷한 말로 '덤터기 쓰다'가 있다. 여기서 '덤터기'는 본래 억울한 누명이나 오명을 이르는 우리말이며, 남에게 넘겨 씌우거나 넘겨 맡은 걱정거리를 뜻한다. 따라서 누군가에게 책임을 미룰 때는 '덤터기를 씌우다', 자기 의지와 관계없이 책임을 뒤집어쓸 때는 '덤터기를 쓰다'라고 표현한다. '담타기'는 덤터기와 같은 의미를 가지고 있으나 작고 가벼운 느낌의 말이다. '덤태기'와 '담태기'는 틀린 말이다.

의미

바가지 쓰다 부당하게 많은 돈을 치르거나 책임을 도맡게 되다.

덤터기 쓰다 남에게서 억울한 누명이나 큰 걱정거리를 넘겨 맡다.

예문

○ 여름에 관광객에게 바가지 씌우는 질 나쁜 상인들이 많다.

○ 사채업자는 그에게 덤터기를 씌우고 어디론가 사라졌다.

바늘방석, 좌불안석, 다모클레스의 칼

"회장님과의 식사는 나에게 바늘방석이었다."

이 문장에서 '바늘방석'은 불편하고 불안한 자리를 비유적으로 이르는 말이다.

바늘방석의 어원은 '바늘겨레'이다. '바늘집'이라고도 부르는 바늘겨레는 헝겊 속에 솜이나 머리카락을 넣어 바늘을 꽂아 두게 만든 작은 물건인데, 자칫 간수를 잘못하다간 잃어버리기 십상이다. 이때 그걸 모르고 깔고 앉으면 무척 아프기에 바늘겨레는 불안한 물건을 의미하게 됐고, 깔고 앉는 특성이 바늘을 꽂아 놓은 방석이란 오해를 불러 '바늘방석'이라는 말을 낳았다. '가시방석'이라고도 말하며, 앉아 있기에 불안한 자리 또는 그런 분위기를 비유하는 말로 쓰인다. 어떤 자리에 그대로 있기가 몹시 거북하고 불안할 때 쓰는 관용구 '바늘방석에 앉은 것 같다'는 그런 관념에서 생겼다.

바늘방석과 가시방석의 유의어로 '좌불안석'坐不安席이 있다. 坐(앉을 좌), 不(아니 불), 安(편안할 안), 席(자리 석)

이라는 글자 그대로 '앉아도 자리가 편안하지 않다'라는 뜻이며, 마음이 불안하거나 걱정스러워 자리에 가만히 앉아 있지 못하고 안절부절못하는 모양을 이르는 말이다.

그런가 하면 '다모클레스의 칼'이라는 관용어도 있다. 기원전 4세기경 시칠리아 섬 시라쿠사의 참주 디오니시오스를 섬기는 부하 가운데 다모클레스라는 인물이 있었다. 로마 역사가 키케로에 따르면, 어느 날 다모클레스는 디오니시오스에게 아부하면서 이렇게 말했다. "임금님의 행복이 몹시 부럽습니다." 이 말을 들은 디오니시오스는 아무 말 않은 채 며칠 뒤 대향연을 베풀면서 다모클레스를 초대하여 말했다.

"내가 그렇게도 행복해 보인다고 했지. 그러면 어디 한 번 자리를 바꿔 보겠느냐?" 디오니시오스는 말을 마치자마자 입고 있던 옷과 관을 벗어 손수 다모클레스에게 입히고 또 머리에 관을 얹어 주었다. 다모클레스는 기분이 좋아져 맛난 음식도 실컷 먹었다. 그런데 무심히 머리 위를 보니 거기에는 예리한 칼이 단 한 줄의 말총에 매달려 있었다. 다모클레스는 질겁하고 놀랐다. 디오니시오스는 이렇게 훈계했다. "적이 많은 군주의 자리는 얼핏 행복해 보이지만 한쪽에 이처럼 위험한 상황이 도사리고 있느니라."

이 고사에 연유하여 '위험한 자리에 앉아서 유지되는 행복'을 다모클레스의 칼이라고 부른다. 미국의 케네디 대통령은 어느 연설에서 핵무기를 가리켜 "인류에게는 다모클레스의 칼이 된다"고 말한 바 있다. 즉 다모클레스의 칼은 머리 위에 매달린 칼처럼 잠재적인 절박한 위험을 뜻한다.

다모클레스의 칼은 마음 편치 않은 자리라는 점에서 바늘방석과 의미가 통하지만 두 표현은 의미상 차이가 있다. '다모클레스의 칼'은 당장은 좋지만 항상 불안한 권력이나 자리를, '바늘방석'은 불편하여 마음도 불안한 분위기를 상징한다. '좌불안석'은 불안감이 심해서 가만히 있지 못하고 계속 불안해하는 모양을 나타낸다.

의미

바늘방석 앉아 있기에 아주 불안스러운 상황.

좌불안석 마음이 불안하거나 걱정스러워 자리에 가만히 앉아 있지 못함.

다모클레스의 칼 외면상 좋아 보이지만 실상은 괴로움과 어려움으로 가득한 상황.

예문

○ 숨이 막힐 것 같고 흡사 바늘방석에 앉은 기분이다.

○ 회사에 감원 소문이 돌자 모두 좌불안석이다.

○ 통치자 권한인 핵무기는 다모클레스의 칼과 같다.

방편, 미봉책, 수단, 수완

어떤 사건이 터졌을 때 급하게 그에 대처한다는 의미로 쓰이는 말에 '방편'方便과 '미봉책'彌縫策이 있다. 둘은 어떤 차이가 있을까?

'방편'은 불교 교리를 넓히기 위하여 사용한 용어에서 유래되었다. 즉 불가에서 '중생을 진실한 가르침으로 인도하기 위해 잠정적으로 마련한 법문'이라는 뜻으로 방편이란 말을 썼다. 『화엄경』에 이런 이야기가 있다. 낡은 집에 불이 났는데 그 안에 아이들이 있었다. 아버지는 아이들을 구하고자 "얘들아, 밖에 마차가 있으니 빨리 나와 보아라!"라고 말했다. 아이들이 놀라 허둥대지 않도록 배려한 말이었다. 아이들은 그 말을 듣자마자 밖으로 나왔으나 마차는 없었다. 아버지는 아이들이 안전하게 밖으로 나온 걸 확인하고 안심했으며 후에 마차를 사주었다.

이외에도 경전 여러 곳에 방편이라는 말이 나오며, 대부분 진실한 가르침에 대한 임시적인 가르침이나 일시적인 수법을 뜻한다. 즉 본래의 방편은 '중생을 구제하기 위한 편의적인 가르침'이었다. 오늘날에는 "임시방편으로 그렇게 했다" "거짓말도 한때의 방편" 등 목적을 위해 일시적으로 이용하는 수단이라는 의미로 쓴다. 이 경우 거짓말이나 사술의 뜻을 담고 있다. 듣는 입장에서는 속는 느낌이 들기도 하는 까닭에 부정적 의미로 변한 것이다. 어쨌든 방편은 일시적일 수단일 수도 있고, 영구적인 책략일 수도 있다.

방편과 비슷한 말로는 '미봉'이 있다. 미봉에는 유래가 있다. 춘추시대 때 주나라 환왕은 쇠약해진 국력을 복구하고 실추된 위신을 만회하고자 정나라를 치기로 했다. 그 무렵 정나라 환공은 한창 기세를 올리고 있어 환왕을 우습게 여기는 등 눈에 거슬리는 처신을 하고 있었다. 소식을 접한 정나라도 만반의 준비를 갖추어 응전하였고, 두 나라 군사는 정나라 땅인 수갈에서 정면으로 부딪쳤다. 이때 정나라는 병거를 앞세우되 병거와 병거 사이는 보병으로 미봉했다고 한다. 이 싸움에서 정나라가 대승을 거두었으며, 이때부터 '미봉책, 미봉'이란 말을 쓰게 되었다.

요즘 미봉이라는 표현은 '터진 곳을 임시로 얽어매다'라는 뜻으로, 빈 구석이나 잘못된 부분을 임시변통으로 이리저리 주선하여 꾸며 대는 것을 말한다. 또한 미봉은 근본적 해결책이 아니라 일시적 땜질로서 언제 터질지 모르는 상황을 표현한다.

한편 '수단'手段은 어떤 목적을 이루기 위한 방법 또는 일을 처리하여 나가는 솜씨와 꾀를 뜻한다. 手(손 수)는 손, 사람, 힘, 도움이 될 힘이나 행위를 뜻하는 한자어로 일 처리 방법이라는 뜻이 이차적으로 파생되었다. 그런가 하면 '수'는 바둑이나 장기를 두는 기술을 의미한다. 여기에서 유래한 '수가 많다'라는 말은 '해결 방법이 많다' '수가 세다' 등 '남을 휘어잡거나 다루는 힘이 세차다'라는 말로 사용된다. 또한 手에 腕(팔 완)을 더한 '수완'手腕은 일을 꾸미거나 치러 나가는 재간을 가리킬 때 쓴다. 손재주가 많고 팔 힘이 세면 대부분의 일을 처리할 수 있는 까닭이다.

이처럼 손(手)은 곧 해결하는 '수단'이나 다름없다. "재테크 수단으로 미술품 구입" "가격 담합을 위해 가격 이원화 수단을 쓰다" "버스는 대중이 이용하는 주요한 교통수단" 따위처럼 사용한다. 요컨대 나름의 목적을 달성하기 위한 처리 과정이 곧 수단이다.

의미

방편 그때그때의 경우에 따라 편하고 쉽게 이용하는 수단과 방법.

미봉책 어떤 일을 임시변통으로 해결하는 방책.

수완 일을 꾸미거나 치러 나가는 재간.

수단 어떤 목적을 이루기 위한 방법이나 일해 나가는 솜씨.

예문

o   그가 밤무대에서 노래 부르는 일은 생활의 방편이다.

o   그들은 간담회를 통해 틈새 봉합을 시도했으나 어정쩡한 미봉에 그쳤다.

o   전기 자동차는 공해를 일으키지 않는 미래의 교통수단으로 주목받고 있다.

o   사업을 하려면 자금을 구하는 수완이 좋아야 한다.

배수진, 파부침주, 불퇴전

중국 한나라 명장 한신이 조나라 군대를 공격할 때 일이다. 수세에 몰려 조나라 군사에게 쫓긴 한신은 큰 강을 뒤에 두고 진을 쳤다. 한신의 군대가 친 진영을 바라보던 조나라 군사는 퇴로가 차단된 그 어리석은 진법을 어이없고 한심스럽게 생각했다. 그러나 한신은 "우리는 이번 싸움에서 지면 모두 죽게 될 것이다. 죽기를 각오하고 싸워야 한다!"라고 말하며 전투심을 북돋웠다. 한 발짝이라도 뒤로 물러서면 강물에 빠져 죽게 된 한신의 군대는 적군을 맞아 결사적으로 싸워 끝내 승리했다.

이 고사에 연유하여 '배수진'背水陣은 '어떤 일을 성취하기 위해 무릅써야 하는 위험'이나 '온갖 어려움을 무릅쓰고 어떤 일을 이루려고 하는 경우'를 비유하는 말로 쓰인다.

배수진과 같은 뜻의 유의어로 '파부침주'破釜沈舟가 있다. 중국의 진나라 말기에 항우가 솥과 시루를 깨뜨리고, 막사를 불태우고, 사흘 양식을 지니고서 병사들에게 죽음으로 싸우겠다는 의지를 보여 준 뒤 진나라 군대와 아홉 번

만나 싸워 크게 이겼다. 이 고사에 유래하여 '파부침주'는 죽을 각오로 싸우는 것을 비유하는 말로 쓰이게 되었다.

"양당, 한 치의 물러섬도 없는 불퇴전을 계속하며 파행."

배수진과 파부침주가 죽음을 각오한 비장한 어감을 지니고 있다면, '불퇴전'不退轉은 그 정도는 아니지만 물러서지 않겠다는 강인한 의지를 담은 말이다. 치열한 싸움을 표현한 위의 기사 제목에 있는 불퇴전의 '전' 자는 戰(싸울 전)이 아니라 轉(옮길 전)이다. 어찌된 일일까?

불퇴전은 본래 불교 용어로서 '더 이상 수행하고 훈련하지 않아도 후퇴가 없는 단계에 들어섬'을 의미했다. 즉 한 번 도달한 수양 단계에서 뒤로 물러나지 않음이 곧 불퇴전이다. 석가모니는 "윤회의 기반에서 해탈하고 열반의 불퇴전에 들어가라"라고 중생에게 설교했는데 불퇴전 단계에 들어선다는 것은 성인 가운데서도 높은 수준에 이르렀음을 가리킨다. 낮은 단계에서 가장 높은 단계로 옮겨간 것이다.

'불퇴'라는 말 자체는 산스크리트어 '아바이바르티카'avaivartika를 음역한 것으로, '이미 얻은 공덕과 선을 잃지 않는다'라는 뜻이다. 이 말이 '한 번 도달한 수행의 지위에서 물러서지 아니함' 혹은 '신심이 두터워 흔들리지 아니함'을 뜻하게 됐고, 더 나아가 물러서지 않겠다는 강인한 의지를 나타낼 때에도 쓰기에 이르렀다. 적과의 싸움에서 뒤로 물러서지 않음을 표현한 불퇴전의 '전' 자가 싸움과 관계없는 이유가 여기에 있다.

의미

○ **배수진** 어떤 일을 성취하기 위하여 더 이상 물러설 수 없음.

○ **파부침주** 죽을 각오로 싸우겠다는 결의.

○ **불퇴전** 조금도 뒤로 물러날 마음이 없음.

예문

○ 양 팀 모두 배수진을 치고 시종일관 공격적인 경기를 펼쳤다.

○ 에너지 전환 시대 파부침주 각오로 혁신을 가속화하겠다.

○ 공부할 때는 불퇴전의 정신으로 해야만 한다.

백서, 교서

"경찰 백서에 따르면 지난해 범죄가 늘었다."

이 기사에서의 '백서'白書는 보고서를 의미한다. 왜 그럴까? 예부터 영국에서는 정부 보고서 표지에 하얀 종이를 붙였는데, 1836년 이것을 일반인에게도 배포하면서 정부 보고서를 '화이트 페이퍼'White Paper라고 불렀다. 이에 비해 영국 의회의 보고서는 파란 표지를 사용했기에 '블루 페이퍼'Blue Paper, 즉 '청서'靑書라고 구분해서 말했다.

화이트 페이퍼를 번역한 백서는 '아뢰는 글'이라는 의미가 강하다. 백서는 정부가 운영하는 모든 경제의 정책과 예상 효과까지를 망라한 일종의 보고서이기에, 일반적으로 백서를 '경제백서'經濟白書라고 한다. '경찰 백서'처럼 부분적인 문제를 다룬 보고서에도 백서라는 단어를 쓴다.

보고서라는 의미보다 다소 비공식적인 의미를 띤 채 사용되기도 한다. 선거운동 백서, 교통백서, 생활백서 따위가 그렇다. 동시에 어떤 부당한 사정이나 상황에서 고발·폭로를 하기 위해 백서라는 이름을 붙이기도 한다. 이를테면 '인권 탄압 백서' '부패 고발 백서' 하는 식이다.

한편 조선에서도 정부 보고서에 흰 표지를 쓴 경우가 있었다. 『세종실록』에 따르면 조선 시대에 중앙과 지방에서 보고하는 글이나 각 도에서 올리는 글 가운데 음식물 가짓수를 적은 글에는 모두 흰 빛깔의 주문지(어떤 문장을 알기 쉽게 풀이한 글)를 썼다. 현대적 개념의 경제백서를 발표하기 시작한 것은 1962년 7월이며, 이후 해마다 발표하고 있다.

'교서'教書란 국회에 국내 정세를 보고하고 예산안·법률안 등에 관해서 대통령의 의사를 표시하는 문서를 가리키는 말이다. 다시 말해 대통령이 정치·행정 따위에 관한 의견을 적어 국회에 보내는 문서를 의미한다. 교서에는 일반 교서, 예산 교서, 경제 교서, 특별 교서, 연두 교서 등이 있다. 이중 '연두 교서'年頭教書는 새로운 회계연도 초에 대통령 또는 국왕이 의회에 보내 정부 정책을 설명하는 서면을 뜻하는 말이다.

미국에서는 대통령이 연두 교서를 통해 기본적 국내 정책 외에 외교 정책을 천명하곤 한다. 트루먼 독트린, 닉슨 독트린이 대표적인 사례다. 특히 '닉슨 독트린'은 1970년 2월 닉슨 미국 대통령이 의회에 보내는 교서에서 밝힌 외교 원칙으로, 종전까지의 대결 외교를 지양하고 교섭 외교로 전환함을 밝힌 것으로 유명하다.

의미

백서 정부 각부가 맡아 하는 일에 대해서 제출하는 보고서.

교서 대통령이 정치, 행정 따위에 관한 의견을 적어 국회에 보내는 문서.

예문

o 그는 선거운동 백서가 지방선거에서 탈락한 직후 작성된 것이라고 밝혔다.

o 대통령은 연두 교서를 통해 기초 연구 분야에 대한 투자액을 늘리겠다고 밝혔다.

백일천하, 삼일천하

프랑스의 나폴레옹은 1796년 2월, 27세라는 젊은 나이에 일약 준장으로 진급되는 동시에 이탈리아 원정군 사령관에 임명되었다. 그는 뛰어난 전술 전략으로 군사적 천재성을 과시했지만, 러시아 정벌 실패로 일대 위기를 맞았다. 호시탐탐 프랑스의 침체를 지켜본 중유럽 제국은 대동맹을 결성해 나폴레옹에 맞서기 시작했다. 그리하여 1814년 4월 11일 퇴위를 선언한 나폴레옹은 포로가 되어 엘바 섬에 유배당했다. 재기를 꿈꾸던 나폴레옹은 1815년 2월 유배지에서 탈출하여 그해 3월 20일 국민의 열렬한 지지를 받으며 파리에 입성해 또다시 황제 자리에 올랐다. 그러나 연합군 공격을 받고 그해 6월 18일 워털루에서 결정적으로 패하여 파리로 돌아간 뒤, 7월 15일 영국군 사령관 웰링턴 장군에게 항복함으로써 영광스러운 자리에서 내려왔다.

"백일도 채우지 못하다니 치욕스럽다!"

나폴레옹이 엘바 섬을 탈출하여 황제로 다시 군림하

다가 패망할 때까지 그 기간이 약 100일밖에 되지 않았으므로, 통상 이것을 나폴레옹의 '백일천하'라고 한다. 오늘날 이 말은 '덧없이 짧은 정권' '단명으로 끝난 정권'을 가리킨다.

'삼일천하'三日天下라는 표현도 비슷한 의미로 쓰이는데, 이 말은 갑신정변에서 유래되었다. 1884년 청나라가 베트남 문제로 프랑스와 싸워 패배했다는 소식을 접하자, 개혁을 꿈꾸던 개화파는 청나라가 조선 정치에 관여할 여유가 없으리라 판단했다. 이에 개화파는 일본 공사와 몰래 협의한 끝에 일본 병력을 빌려 정변을 일으키기로 계획하였다. 때마침 신설된 우정국 개국 축하 연회가 그해 12월 4일 열리는 걸 계기로 내외 고관을 초청하고, 이웃집에 불을 질러 혼란케 하고, 매복한 군졸로 사대당 요인들을 모조리 암살하려 했다. 그러나 민영익에게 중상을 입혔을 뿐이었다. 그럼에도 김옥균·박영효·서광범 등은 즉시 창덕궁으로 달려가 사대당과 청나라가 변을 일으켰다고 왕에게 거짓 보고했으며, 다음 날 각국 공사 및 영사에게 신정부 수립을 통고하였다.

이들의 개혁은 청나라의 무력간섭 때문에 실패했다. 개화파 일당은 일본으로 망명했으며, 따라서 개화파 집정은 이른바 삼일천하가 되고 말았다. 이에 연유하여 삼일천하는 '정권을 잡았다가 짧은 기간 내에 밀려남' 또는 '어떤 지위에 발탁되었다가 며칠 못 가서 떨어지는 일'을 뜻하게 됐다.

백일천하와 삼일천하는 권력을 아주 짧은 기간 잡았음을 의미한다는 점에서는 같지만, 본질적 의미에서 다소 차이가 있다. 즉 '백일천하'는 최고 권력자의 짧은 집권 기간을, '삼일천하'는 혁명가들의 채 피우지 못한 꿈이나 금방 물러난 권력을 상징한다.

의미

백일천하 단명으로 끝난 정권.

삼일천하 제대로 시작도 하지 못한 채 금방 물러난 권력.

예문

○ 강유위의 개혁 정책은 서태후를 비롯한 보수 세력에 밀려 백일천하로 끝났다.

○ 삼일천하로 끝난 부총리 임명에서 공식 사퇴까지의 과정을 요약해 본다.

벽창호, 옹고집, 요지부동

"눈치코치 모르는 벽창호란다."

눈치가 전혀 없는 답답한 사람을 가리킬 때 이런 표현을 쓴다. '벽창호'가 원래 무슨 뜻이기에 그럴까? 옛날에 평안북도 벽동碧潼과 창성昌城의 소는 힘이 세기로 팔도강산에 소문이 자자했다. 소가 얼마나 힘세고 날랜지, 한다하는 농부들도 부리기가 만만치 않았다. 특히 이른 봄이나 가을에 잘 먹여 놓은 황소들은 몸에 살이 오르고 기운이 세져서 보통이 아니었다.

"워워, 이놈의 소가 도대체 말을 듣지 않네!"

이에 연유하여 '벽동창성의 우(소)'라는 말이 생겼으며 어음이 변화하여 '벽창우'碧昌牛를 거쳐 '벽창호'가 됐다. 그 의미도 처음에는 '아주 힘센 소'였으나 점차 뜻이 변하여 '우둔하고 고집이 센 사람' '무뚝뚝하고 고집 있는 사람'을 칭하게 되었다.

벽창호와 통하는 말로 '옹고집'壅固執이 있다. 벽창호가 상대 말을 듣지도 꿈쩍하지도 않는 사람이라면, 옹고집은 융통성 없이 자기 생각대로 고집 피우는 사람이다. 옹고집에서의 '옹' 자는 甕(막힐 옹, 북돋을 옹)이므로 옹고집은 '고집을 부리다'라는 뜻이다. 다음과 같은 옛이야기가 전해 온다.

옛날에 옹甕씨 성을 가진 생원이 고집 세고 융통성 없기로 유명했다. 그가 백여 리 떨어진 곳에 사는 친구가 아프다는 말을 듣고 문병 길에 나섰다. 그런데 마을 입구에 이르렀을 때 그 동네 사람으로부터 친구가 죽었다는 말을 듣더니 발길을 돌렸다. 그냥 문상하면 될 텐데 돌아서는 것을 이상하게 여긴 사람들이 그 이유를 물었다. 그랬더니 옹생원은 이렇게 답했다. "나는 문병하려고 집을 나선 것이라오. 그러니 집으로 돌아간 뒤 다시 문상 길을 나서는 게 예의 아니겠소?"

이로부터 융통성 없는 고집을 '옹생원의 고집'이라 말하게 됐고 이 말이 줄어서 '옹고집'이 됐다고 한다. 이 일화에서 옹생원의 성은 甕(독 옹)이므로 '독 안에 갇힌 고집'을 표현한 것으로 보인다. 실제 한국에 있는 옹씨는 邕(화할 옹), 雍(누그러질 옹) 두 가지뿐이기 때문이다.

일설에는 판소리 소설 『옹고집전』雍固執傳에서 옹고집이란 말이 나왔다고도 한다. 소설에서는 심술 사나운 불효자 옹고집이 한 도사의 도술로 인해 가짜 옹고집과 옥신각신 싸우다가 뒤늦게 참회하고 불교 신자가 된다. 여기서의 '옹'은 雍(누그러질 옹)이고, 옹고집의 壅(막힐 옹)과는 한자가 다르다. 또한 『옹고집전』은 연대 미상이라서, 전설과 고전 소설 중 어느 게 먼저인지 알 수가 없다. 정리하면, 옹고집은 '억지가 매우 심하여 자기 의견만 내세우는 고집쟁이'를 가리킨다.

벽창호와 옹고집은 '요지부동'搖之不動이라는 공통점이 있다. 요지부동은 한의학 용어에서 나온 말이다. 남자의 남근이 무력한 증상을 말하는 것으로, 아무리 흔들어도 전혀 움직이지 않는다는 말이다. 다시 말해 요지부동은 남성의 양기가 매우 부족한 상태를 나타낸 말이었으며, 점차 다른 분야로 퍼져 널리 쓰이기에 이르렀다. 다시 말해 요지부동은 흔들어도 꼼짝하지 않는다는 뜻으로, 어떠한 자극에도 움직이지 않거나 태도의 변화가 없음을 이르는 말이다.

의미

벽창호 미련하고 고집이 센 사람을 비유적으로 이르는 말.

옹고집 억지가 아주 심해 자신의 생각이나 의견만을 굽히지 않고 우김.

요지부동 어떠한 자극에도 움직이지 않거나 태도의 변화가 없음.

예문

o 그는 벽창호 같은 고집으로 일관했다.

o 그는 아버지의 옹고집을 꺾을 수 없었다.

o 그는 한번 결심하면 요지부동이다.

복병, 다크호스

"계곡에 매복해 있던 복병들이 일제히 공격했다."

이 문장에서 '복병'은 伏(숨을 복), 兵(군사 병) 음훈 그대로 정체를 숨긴 채 대기하고 있는 병사를 이르는 말이다. 적이 지나가리라 여겨지는 요긴한 길목에 숨은 뒤 갑자기 기습 공격해서 적군에게 타격을 주는 역할을 한다. 옛날에는 전투를 벌일 때 험한 산이 많은 곳의 넓은 길에서 좁은 길로 들어서는 길목에 복병을 두었다.

똑같이 伏(숨을 복) 자를 쓰는 '매복'埋伏은 복병의 기본 전술이고, 복병은 '매복병'의 줄임말이기도 하다. 따라서 복병이라는 말에는 노린다는 의미가 숨겨져 있으며, 예상치 못한 변수를 암시한다. 복병은 때때로 적에게 심각한 타격을 입혔기에 훗날 예상하지 못한 어려움이나 뜻밖에 나타난 강력한 경쟁 상대를 비유하는 말로 쓰이게 됐다.

복병과 비슷한 유의어로 '다크호스'dark horse도 있으나 둘은 차이가 조금 있다. 다크호스는 본래 영국 경마장에서 사용되던 속어였다. 실력 불명의 검은 말이 뜻밖에도 승리를 거두어 경주에서 변수로 작용하자 생겨난 말이다. 여기서 '다크'dark는 '일반에 알려지지 않은 비밀'이라는 뜻이다. 검은 말은 일반인들에게는 정체불명이었지만, 사실은 유명한 말의 가죽을 검게 염색하여 전혀 다른 말인 것처럼 이름을 속인 채 대회에 출전한 것이었다. 그 내용을 훤히 아는 기수와 그의 친구들은 다크호스에 걸린 마권을 구입하여 엄청난 돈을 챙겼다.

이에 연유하여 다크호스는 경마에서 의외의 결과를 가져올지도 모를 예측 곤란한 말을 가리켰으며 나아가 실력이 감춰져 있어 경기나 선거 등에서 뜻밖의 변수로 작용할 가능성이 있는 선수(후보)를 의미하게 되었다.

문장에서도 복병과 다크호스는 그 쓰임새가 다르다. 일반적으로 '복병을 만났다'라는 표현은 경계해야 할 대상이나 위기가 갑작스레 등장했다는 뜻이다. "급성 신우신염이나 요로 감염은 임신 중 복병"이라는 기사 제목에서 복병은 조심해야 할 질병이다. 반면 어느 대회에서 다크호스라고 불리는 건 선두권에 진입했음을 의미하며, 기존 선두권에 비해 훨씬 참신한 구성원을 지칭한다.

다시 말해 복병은 '예기치 못한 위기 상황'을, 다크호스는 '정체불명의 실력자'를 가리킨다. 주로 복병은 위기를 강조하는 부정적 용어이고, 다크호스는 예상에서 벗어난 실력자를 가리키는 긍정적 용어라고 볼 수 있다.

의미

복병 뜻밖의 걸림돌로 나타난 경쟁자나 장애물.

다크호스 선거나 경기에서 예상 외로 힘을 발휘하는 후보자나 선수.

예문

○ 우리 경제가 언제 느닷없는 복병을 만날지 모른다.

○ 한국 팀은 이번 대회 최고의 다크호스로 떠올랐다.

봉 잡다, 땡잡다

"장사 솜씨를 보니 봉이 김선달이 울고 가겠네."

여기서 '봉이 김선달'은 뛰어난 장사꾼을 이르는 말이
나 그는 실존 인물이 아니다. 누군가 지어낸 가공인물로서,
사람들을 골탕 먹이는 사기꾼 이야기의 종합 판일 뿐이다.
그렇지만 대동강 물을 팔아먹은 일에서부터 갖가지 기발
한 꾀로 보통사람이 엄두도 내지 못할 일을 척척 해내는 통
쾌함이 인기를 끌어 실제 인물처럼 전해져 왔다. 이야기를
한토막 들어 보자.

조선 시대 때의 일이다. 김선달이라는 사람이 나루터
에서 물장수들에게 술을 한 잔씩 사면서 이렇게 부탁했다.
"내일부터 물을 지고 갈 때마다 내게 한 닢씩 주시오. 그 엽
전은 내가 미리 주겠소." 이튿날 약속한 물장수들은 평양성
동문을 지나는 길목에서 김선달에게 엽전 한 닢을 주고 지
나갔고, 김선달은 헛기침하면서 그걸 받았다. 김선달은 엽
전을 내지 못한 물장수에게 호통쳤고, 그 광경을 본 사람들
이 대동강 물을 긷기 위해서는 김선달에게 돈을 내야 하는

가 보다 착각하기에 이르렀다. 급기야 한양 상인이 김선달에게 거금 4천 냥을 주고 대동강 물을 통째 샀다. '대동강을 팔아먹은 김선달'이라는 말은 여기서 생겼다.

　그 김선달이 어느 날 거리에서 닭 장수를 만났다. 김선달이 그 닭을 호기심 어린 눈으로 구경하자, 닭 장수는 자기 닭이 봉(鳳, 봉황 수컷)이라고 말하면서 원래 닭 값의 몇 배를 불렀다. 김선달은 자기를 어리석게 여긴 닭 장수를 한 번 쓱 쳐다보고는 그냥 구입했다. 나름의 생각이 있었기 때문이다. 김선달은 즉시 고을 사또에게 '봉'을 바쳤으며, 사또는 화가 나서 그게 어찌 봉이냐며 김선달을 꾸짖었다. 이에 김선달은 자기에게 속여 판 닭 장수 이야기를 했고, 끌려 온 닭 장수는 김선달에게 판매 가격의 몇 배를 배상해야 했다. 김선달의 꾀가 하도 놀라워 이때부터 김선달에게 '봉이'라는 호가 붙었으며, '봉 잡다'라는 말은 '어수룩한 사람을 속이거나 부추겨서 실속을 챙기다'라는 의미로 쓰이게 됐다고 한다.

　'봉 잡다'는 뜻이 확대되어 '행운을 잡거나 좋은 일이 있다'라는 의미로 쓰이기도 하나, 기본적으로 상대를 속여 이익을 얻는 상황을 가리킨다. "21세기 봉이 김선달" "인도판 봉이 김선달" "현대판 봉이 김선달"처럼 쓴다.

비슷한 말로 '땡잡다'가 있는데 그 의미는 '봉 잡다'와 크게 다르다. '봉 잡다'가 상대방을 부추기거나 속여서 뭔가를 얻어 내려는 적극적 행위라면, '땡잡다'는 우연히 찾아온 좋은 기회를 말한다.

'땡잡다'의 땡은 화투놀이에서 똑같은 모양의 화투장이 두 개 들어오는 패를 일컫는 말이다. 화투의 '도리 짓고 땡'에서는 화투 두 개의 끗수를 더해 그 수가 높으면 이기게 되어 있는데 두 개의 모양이 같은 '땡'은 다른 패보다 높게 쳐 준다. 이럴 경우 이길 확률이 매우 높다. 노름판은 대개 큰돈이 걸려 있기 마련이고 이런 상황에서의 땡은 사실상 확보한 행운이나 다름없다.

이에 연유하여 '땡잡다'는 '곧 횡재하게 생겼다' '운수 좋다' '행운이다'라는 뜻으로 통하게 됐으며, 땡 중에서 장땡이 가장 높기에 '장땡'이라는 말은 '매우 좋은 운수'를 의미한다. 일반적으로 화투놀이에서 자기 손에 들어오는 패는 의지나 노력과 관계없으므로 '땡잡다'는 뜻밖에 생긴 행운을 뜻한다.

의미

봉 잡다 상대를 속이거나 부추겨 이익을 취하다.

땅잡다 뜻밖에 운수가 좋다. 의외의 행운을 만나다.

예문

o 뇌물 밝히는 나리가 봉 잡은 표정으로 그를 쳐다보았다.

o 그는 조개를 먹다가 진주를 발견했으니 땅 잡은 셈이다.

부리나케, 부랴부랴, 허둥지둥

"부리나케 달려왔다."

"부랴부랴 그 일을 했다."

'부리나케'라는 말은 불씨를 소중히 여기는 마음에서 비롯되었다. 성냥이나 라이터가 없던 시절에는 부싯돌로 부시를 쳐서 불씨를 일으켜야 했다. '부싯돌'은 불을 일으키는 데 쓰는 석영, '부시'는 뭔가 부딪칠 때 불이 나게 하는 쇳조각을 일컫는 말이다. 또한 부시는 돌과 쇠를 마주쳐서 불내는 걸 이르기도 한다. 그런데 불을 만들 때 느린 속도로 치면 불씨가 일어나지 않았기에 되도록 짧은 순간에 빠른 동작으로 부시를 쳐야 했다. 아이들이 성냥으로 불 켜는 걸 배울 때 속도가 느려 불을 일으키지 못하는 걸 연상하면 이해하기 쉽다. 이에 연유하여 매우 급히 서두르는 모양을 일러 '부리나케'라고 말하게 되었다. 부리나케는 '불이 나게'가 바뀐 말이며, '서둘러서 아주 급하게'라는 뜻으로 사용한다.

'부랴부랴' 역시 바쁘게 서두르는 모양을 나타내는 말

이다. 부랴부랴는 본래 무슨 뜻일까? 불이 났음을 알리는 '불이야, 불이야'가 어원으로, 불이 난 상황을 다급하게 알리는 말이다. 불이 나면 빨리 꺼야 하므로 불이 났다고 소리치면서 급하게 달리기 마련이며 부랴부랴 역시 황급히 서두르는 모양을 일컫는 말로 쓰이게 됐다. 다만 '부리나케'가 일 처리를 빨리 하기 위한 급한 속도를 강조한다면, '부랴부랴'는 뒤늦게 서두르는 모양을 강조한다는 차이가 있다.

'허둥지둥'이라는 말도 종종 쓰이는데, 어찌할 줄 몰라 서두르는 모습을 의미하는 어근 '허둥'에 뜻 없는 '지둥'이 붙어 생긴 말이다. '허둥거리다'(=허둥대다)는 동사로서 어찌할 줄 몰라 갈팡질팡하며 다급하게 서두르는 것을 가리키고, 허둥지둥은 부사로서 정신 차릴 수 없을 정도로 다급히 서두르는 모양을 의미한다.

'부리나케'와 '부랴부랴'는 자신이 할 일이 무엇인지 알고 서두르는 말인 데 비해 '허둥지둥'은 무엇부터 해야 할지 갈피를 잡지 못하고 갈팡질팡하는 모양을 나타낸다는 차이가 있다.

의미

부리나케 서둘러서 아주 급하게.

부랴부랴 매우 급하게 서두르는 모양.

허둥지둥 정신 차릴 수 없을 만큼 갈팡질팡하며 다급하게 서두르는 모양.

예문

o 일기예보와 달리 비가 내리기에 부리나케 산을 내려왔다.

o 그는 비행기를 타고자 부랴부랴 공항으로 갔다.

o 그는 시험 시간이 모자라 허둥지둥 아무 답에나 표시했다.

북돋우다, 고무하다, 고취하다, 국위 선양

"아이들의 용기를 북돋우기 위하여 유명한 탐험가를
초청했다."

이 문장에서 '북돋우다'는 용기가 강하게 생기도록 행
동으로 자극하는 걸 이르는 말이다. 원래는 무슨 의미일까?

'북돋우다'의 '북'은 본디 식물의 뿌리를 싸고 있는 흙
을 가리키는 말이고, '돋우다'는 '기운을 강하게 불러일으
키다'라는 뜻이다. '북'과 '돋우다'를 합친 '북돋우다'는 '식
물의 뿌리를 땅속으로 들어가게끔 흙으로 덮어 주다'라는
뜻이다. 16세기 국어 교과서 『소학언해』小學諺解에 다음과 같
은 글이 보인다. "그 불휘를 붓도도며 뼈 그 가지를 내뢰게
ᄒ시니라."(그 뿌리를 북돋우며 하여 그 가지를 내뻗게 하
신다.) 당시 표기는 '붓도도다'였으나 이후 '북돋우다'로 바
뀌었다. 뿌리 주변에 흙을 더 얹어 주는 일은 식물이 잘 자
라게끔 도와주는 것이므로 이에 연유하여 사람에게 용기
나 의욕이 일어나도록 말이나 행동으로 자극 주는 걸 '북돋
우다'라고 말하게 됐다.

'북돋우다'의 유의어로 '고무하다' '고취하다'가 있다.

"조선어학회는 독립 사상을 고무하는 반일 단체로 기소됐다." 일제강점기 우리말을 연구하고자 결성된 조선어학회는 한글로 조선의 자주 정신과 독립사상을 지키려 노력했는데, 그러다 큰 시련을 겪었다. 누군가를 고무한다는 건 그만큼 사람들에게 영향력이 크다는 얘기다.

'고무하다'는 鼓(북 고), 舞(춤출 무)라는 문자 그대로 '북을 치고 춤을 추다'라는 뜻이다. 누군가 북치고 춤추면 사람들이 흥겨워하므로, '고무하다'라는 말은 '격려하여 기세를 돋우다', 다시 말해 어떤 사람이 다른 사람을 격려하여 더욱 힘을 내도록 하는 걸 뜻하게 됐다. 실제로 타악기 소리를 들으면 사람의 심장은 빠르게 뛴다. 정상적인 사람의 심장 고동은 1분에 약 70회 정도이지만, 북소리를 들으면 그보다 훨씬 빨라진다. 옛날 전쟁터에서 북을 크게 두들겨 큰 소리로 병사들의 사기를 드높인 이유가 여기에 있다.

'고취하다'도 '고무하다'와 비슷한 유래를 가지고 있다. 鼓(북 고)와 吹(불 취), 즉 북을 치고 피리를 불면 사람들 이목을 끌게 된다. 풍악대가 장구와 북을 치고 나팔과 피리를 불면서 지나가면 금방 사람들이 몰린다. 그러하기에 어떤 사상을 내세우고 선전하여 사람들 마음이 쏠리도록 하는 것을 '고취하다'라고 말하게 됐다. 근대 이후에는 정치적 용어로 많이 사용되어 '고취'는 '의견이나 사상 따위를 열렬히 주장하여 불어넣음'이라는 의미로 통용되고 있다.

"정부는 올림픽에서 메달을 획득하여 국위를 선양한 선수들에게 표창을 주었다"라는 문장에서 보듯, '국위 선양'國威宣揚이라는 단어는 자연스럽게 '고무하다'와 '고취하다'라는 말을 연상하게 만든다. 메달 수상자에게 표창하는 목적이 애국심을 고무하고 고취하는 데 있기 때문이다. 국위 선양은 원래 무슨 뜻일까?

국위 선양에 대해 국어사전을 찾아보면 '나라의 권위나 위세를 널리 떨치게 함'으로 풀이되어 있다. 하지만 이 용어는 '메이지 왕을 중심으로 황국 신민이 되어 세계에 일본을 알리자'라는 의미로 쓰인 말이었다. 일제강점기 때 제국주의 일본이 일본을 세계에 널리 알려야 한다며 적극적으로 사용했다. 우리나라의 경우 식민지 교육을 받은 친일파의 영향으로 광복 후에도 그대로 사용했으며 지금도 그렇다. 그러므로 우리는 국위 선양이라는 말을 사용하지 말아야 한다. 그 대신 '나라를 영광스럽게 널리 알린' '국가 홍보' 등으로 바꿔 쓰는 게 바람직하다.

의미

북돋우다 의욕이 일어나도록 말이나 행동으로 자극하다.

고무하다 격려하여 더욱 힘을 내도록 하다.

고취하다 용기나 기운을 북돋우어 일으키다.

국위 선양 나라의 권위나 위세를 널리 떨치게 함.

예문

○ 그는 내게 항상 용기를 북돋워 주었다.

○ 감독은 박수로 선수들을 고무했다.

○ 독립협회는 『독립신문』을 통해 자주 정신을 고취했다.

○ 병역 특례는 국위 선양에 기여한 선수에게 주어지는 혜택
이다. → 병역 특례는 나라를 영광스럽게 널리 알린 선수에
게 주어지는 혜택이다.

북새통, 문전성시, 붐

"백화점은 할인 상품을 구매하려는 고객들로 북새통을 이루었다."

'북새통'은 많은 사람이 부산스럽고 시끌시끌하게 떠들어 대며 법석이는 상태를 가리키는 우리말이다. 북새통의 어원에 대해서는 몇 가지 설이 있다.

첫째, 금광석을 찧어 금을 거의 고르고 난 뒤에 남은 돌가루를 가리키는 '복대기'가 어원이라는 설이다. 1차 처리 잔해물인 이 돌가루에서 금을 더 얻고자 통에 넣고 흔들어 약품 처리할 때 그 소리가 매우 시끄러운 데서 '복대기통'이 '복새통'을 거쳐 북새통이 됐다고 한다. 둘째, 농악에서 북과 꽹과리나 징 같은 쇠 악기가 동시에 연주되면 무척 정신없고 시끄러운 상태가 되기에 '북쇠'가 북새통의 어원이 됐다는 설이다.

가장 설득력 있는 어원은 '북데기'이다. '짚북데기'가 원말인 북데기는 볏짚이 엉클어져 있는 뭉텅이를 이르는 말이며, 탈곡 과정에서 생긴 볏짚의 잔여물이다. "북데기

271

속에 벼알이 있다"라는 속담이 있는데 '하찮은 북데기 속에 귀중한 벼알이 섞여 있다'라는 뜻으로, 평범한 곳에 값진 물건이나 인재가 있음을 비유적으로 이르는 말이다.

예전에는 한 사람이 서서 북데기를 위에서 아래로 떨어뜨리면, 옆 사람이 부채나 선풍기로 바람을 일으켜 알곡을 분리했다. 이때 바람에 휩쓸려 여기저기 흩어지는 북데기로 인해 집 곳곳이 엉망이 됐는데 이걸 '북새판' 혹은 '북새통'이라고 말했다.

북새통이 정신없이 어수선한 상태를 나타내는 말이라면, '문전성시'門前成市는 사람들 관심이 폭발적으로 쏠릴 때 쓰는 용어이다. 중국 고사에서 유래한 말이며, 본뜻은 '권세 있는 사람 집 대문 앞에 방문객이 몰려 시장을 이루다시피 하다'이다. 후한 애제 때의 일이다. 나이 어린 애제가 임금이 되자 조정 실권은 그의 어머니와 할머니 일파에게로 넘어갔다. 조정에서는 충신들과 간신들의 충돌이 끊이지 않았고, 그 와중에 각료급 고관으로 있던 정숭이 임금에게 진언했다. 그러나 애제는 정숭의 충언을 귀찮게 여기고 생트집을 잡아서 오히려 질책했다. 정숭은 억울한 마음에 병이 들어 앓아누웠다. 그때 평소 정숭을 시기하던 조창이란 자가 임금에게 '정숭이 모반을 꾀하고 있다'라는 거짓

상소를 올렸다. 분노한 애제는 정승을 소환하여 말했다.

"너의 집 대문 앞(門前)이 마치 장마당(成市)처럼 사람이 들끓고 있다는 얘기가 있다." 임금의 이 말은 권세를 매수하려는 사람들이 뇌물을 들고 모여든다는 뜻이었다. 정승은 의연하게 부인했으나 임금은 귀담아듣지 않고 옥에 가두라 명령했으며, 정승은 억울하게 옥사했다. 이때부터 문전성시는 세도가 집에 사람들이 몰리는 현상을 일컫는 말로 쓰였으며, 점차 다른 분야로도 확대되어 폭발적인 관심으로 사람들이 몰리는 상황을 의미하게 되었다.

문전성시와 비슷한 말로 '붐'boom이 있는데, 어감이 조금 다르다. 붐은 어떤 경향이나 유행이 사회적으로 급격히 고조되어 활발한 상태를 표현한 용도로 영어의 의성어에서 비롯되었다. 예부터 서양에서는 꿀벌이나 투구풍뎅이 등 씩씩하게 내는 붕붕 소리나, 먼 우레나 포성 등 '쾅'하는 소리를 표현할 때 '붐'이라는 의성어를 썼다. 이 말이 19세기 말엽 미국에서 만화에 자주 등장하면서 '갑자기 번창하는 것'이라는 뜻을 지니게 되었다. 즉 급작스레 호경기를 이루거나 도시가 발전할 때, 장사가 갑작스레 번창할 때 따위에 사용하게 되었다. "동전 수집 붐이 일다" "뮤지컬 붐을 일으키다"처럼 쓰인다.

정리하자면 '북새통'은 많은 사람들이 모여 부산스럽고 시끄럽고 번잡한 상황, '문전성시'는 특정한 것에 사람들이 몰리는 현상, '붐'은 갑자기 크게 유행하거나 대성황을 이루는 일을 말한다.

의미

북새통 많은 사람이 야단스럽게 부산 떨며 법석이는 상황.

문전성시 큰 관심으로 사람들이 몰리는 현상.

붐 어떤 사회 현상이 갑작스레 유행하거나 번성하는 일.

예문

○ 유명 배우의 결혼식장은 사람들로 북새통을 이루었다.

○ 전직 대통령 자택은 해마다 1일 신년 하례객들로 문전성시를 이룬다.

○ 1848년 미국 캘리포니아에서 금광이 발견된 뒤 금광 붐이 일어났다.

불가사의, 미스터리

"이집트의 피라미드는 세계 7대 불가사의의 하나다."

'불가사의'不可思議란 '보통 사람의 생각으로는 미루어 헤아릴 수 없을 만큼 이상야릇한 일'을 의미한다. 이렇듯 초현상적인 일을 의미하는 불가사의 어원은 자못 엉뚱하다. 아주 큰 수를 이르는 불교 용어에서 나왔으니 말이다. 수를 헤아리는 단위 억은 10의 8승을 말한다. 조는 10의 12승이고, 10의 16승은 경, 10의 20승은 해라고 부른다. 10의 48승은 극이며, 10의 52승은 항하사이고, 10의 56승은 아승지다. 또 10의 60승은 나유타, 10의 64승은 불가사의다. 불가사의에 0을 4개 더 붙이면 10의 68승인 무량대수가 된다.

흔히 이해하기 어려운 현상을 가리켜 '불가사의한 일이 벌어지다'라고 하는데, 이를 직역하면 '10의 64승이나 되는 경우의 수 가운데 하나에 해당하는 일이 생겼다'라는 뜻이 된다. 다시 말해 일어날 확률이 매우 희박한 보기 드문 일이 바로 불가사의인 것이다.

또한 불가사의는 '깨달음의 경지'를 뜻하기도 한다. 요컨대 '마음속에 헤아려 추측할 수 없는' '인간의 평범한 사고를 뛰어넘는' 초인간적인 단계를 가리킨다. 다만 이때의 불가사의는 풀기 힘든 수수께끼가 아니라 진실에 접근할 수는 있으나 여간해서는 다다르기 힘든 경지를 상징한다.

"역사 다큐멘터리는 고대 문명의 미스터리를 다루었다"라는 문장에서 '미스터리'mystery는 본래 고대 그리스에서 '점술의 깊은 뜻'이나 '밀교 의식'을 뜻하는 말이었다. 고대 로마에서는 '종교상의 비밀에 대한 침묵'이라는 의미로 쓰였는데, 초기 크리스트교에서 예수의 탄생이나 죽음 부활 등에 관한 비밀스럽고 성스러운 일을 발설하지 않는다는 뜻이었다. 그러다가 2세기를 전후하여 '신비한 수수께끼' 또는 '알기 힘든 비밀'이라는 의미로 변화했고, 19세기 말엽 추리 소설 유행과 더불어 '추리 소설'이라는 의미까지 지니게 되었다. 미스터리는 어떤 형태로든 단서가 있으므로 추리를 통해 정답을 맞힐 수도 있다. 따라서 해결이 필요한 사건이나 어려운 문제에 미스터리라는 말을 쓰곤 한다.

달리 말하자면 불가사의나 미스터리는 일반적 상식으로는 이상야릇하다는 공통점이 있지만, '불가사의'는 경

외심을 담고 있고, '미스터리'는 풀어 보고 싶은 도전 정신
을 지녔다는 차이가 있다.

의미

불가사의 사람의 생각으로는 미루어 헤아릴 수 없이 이상하
고 야릇함.

미스터리 도저히 설명하거나 이해할 수 없는 이상야릇한 일
이나 사건.

예문

○   인간은 세계 7대 불가사의라는 이름이 들어가는 기념물에
대해 동경심을 갖고 있다.

○   영국 작가 애거서 크리스티는 80여 편의 추리 소설을 발표
하여 미스터리의 여왕으로 꼽힌다.

비손, 기도, 예배

'비손'이란 신에게 두 손을 비비면서 소원을 비는 일을 일컫는 말이다. 우리말 '빌다'와 한자어 '소원'所願이 합쳐진 말 '비셰원'이 어원이며 '비숙원'이라고도 말한다. 만물마다 신이 있다는 정령 신앙을 지녔던 고대인들은 소원 빌 때 많은 신을 섬긴다는 표시로 부지런히 손을 위아래로 비볐다. 즉 한꺼번에 많은 신령한 존재와 접촉하기 위해 두 손바닥을 마주 대고 수없이 비볐으며, 그리하면 어느 신이든 손을 통해 기 또는 신령함을 느끼게 해 준다고 믿었다.

"비나이다 비나이다 신령님들께 비나이다." 어둠이 채 가시기 전의 새벽녘, 장독대 위에 우물에서 떠 온 물 한 그릇 놓고 두 손 비비며 자식을 위해 소원 빌던 어머니 모습은 근대 이전 우리 사회에서 흔히 볼 수 있는 풍경이었다. 집에서 가장 신성한 곳이 장독대였던 까닭이다. 이때 어머니가 장독 위에 올려놓은 정화수井華水는 '이른 새벽에 길은 깨끗한 우물물'을 뜻하는 한국식 한자어다. '정안수'와 '정한수'는 모두 비표준어이다.

비손이 다신교와 관련된 신앙 행위라면, '기도'祈禱는 특정 신에게 소원을 비는 일이다. 기도는 하느님이나 부처에게 비는 일을 뜻하며 비손의 영향을 받아 생겼다. 기도는 모든 종교에서 거룩한 존재와 대화를 나누려는 행위로 일찍부터 자리 잡았고 기도를 통해 소원이 이루어진다는 믿음이 생겨났다. 두 손을 마주 붙인 채 가만히 있는 점이 비손과 다르다.

우리나라의 경우 부처의 초인적인 힘을 빌려서 복을 빌고 재앙을 소멸시키려는 목적에서 불교가 전래된 초기부터 기도가 크게 성행했다. 신라에서는 불교가 공인되기 이전인 눌지왕 때 묵호자가 고구려로부터 와서 궁중에서 향을 피우고 기도하여 공주의 질병을 치료하기도 했다. 그런가 하면 신라 고승 의상대사는 동해안 낙산사에서 기도하여 관세음보살을 친견했다고 한다. 기독교에서도 기도는 하나님과의 대화 방법으로 여겨진다.

이에 비해 '예배'禮拜는 크리스트교 신앙 행위의 핵심이다. 어원을 살펴보면, 영어 'worship'은 하느님에게 최고의 영광과 찬미를 드리는 행위를 뜻하며, 라틴어 '컬트'cult는 '종교의식'이라는 의미가 지배적이다. 따라서 본래의 예배는 신을 숭배하는 행위를 일컫는 것이지만, 예배가 동양 문

화에 수용되면서 '예의를 갖추어 하느님께 경배하는 행위'
를 뜻하게 되었다.

의미

비손 두 손을 비비면서 치성을 드림.

기도 신이나 절대적 존재에게 바라는 바가 이루어지기를 빎.

예배 하나님에 대한 존경과 숭배를 나타내는 의식.

예문

o 어머니는 정화수를 떠 놓고 아들의 평안을 비손했다.

o 그는 목욕재계하고 백일 기도에 들어갔다.

o 보통 교회의 경우 새벽 예배는 새벽 5시에 시작한다.

뺑소니, 삼십육계줄행랑

교통사고 가운데 '뺑소니'는 무책임한 범죄로 종종 거론된다. 운전자가 심각한 사고를 내고 아무 책임을 지지 않는 바람에 피해자만 억울하게 힘든 삶을 살아야 하는 까닭이다. 그 문제를 해결하기 위해 자동차 보험이 생겼지만 이러저러한 이유로 뺑소니는 근절되지 않고 있다. 이 뺑소니의 본뜻은 뭘까?

옛날에는 여럿이 모여 놀거나 일하다가 몰래 살짝 빠져서 도망치는 걸 '뺑송이 쳤다'라고 말하곤 했다. 여기서 '뺑'은 '일정한 둘레를 한 바퀴 도는 것'을, '뺑이'는 '빙빙 돌게 만들며 노는 장난감'을 의미한다. '뺑이'는 '팽이'로 표기가 바뀌었지만, '뺑'은 한자어 送(보낼 송)이 더해져 '뺑송이'를 거쳐 '뺑소니'가 됐다고 한다. 팽이를 던져 놓고 치는 모습을 연상하면 된다. 모두 모인 뺑이 대열에서 이탈한 모습이 뺑소니이며, 그 연장선상에서 '뺑소니를 치다'나 '뺑소니를 놓다'라는 표현이 나왔다. 오늘날 뺑소니는 몸을 빼쳐서 급히 몰래 달아나는 짓, 특히 어떤 정당치 못한 일을 하고 몸을 빼쳐 달아나는 일을 의미한다.

　달아나는 것이 가장 좋은 꾀임을 나타낼 때 흔히 '삼십육계 줄행랑'이라고도 한다. 이 말은 중국 고전 『자치통감』資治通鑑에서 유래되었다. 남북조 시대의 일이다. 북방에서는 선비족이 세운 위나라 세력이 컸으며 남쪽은 제나라 세상이었다. 제나라 임금 소도성은 황제를 자칭하며 스스로 고제라 하였다. 그런데 고제가 죽자 조카 소란이 고제의 두 아들을 죽이고 반대파를 제거한 다음 왕위에 오르고 명제라 칭했다. 그러자 중신들은 불안을 느꼈다. 건국 공신이자 회계 태수로 있던 왕경칙은 신변에 위협을 느끼자 반란을 일으켰다. 반란군이 쳐들어온다는 소식은 조정을 크게 흔들었다. 병든 명제를 대신하여 국정을 돌보던 태자도 크게 당황하여 허둥지둥하였다. 이 소식을 들은 왕경칙은 코웃음을 치면서 크게 소리쳤다. "단공의 36가지 계책 중에 도망가는 게 최상책이라고 했다. 그대들에게도 도망치는 길만 있을 뿐이다!"

　'단공'이란 송나라 맹장 단도제를 이르는 말로, 싸울 때 후퇴 작전을 곧잘 썼다고 한다. 하지만 반란군은 진압됐고 왕경칙도 목이 잘려 죽었다. 이 고사에 연유하여 삼십육계 줄행랑은 오늘날 '비겁하게 보일지언정 일단 달아나다'라는 뜻으로 많이 쓰인다. 줄여서 '삼십육계'라고도 말한다. 원래는 힘이 약할 때는 일단 피했다가 힘을 기른 다음에 다시 싸우는 것이 옳다는 '작전상 후퇴'를 강조한 말이다.

한편 삼십육계 줄행랑이라고 할 때의 '줄행랑'은 '주행'走行이 변한 말이다.

의미

뺑소니 몸을 빼쳐서 급히 몰래 달아나는 짓.

삼십육계 줄행랑 매우 급하게 달아나거나 도망침.

예문

○ 상대방이 상처를 입지 않았다면 뺑소니가 아니라는 판결이 나왔다.

○ 호랑이를 본 나그네는 삼십육계 줄행랑을 놓았다.

뽐내다, 우쭐대다, 자랑하다

"뭘 그렇게 뽐내니?"

여기서 '뽐내다'라는 말은 '남에게 보란 듯이 자랑하다'라는 뜻이다. 바꿔 말해 자랑하고 싶어 뭔가를 과시하는 게 뽐내는 것이다. 그런데 그 어원은 전혀 엉뚱하다. '뽐내다'의 유래에 대해서는 두 가지 설이 있다.

첫째, '뽑다'와 '내다'가 어울린 합성어라는 것이다. 잡아당겨 끄집어 낸다는 뜻을 가진 '뽑다'에 '꺼내다'라는 뜻을 가진 '내다'가 합쳐져 우쭐거린다는 뜻이 되었다는 해석이다. 둘째, '봄놀다'에서 유래되었다는 설이다. 봄놀이는 왕조 시대에 결혼한 여성이 특별히 바깥나들이를 허용 받은 특별 휴가이기에 여성들이 한껏 치장하고 멋을 낸 데서 '봄놀다→봄뇌다→뽐뇌다→뽐내다'가 되었다는 풀이다. 어느 설이든 감춰진 장점을 일부러 드러내는 공통점이 있다는 점에서 '뽐내다'는 '자랑하다'라는 뜻이 되었다.

'뽐내다'의 유의어로는 '우쭐대다'와 '자랑하다'가 있다. '뽐내다'가 해방감을 만끽하는 발산적 의미라면, '우쫄대다'(우쭐거리다)라는 말은 기세등등하게 잘났음을 자꾸 뽐내는 걸 뜻한다. '우쭐대다'의 어원은 가볍게 춤추듯이 자꾸 움직이는 걸 이르는 '우줄대다'이다. 몸집 큰 사람이나 동물이 가볍게 몸을 흔드는 걸 가리키는 말인데, 그 모습은 마치 뭔가를 보여 주려는 듯 느껴진다. 그러하기에 '우줄대다'의 센말 '우쭐대다'는 사람의 과시적인 몸짓을 나타내는 말로 쓰였다. 예컨대 어깨를 우쭐대며 걷는 일은 어깨를 계속 들썩이는 몸짓을 나타낸 말이다. 다음 속담은 그런 모습을 잘 일러 준다.

"콩 실은 당나귀가 우쭐대면 껍질 실은 당나귀도 우쭐댄다." 남은 자랑거리가 있어서 우쭐대는데 자기는 아무런 자랑거리도 없으면서 덩달아 우쭐댐을 비유적으로 이르는 말이다. 일반적으로 우쭐대는 모습은 타인에게 부정적으로 비치기에 못마땅한 꼴로 표현할 때 많이 쓴다.

그런가 하면 '자랑하다'의 '자랑'은 본래 얇은 쇠붙이 따위가 서로 가볍게 부딪칠 때 은은하게 울리는 소리를 나타내는 말이다. 소리가 울리면 사람들이 주목하기 마련인 바, 자랑은 '자기와 관련 있는 걸 남에게 칭찬받고자 공개적으로 드러냄'을 의미하게 됐다. 자기의 뛰어난 노래 실력, 자식의 출세, 가족의 성공, 집에서 보관하고 있는 귀한 물건 등이 자랑의 대상이 된다.

정리하자면 '뽐내다'는 강렬한 빛을 내뿜는 듯한 당당함을 품고 있고, '우쭐대다'는 남보다 잘났음을 자꾸 과시하는 것이고, '자랑하다'는 상대가 알아 주길 바라는 마음을 담고 있다.

의미

뽐내다 남에게 보란 듯이 자랑하다.

우쭐대다 의기양양하여 자꾸 뽐내다.

자랑하다 자기와 관련 있는 걸 남에게 칭찬받고자 드러내다.

예문

o   그는 자기의 몸매를 한껏 뽐냈다.

o   그는 돈 좀 벌었다고 우쭐댔다.

o   아이가 선생님께 칭찬받았다고 아빠에게 자랑했다.

사랑방, 살롱

주요섭이 쓴 「사랑방 손님과 어머니」라는 소설은 사랑방에 머물게 된 손님과 집 주인인 과부 사이의 은근하고 애틋한 사랑을 그려서 인기를 끌었다. 그래서 그런지 '사랑방'舍廊房의 사랑을 연애와 관련해서 생각하는 이들도 있다. 그렇다면 사랑방은 본래 무슨 뜻일까?

다산 정약용에 따르면, 중국에서는 집 곁의 가로 지은 문간방을 斜(비낄 사) 자와 廊(복도 랑) 자를 써서 '사랑'이라고 불렀다. 그런데 우리나라 사람들이 이를 '외사'(外舍, 바깥집)로 잘못 번역하였다. 외사는 바깥에 있는 집이란 뜻이다. 옛날 풍속에 내사(內舍, 안집)는 넓고 크고, 외사는 낮고 작으며 다른 문간방이 없으므로 중국 건물 명칭 '사랑'을 모방한 것이다. 외사는 사랑채·사랑방으로 불렸는데, 이때의 '사'는 斜(비낄 사) 자가 아닌 舍(집 사, 관청 사) 자였다. 따라서 사랑방은 일을 보는 바깥 공간을 의미했다.

사랑방은 집의 안채와 떨어져, 바깥주인이 거처하며 손님을 접대하는 곳이자 오늘날의 서재를 겸한 독특한 공간이었다. 일반적으로 사랑방의 우선적인 목적은 '공부'였다. 하여 내부에는 학습에 필요한 가구 외에 공부·학문·입신·출세의 뜻을 담은 민화를 장식했다. 책이나 문방사우 등을 소재로 한 책거리 그림과 잉어가 변해 용이 되는 그림이 대표적이다. 일품대부(一品大夫, 최고 벼슬) 상징인 학과 소나무가 있는 그림은 장수와 출세를 동시에 상징해서 가장 인기가 많았으며, 수석水石과 복숭아, 십장생 등 불로장생을 주제로 한 그림도 널리 쓰였다.

유교 사회에서는 학문적 교유도 중요하게 여겼기에 사랑방을 대화의 장으로 활용하였다. 유럽의 살롱과 다른 점이라면 다수가 아닌 소수의 사람들이 모여 넓이가 아닌 깊이로서 사귀었다는 것이다. 이에 따라 사랑방은 많지 않은 사람들이 모여 교분을 나누는 공간을 상징하게 됐고, 오래 사귄 사람들의 우정이 넘치는 분위기를 담아 낸다.

우리나라의 사랑방에 비견할 만한 공간으로 프랑스의 '살롱'salon이 있다. 지금은 '살롱' 하면 응접실, 객실 등으로 이해하고 나아가 상점을 지칭하는 용어로도 쓰지만, 원래는 이탈리아어에서 유래한 말로서 17세기 프랑스 루브르 궁전에서 미술품으로 장식한 화랑畵廊을 의미했다. 17세기 루이 14세 시대, 프랑스 궁전이나 저택의 살롱에서는 많은 시인과 예술가들이 모여 예술에 관해 의견을 나눴다. 1667년 국왕이 루브르 궁전에서 살롱전Salon des Artistes Francais을 개최하여 큰 화제를 낳았으니 이는 관청 주관 전람회의 시초가 되었다. 이후 살롱의 의미에 '전시회, 전시장'이라는 뜻이 포함되었다.

이로부터 점차 루브르의 살롱을 흉내 내어 귀부인들이 미술품으로 장식한 살롱을 다투어 개설하였다. 그리고 여기서 사람들이 예술을 논하고, 트럼프나 체스 놀이로 시간을 보내면서 세상 이야기를 즐겼기에 새로운 풍습이 생겨났다. 즉 '살롱' 하면 화랑이나 방이라기보다는, 방에서 이루어지는 모임이나 분위기를 가리키게 된 것이다. 사교장으로서 살롱의 역할은 17~18세기 프랑스에서 나날이 커졌으며, 상류층 가정에서 열리는 사교적 집회를 가리키는 명사가 됐다. 한편 살롱은 근대 들어서 카페를 비롯한 몇몇 상점의 상호로 쓰이면서 '점포'까지 의미하게 되었다.

의미

사랑방 바깥주인이 거처하며 손님을 접대하는 곳. 적은 사람들이 우정을 나누는 장소.

살롱 서양풍의 객실이나 응접실. 사교적인 집회. 사교계. 전시회나 전시장.

○ 별당은 침방, 사랑방, 대청으로 구성된 사랑채의 축소형 건
  물이다.

○ 살롱은 절대주의를 타파하고 근대 의식을 형성했던 새로운
  공간이었다.

살생부, 블랙리스트, 요시찰

"부적절한 처신을 한 고위 공직자에 대한 살생부가 발견됐다."

이 문장에서의 '살생부'殺生簿는 죽이거나 살릴 사람의 이름을 적어 둔 문서나 장부를 이르는 말이며, 조선 시대 권신 한명회가 만들어 냈다.

1453년(단종 1년) 10월 10일, 수양대군은 이른바 계유정난癸酉靖難을 일으켰다. 수양대군은 단종을 위협하여 어명으로 중신들을 대궐로 불러들이게 했다. 이때 수양대군의 참모 한명회는 종이에 살릴 사람과 죽일 사람의 이름을 적어 놓고 대궐에 입궐하는 신하들을 그 계획에 따라 처리했다. 한명회는 무사들로 하여금 근정문 좌우에 있는 출입문 옆에 숨어 있다가, 왼쪽으로 들어오는 수양대군파 대신들은 살려 주고, 오른쪽으로 들어오는 반대파 대신들은 철퇴로 내리쳐 죽이게 했다. 이날 근정문 왼쪽으로 들어온 정인지·이계전 등은 무사했지만, 근정문 오른쪽으로 들어온 황보인·구치관 등은 목숨을 잃었다. 이처럼 입궐하는 대신의 얼굴과 목록을 대조한 뒤 사람 목숨을 앗아갔기에 이후 살생부라는 말은 '사람을 제거하기 위한 목록'이라는 뜻으로 쓰이게 됐다.

살생부라는 말과 일맥상통하는 용어로 '블랙리스트'Blacklist가 있다. '경계해야 할 대상 또는 주의를 요하는 사람들의 목록'을 이르는 말이다. 이 말의 어원은 청교도혁명 시대로 거슬러 올라간다. 영국 국왕 찰스 1세는 청교도혁명으로 1649년 처형당했는데, 당시 왕세자(훗날의 찰스 2세)는 그때의 상황을 예의 주시했다. 왕세자는 아버지 처형에 관여한 판사와 법정 관리 등 50여 명의 명단을 작성하면서 훗날 복수를 다짐했다. 이때 블랙리스트라는 말이 처음 사용되었다. 블랙은 어둠·죽음을 상징하는 단어였다. 1660년 왕정복고로 국왕이 된 찰스 2세는 이전에 작성해 놓았던 블랙리스트 인사 가운데 30명을 처형하고 25명을 종신형에 처해 감옥에 가두었다. 이후 블랙리스트는 이른바 손 볼 사람들, 즉 '부정적인 관점에서 선별한 요시찰 인물'을 뜻하는 말로 쓰이고 있다.

'요시찰'은 블랙리스트와 비슷한 말이지만 그 의미는 조금 다르다. 요시찰의 본디 말은 '요시찰인'要視察人이며, 일제강점기 총독부가 독립운동가를 감시하기 위해 만든 말이다. 요시찰인은 사상이나 보안 등의 문제와 관련하여 특별히 감시가 필요한 인물이라는 뜻이다.

의미

살생부 죽이고 살릴 사람의 이름을 적어 둔 문서나 장부.

블랙리스트 특별히 주의하고 감시할 필요가 있는 인물의 명단.

요시찰 사상이나 보안 등의 문제와 관련하여 특별히 감시가 필요한 것.

예문

○ 선거 때가 되면 국회의원에 대한 살생부가 돌아다닌다.

○ 검찰에서 비밀리에 노동조합 간부들의 블랙리스트를 만들어 놓고 감시했다.

○ 일제강점기, 항일운동 관련자들에 대한 요시찰 활동 지침이 발견됐다.

삼총사, 트로이카

"모두를 위한 하나, 하나를 위한 모두!"

프랑스 작가 알렉상드르 뒤마가 1844년 발표한 역사
소설 『삼총사』에서 총사대들이 소리 높여 외치는 구호다.
성질 급한 쾌남아 달타냥이 왕을 지키는 근위대(총사대)
에 들어가려고 파리에 갔다. 하지만 이미 악당의 음모로 인
해 총사대가 해산된 뒤였다. 달타냥은 거기서 유명한 삼총
사 아토스·포르토스·아라미스를 만나 의기투합하고, 실
력자 리슐리외 추기경의 권세에 대항하며 왕비를 구한다.
이 소설은 루이 13세 시대를 배경으로 네 명의 주인공이 갖
가지 모험과 로맨스를 펼쳐 호쾌한 재미가 있다.

소설 제목은 '삼총사'이지만 사실상 주인공은 삼총사
가 아니라 달타냥이다. 또한 원제는 'Les Trois mousque-
taires'이며, '머스킷을 가진 세 병사'라는 뜻이다. '머스
킷'musket은 16세기경 스페인에서 발명된 화승총으로 19세
기 라이플 총이 발명되기 전까지 군대에서 널리 사용됐다.
그런데 소설 『삼총사』에서는 머스킷이 등장하지 않는다.

주인공 네 명 모두 칼잡이들이다. 그럼에도 불구하고 '삼총사'三銃士라고 번역된 것은, 뒤마의 시대에는 머스킷이라는 말이 '병사'라는 뜻으로도 쓰였다는 걸 일본 번역자가 몰랐던 탓이다.

"우리는 삼총사야!" 어쨌든 소설이 워낙 인기 높았기에 오늘날 삼총사라는 말은 '단짝으로 지내는 세 친구'를 의미하는 일반명사로 쓰이게 됐다. 소설의 영향으로 처음에는 남성간의 관계만을 가리켰지만 이제는 성별을 불문하고 쓰인다. 삼총사는 정의·의리·우정 따위 강한 공감대를 바탕으로 맺어진 의형제·의자매 같은 관계라 할 수 있다.

삼총사가 자신의 뜻에 따라 친하게 지내는 세 사람을 비유적으로 이른다면, '트로이카'troika는 타의에 의해 묶이는 세 사람을 지칭한다. 한국 영화계에서는 몇 차례 여성 배우 트로이카 시대가 있었다. 1960년대의 문희·남정임·윤정희, 1970년대의 장미희·정윤희·유지인, 1980년대의 원미경·이보희·이미숙, 1990년대의 강수연·심혜진·최진실, 심은하·고소영·전도연이 그들이다.

당사자들의 우애와는 관계없이 어느 영역에 세 명의 경쟁 주자가 있을 때 흔히 트로이카라는 말을 쓰는데, 이 용어는 숫자 3을 뜻하는 러시아어 troika(트로이카)에서 유래되었다. 트로이카는 원래 세 필 말이 끄는 러시아 전통 마차를 가리키는 말이다. 세 마리 말이 여름에는 바퀴 달린 마차를 끌지만, 겨울에는 마차의 차바퀴를 떼어 내고 차체를 큰 썰매 위에 싣고는 눈 덮인 벌판을 달렸다. 세 마리 말은 타원형으로 만든 고리 안에 서로 연결된 채 달리게 되어 있으므로, 이때의 말 세 마리는 경쟁자이자 협력자다. 어느 한 마리가 처지기라도 하면 달리는 데 지장이 생기는 까닭이다. 여기에서 일정한 영역 안에서의 경쟁 관계를 지닌 세 사람, 각자 자기 존재를 확실히 드러내면서도 서로 견제하며 업계를 이끌어 나가는 세 사람을 일컬어 트로이카라 부르게 되었다.

그런가 하면 서로 견제하도록 만들고자 한 기관에 우두머리를 세 명 두는 제도도 트로이카라고 말한다. 이를테면 고대 로마에서 세 사람이 협의하며 행한 전제 정치인 '삼두 정치'三頭政治가 그렇다.

의미

삼총사 매우 친하여 잘 어울리거나 뭉쳐 다니는 세 사람.

트로이카 일정한 영역 안에서 경쟁하는 세 명의 선두주자.

예문

o 학창시절 우리 셋은 곧잘 어울려 다니는 처지여서, 삼총사
  로 불렸다.

o 트로이카는 어느 집단에서 가장 돋보이는 세 사람을 이르
  는 말이다.

선생, 스승, 은사

중국에서 공자 시대만 해도 '선생'先生은 나보다 먼저 난 아버지나 형님을 뜻했다. 그러나 맹자 때에 이르러 '나보다 먼저 도를 깨친 사람'이라는 존칭이 되었다. 그래서 중국의 왕이 학식 갖춘 선비를 부를 때는 반드시 선생이라고 호칭했다. 이때의 선생은 '가르치는 사람'이 아니라 '도덕·학문이 원숙한 경지에 오른 세상의 사표가 되는 이'를 의미한다.

우리나라에서는 고려 문헌에 선생이라는 말이 나온다. 과거에 급제한 사람에 대한 존칭이었다. 송나라 사신의 고려 견문기인 『고려도경』高麗圖經에 '향선생'鄕先生이라는 말이 보이며, 급제했으나 아직 벼슬을 하지 않은 사람을 그렇게 일컬었다. 조선 중엽 때 기록인 『해동잡록』海東雜錄에 보면 당시 선비들이 술 마시며 글 짓는 문주회에서 벼슬이 높든 낮든 서로를 선생이라 부르는데, "비록 벼슬이 높은 귀인일지라도 과거에 급제하지 않으면 선생이라 부르지 않고 그저 대인이라 부르는 게 고려 때부터의 법도"라고 했다. 조선 시대 때의 선생은 중앙 및 지방 관청에서 물러난 전임 관리를 뜻하는 말이었다. 요컨대 퇴직한 관료를 예우 차원에서 선생이라 부른 것이다.

우리나라에서 글을 가르치는 사람을 선생이라 부르게 된 건 근세의 일이며, 그 이전에는 '스승'이라 했다. 조선 초기 문헌에 스승이 나오는데, 『동언교략』東言巧略은 사師의 중국 발음이 '스'라는 점으로 미루어 '사승'師承이 스승의 어원이라 했다. 불교가 왕성하던 고려 시대에는 중들을 존경해 불러서 '스승'師僧이라고 하였다. 뒤에 스승은 선생이라는 뜻을 나타내면서 고유어처럼 굳어졌다.

그런가 하면 스승의 유래를 무당을 가리킨 고유어 '스스히'로 보는 설도 있다. 『삼국사기』에 따르면 무당을 두렵게 여기거나 존경하여 '차차웅'次次雄 또는 '자충'慈充이라 했으며, 훗날 족장이나 왕과 같은 높은 사람들을 그렇게 불렀다고 한다. 한자어인 차차웅과 자충을 설총이 창안한 이두식으로 풀이하면 '스스히'가 되는데 이 말이 스승의 어원이라는 것이다.

'은사'恩師라는 말 역시 '처음 중이 된 뒤 보살펴 준 스님'이라는 뜻의 불교 용어에서 나왔으며 훗날 '가르침의 은혜를 준 스승'을 의미하게 됐다. 옛날의 스승은 제자에게 신과 같은 절대적 존재였다. 단지 나이나 지식이 많은 선배로서가 아니라 학문과 법도를 솔선수범하며 가르치는 삶의 안내자였다. 제자들은 스승의 그림자도 밟지 않을 정도로 존경심을 나타내면서 제자로서의 도리를 지켰다. 어떤 점에서 제자들은 스승을 맹목적으로 추종했다. 이런 정서는 스승의 남다른 처신과 관련 있으니 스승은 먹고 사는 현실적 문제를 제자들 앞에 드러내지 않았다. 재물이나 이익을 따지는 속물근성은 삶의 가르침에 어긋난 것이기 때문이다.

근대 들어 의무교육 제도가 실시되면서 학교 교사를 '선생'이라 호칭하게 됐으며, 나아가 어떤 일에 경험이 많거나 잘 아는 사람을 비유적으로 이르게 되었다. 이에 비해 '스승'은 여전히 공경심이 담긴 표현으로 삶을 올바로 이끌어 주는 사람에게 붙여진다. "경험만큼 확실한 스승은 없다"라는 격언은 스승의 의미를 제대로 보여 준다.

의미

선생 학생을 가르치는 사람. 어떤 일에 경험이 많거나 잘 아는 사람.

스승 자기를 가르쳐서 인도하는 사람.

예문

○ 1919년 3월 1일 손병희 선생 등 민족 대표 33인이 독립선언
서를 발표했다.

○ 스승이 진정으로 가르치는 것은 어쩌면 영어나 수학이 아
니라 바로 인생이다.

선입견, 색안경, 편견

"자네들의 눈과 귀를 그대로 믿지 말게. 눈에 얼핏 보이고 귀에 언뜻 들린다고 해서 모두 사물의 본 모습은 아니라네."

조선 시대 실학자 연암 박지원이 말한 명언으로, 선입견이나 고정관념에 대한 주의를 담고 있다. 어떤 일이나 대인 관계에서 선입견에 사로잡히면 판단을 그르치기 쉬운 까닭이다.

선입견先入見은 중국 고사에서 유래된 말이다. 무슨 뜻일까? 중국 한나라 11대 황제인 애제는 사람 쓰는 일에 서툴렀고 판단력도 좋지 않았다. 어느 날 장인과 같은 마을에 사는 식부궁이 애제에게 흉노가 곧 침략해 온다면서 국경지대에 군대를 모아야 한다고 상소했다. 애제는 그의 말을 그럴싸하게 여겨 승상인 왕가를 불러 대책을 세우고자 했다. 그러나 왕가는 식부궁의 주장이 허황되다며 조목조목 지적한 다음 이렇게 덧붙여 말했다. "진나라 목공은 현명한 신하인 백리해와 건숙의 말을 듣지 않은 채 간교한 말만

믿고 정나라를 치려다가 크게 낭패했습니다. 그러나 목공은 뒤에 뉘우치고 경험 많은 원로의 말을 존중했기에 훌륭한 군주가 될 수 있었습니다. 폐하께서는 부디 옛날 교훈을 명심하시고 거듭 생각하시기 바랍니다. 앞서 들으신 말에 구애되지 마십시오."

여기서 유래하여 "선입지어위주"先入之語爲主는 '선입주'로 줄여 쓰이다가 요즘은 '선입견' 또는 '선입관'先入觀으로 많이 쓰이게 되었다.

'선입견'은 직접 경험하기 전에 미리 마음속에 형성된 틀에 박힌 관념을 가리킨다. 선입견이 있다는 건 어떤 대상에 대하여 이미 마음속에 고정적인 관점을 가진 것이므로, 어떤 점에서는 색안경을 쓴 채 상대를 보는 것과 같다.

'색안경'은 색깔 있는 알을 끼운 안경을 이르는 일본어 '이로메가네'いろめがね를 훈독하여 옮긴 말이다. 색안경을 끼면 사물의 색이 제대로 구분되지 않으므로, 이 단어는 편견 및 고정관념을 뜻하는 비유적 표현으로 사용했다. 이에 연유하여 '색안경을 끼고 보다'라는 말이 나왔다. 좋지 않은 감정이나 편견 및 선입견을 가지고 상대를 대할 때 이 관용어를 쓴다.

'편견'偏見은 특정한 인물·사물·사건에 대해 가지는

한쪽으로 치우친 판단이나 의견을 뜻하는 말로, '일편지견' 一偏之見의 줄임말이다. 문자 그대로 한쪽으로 치우쳐서(偏) 보는(見) 마음가짐이 편견이다. 편견은 어떤 사물이나 인물 및 현상에 대하여 적합하지 않은 의견이나 견해를 만든다. 영국 작가 제인 오스틴이 쓴 소설 『오만과 편견』은 청년 신사의 오만과 시골 숙녀의 편견이 점차 해소되면서 두 사람이 결혼하게 된다는 내용으로 편견이 그릇된 판단에서 나옴을 잘 일깨워 준다.

의미

선입견 경험하기 전에 미리 짐작하여 판단하는 관념.

색안경 선입견이나 편견에 치우친 관점을 비유적으로 이르는 말.

편견 공정하지 못하고 한쪽으로 치우친 생각이나 견해.

예문

○ 사람들은 첫인상을 통해 저마다 선입견을 갖는 경향이 있다.

○ 세상은 색안경을 끼고 보면 아무리 좋은 것도 다 나빠 보인다.

○ 그는 귀족적 편견에서 벗어난 민중적 인간이었다.

세상을 떠나다, 돌아가시다, 숨지다, 북망산 가다, 골로 가다

우리나라 사람들은 '죽는다'라는 말을 은유적으로 표현하는 경향이 강하다. 그렇다면 본래 의미는 뭐고, 어감은 어떻게 다를까?

'세상을 떠나다'는 우리가 사는 이승을 떠나 다시 못 올 저승으로 갔다는 뜻이다. 여기서 '이승'은 '이쪽'을 뜻하는 우리말 '이'와 삶을 나타내는 '생'生이 '승'으로 변화하여 합쳐진 말이다. 현세, 즉 '이쪽 세상의 생애'를 의미한다. 마찬가지로 '저승'은 '저쪽'을 뜻하는 우리말 '저'와 삶을 나타내는 한자 '생'이 '승'으로 변화하여 합쳐진 말로, 사람이 죽은 뒤에 영혼이 가서 사는 '저쪽 세상의 생애'를 뜻한다. 저승이라는 말 속에는 죽어서도 삶이 있다고 믿는 한국인의 사후 세계관이 담겨 있으니, 한국인에게 있어서 죽음은 삶의 끝이 아니라 내세로의 연장이다.

'돌아가시다'는 원점으로 돌아갔다는 뜻이다. 그 원점은 하늘일 수도 있고 땅일 수도 있으며 다른 별일 수도 있지만 기본적으로 '윤회의 수레바퀴로 돌아감'을 의미한다. '돌아가시다'는 종교적 신성을 담은 말이기에 존칭어로 쓴다.

'숨지다' 혹은 '숨을 거두다'는 인체의 생리작용에서 나온 말이다. '숨지다'는 숨 쉬는 동작이 멈추었다는 말이고, '숨을 거두다'는 자연 섭리에 따라 가을걷이처럼 자연의 품 안으로 들어갔다는 의미를 담고 있다.

이에 비해 '북망산으로 가다'와 '골로 가다'라는 말은 지명에서 나왔다.

'북망산'北邙山은 사람이 죽어서 파묻히는 곳을 이르는 말이다. 북망산은 본시 중국 하남성 낙양 땅 북쪽에 있는 산 이름인데, 한나라 이후 역대 제왕과 명사 등 신분 높은 사람들 무덤이 이곳에 마련됐다. 그런 까닭에 '북망산으로 가다'라고 하면 '죽어서나마 좋은 곳으로 가다'라는 뜻으로 통했던 게 차츰 '사람이 죽다'라는 일반적 표현으로 쓰이게 되었다.

'골로 가다'는 죽는 것을 속되게 이르는 말이다. 이 말은 '고태골'에서 유래되었다. 조선 시대 때 한성부 동북쪽, 지금의 서대문구 신사동에 해당되는 지역에 세력골과 고태골이 있었는데, 이곳에는 묘소만 즐비했다. 즉 고태골은 공동묘지 지역이었다. 그래서 '고태골로 가다'라는 말은

'죽는다'라는 뜻으로 통했고, '고태골로 가다'라는 말이 점차 '골로 가다'라는 줄임말로 쓰이게 됐다. 일설에는 '관'을 뜻하는 옛말 골에서 유래하여 '관으로 들어가다'는 의미로 '골로 가다'라는 말이 생겼다고도 한다. 어느 쪽이든 '골로 가다'는 속된 표현이므로 쓰지 않는 게 좋다.

의미

돌아가시다 (종교적 관점에서) 사람의 생명 혹은 운명이 원점으로 돌아가다.

숨지다 (생리적 관점에서) 인체의 숨이 멈추거나 끊어지다.

예문

o '죽다'라는 말도 '돌아가시다' '세상을 떠나다' 등 상황에 맞게 써야 한다.

o 이본 드 카를로, 당대의 팜파탈 숨지다.

소매치기, 들치기, 날치기, 새치기

예부터 길거리에서 남의 물건을 날쌔게 채 가는 사람들이 있었다. 그런 사람을 일러 우리말로는 '외손질'이라 했다. 이는 왼손을 부정적으로 본 데서 나온 말로 '나쁜 손질'이라는 뜻이다. 『흥부전』에서 놀부 심보를 말할 때 '수박밭에 외손질'이라 표현하고 있는데 이는 수박을 따거나 상처 내는 못된 짓을 의미한다.

외손질에는 소매치기, 들치기, 날치기, 새치기 등등 여러 가지가 있다. 어떻게 다를까?

'소매치기'는 일제강점기에 일본의 전통적 소매치기 (일명 '스리')가 들어오면서 전국적으로 퍼진 도둑질이다. 이들이 혼잡한 곳에서 소매에 들어 있는 돈이나 귀중품을 훔쳤기에 '쓰리꾼' 혹은 '소매치기'라고 불렸으며, 나중에 주머니 속 지갑이나 가방 속 물건을 훔쳐도 소매치기라고 하였다. 우리나라의 경우 저잣거리나 시골장터에서 전대를 채 가는 '전대치기'가 있었으나 복식 변화와 더불어 소매치기로 말이 바뀌었다. 영어로는 소매치기를 'pickpocket'이라고 하는데 주머니에 손을 넣어 훔친 데서 비롯된 말이다.

'들치기'는 많은 사람이 오가는 대합실이나 찻간에서 남의 짐을 자기 것처럼 슬쩍 들고 가거나 자기 짐과 바꿔 훔치는 짓을 말한다. 들치기는 일본어 '오키비키'의 번역어이며 역시 일제강점기에 퍼진 말이다. 들치기는 남의 집이나 가게 안에 있는 물건을 주인의 눈을 속여 잽싸게 훔쳐 가는 좀도둑으로, 소매치기와 대상은 다르나 법률상 같은 절도이다.

'날치기'는 물건을 재빨리 채 가는 짓을 뜻하며 1960년대를 전후하여 생겼다. 가방이 보편화되면서 가방을 채 가는 도둑이 생겼고, 교통수단 변화에 따라 오토바이를 탄 채 날쌔게 채 가기도 했다. 날치기는 상대의 방심을 틈타 행하는 특성이 있기에, 국회에서 반대 의견을 무시하고 재빨리 법안을 처리할 때도 '날치기 통과'라는 말을 쓴다.

이에 비해 '새치기'는 틈이나 사이를 헤집고 들어오는 얄미운 짓을 뜻한다. 20세기 중엽 이후 생긴 말로, 경제성장과 더불어 빨리빨리 문화가 급속히 퍼지면서 빈틈에 끼어드는 새치기가 많아졌다.

의미

소매치기 남의 주머니나 가방 속 귀중품을 교묘한 손놀림으로 훔치는 짓.

들치기 날쌔게 물건을 훔쳐서 들어내 가는 좀도둑.

날치기 남의 물건을 재빨리 채뜨려 가는 짓.

새치기 순서를 어기고 남의 자리에 끼어드는 짓.

예문

○ 가방은 되도록 앞이나 옆에 매는 게, 소매치기 피해를 줄이는 방법이다.

○ 들치기는 사람 많은 곳에서 싸움으로 시선을 집중시킨 뒤 남의 짐을 몰래 들고 간다.

○ 국회 본회의 날치기 강행 처리에 대해 무효임을 선언하고 규탄 집회를 가졌다.

○ 외국인이 중국에 와서 놀라는 것 중 하나는 중국인의 무질서와 새치기 문화다.

속담, 격언, 금언, 금과옥조

"내 일 바빠 한댁 방아"란 우리나라 문헌에 등장하는 가장 오래된 속담인데, 여기서 '한댁'은 '살림살이 규모가 큰 집' '종가'宗家를 말한다. 문장 전체를 직역하면 '큰댁의 방아를 빌려서 쌀을 찧어야 할 형편이므로 일단 큰댁의 방아 찧는 일부터 먼저 거들어 준다'라는 뜻이다. 의역하면 '내 일을 빨리하기 위하여 부득이 다른 사람의 일부터 먼저 한다'로 정리할 수 있다. 일연은 『삼국유사』에서 위 속담을 주석으로 달면서 '리언'俚言이라 표기했다. '이언'은 항간에 떠돌며 쓰이는 속된(俚) 말(言)을 뜻한다.

우리나라에서 '속담'이라는 말 자체는 조선 중기인 1621년 유몽인이 지은 『어우야담』於于野談에 처음 보인다. 풍자적인 설화와 야담을 수록한 이 책에서 속담은 민간에 전해 오는 긴 이야기나 간단한 표현을 의미했다. 1748년에 간행한 만주어 학습서 『동문유해』同文類解에서도 비슷한 의미였다.

속담이라는 용어 자체는 17세기 문헌에 처음 등장했

지만, 실생활에서의 속담은 명확한 기원을 알 수 없을 정도로 역사가 오래되었다. 살아가면서 보고 들은 경험담이나 어떤 일에 대한 깨우침을 누군가 말했을 때 다른 사람들의 공감을 얻으면서 점차 널리 퍼져 나간 것이 속담이기 때문이다. 속담의 문장 길이는 길기도 하고 짧기도 하다.

속담은 오랜 세월 인류가 경험으로 터득한 생활의 지혜를 담았으므로 '격언'格言이라고도 한다. 격언은 '바로 잡을 말', 좀 더 구체적으로 말하자면 행동이나 생활을 이끌어 줄 만한 내용이 담긴 짧은 어구를 일컫는다. '메멘토 모리'Memento mori는 고대 로마의 대표적인 격언이다. 당시 전투에서 승리한 로마 병사들이 금의환향하며 로마로 돌아갈 때 큰 목소리로 외친 말이다. '죽음을 기억하라'라는 뜻이며, 사람은 누구든 언젠가 죽을지니 오늘의 승리에 취하지 말라는 의미였다.

격언은 '금언'金言이라고도 하는데 이는 로마 시대에 유행한 격언을 일컫는 말인 '골든 세잉'golden saying을 직역한 말이다. '황금처럼 귀한 말'이라는 뜻으로, 삶에 본보기가 될 만한 귀한 내용을 담았음을 강조하고 있다. 고려 시대, 중국 고전에서 선현들의 금언과 명구를 추려서 편집한 『명심보감』은 어린이들의 인격 수양을 위해 만든 책이다.

어느 시대의 진리가 격언이 되기도 하고, 어느 유명인이 남긴 말이 금언으로 전해지기도 한다. 이를테면 로마의 법률 용어 '아우디아투르 에 알테라 라르스'는 '한쪽 말만으로 사태를 판단해서는 안 된다'라는 격언으로 객관적 자세의 중요성을 일러 준다.

'속담'이 예부터 전해 오는 출처 불명의 갖가지 지혜로운 공감의 말이라면, '격언'은 비교적 짧은 교훈을 의미한다. 출처가 분명하다면 속담이 아니라 격언이나 금언에 해당한다. '금언'은 귀한 말임을 강조한 격언이다. 또한 '속담'이 날씨를 비롯해 대인 관계에 이르기까지 넓은 방면을 포함한 격언이라면, '격언' 및 '금언'은 주로 처세술에 관련한 간결한 지혜라고 할 수 있다.

'금과옥조'金科玉條라는 말도 있는데, 황금과 옥처럼 귀한 법률이나 글을 이르는 말이다. 보석처럼 귀중한 법칙이나 규정, 즉 항상 아끼고 받들어야 할 규범을 금과옥조라고 말한다. 고려 명장 최영은 "황금 보기를 돌같이 하라"라는 부친의 유언을 금과옥조로 삼아 처신했다.

의미

속담 예부터 민간에 전해 오는 알기 쉬운 격언.

격언 사리에 맞아 교훈이 될 만한 짧은 말.

금언 삶에 본보기가 될 만한 귀중한 내용을 담은 격언이나 명언.

금과옥조 금이나 옥처럼 귀중히 여겨 아끼고 받들어야 할 규범.

예문

○ 그의 오늘 행동을 보니 "제 버릇 개 못 준다"라는 속담이 하나도 틀리지 않다.

○ "소문만 복래"라는 격언은 "웃으면 복이 온다"라는 과학적 연구와 통한다.

○ 그는 성현들의 명훈과 금언을 가슴 깊이 새기며 살아간다.

○ 그는 최선을 다하라는 아버님의 말을 금과옥조로 삼고 있다.

시나브로, 저절로

"성 또는 폭력과 관련한 지상파 TV 방송 수위가 시나브로 높아지고 있다."

어느 방송 비평문의 일부인데, 여기서 '시나브로'는 무슨 뜻일까? 시나브로는 '알지 못하는 사이에 조금씩 조금씩'을 의미하는 말이다. 알지 못하는 게 다른 일을 하기 때문일 수도 있고, 보고는 있으나 의식하지 못하기 때문일 수도 있지만, 기본적으로 그 변화는 늘어나든 줄어들든 알아채기 힘들 만큼 조금씩 진행된다.

시나브로의 어원에 대해서는 두 가지 설이 있다. 하나는 '시時나 부不로'에서 나왔다는 설로, '시나'는 '알맞은 시기'를, '부로'는 '때가 지난 뒤에'를 뜻한다는 것이다. 요컨대 '시나부로'는 '제때이거나 아니거나에 상관없이'라는 뜻의 말로 후에 표기가 시나브로로 바뀌었다는 풀이다. 다른 설은 불교에서 시주로 쌀·금품 따위를 바치는 행위인 '시납'施納에서 나왔다는 것이다. 개개인이 사찰에 시주하는 양은 얼마 되지 않지만 그게 모이면 어느 사이 많은 양이 되므로 이에 연유하여 '시납으로'가 시나브로로 됐다는 설명이다.

오늘날 시나브로는 "쌓였던 눈이 시나브로 녹아 사라졌다" "흥청망청하는 사이에 물려받은 재산이 시나브로 없어졌다"처럼 쓰인다.

시나브로와 비슷한 말로는 '저절로'를 들 수 있다. 저절로는 '다른 힘이나 작용을 받지 않고 자연적으로'라는 뜻의 말이다. 어원은 알려진 바가 없으며 '작위적인 노력 없이 자연히'라는 의미로 종종 쓰인다. "그의 얼굴을 보면 저절로 웃음이 나온다" "사탕을 입에 넣으면 저절로 녹는다"처럼 주로 현상 변화를 설명할 때 사용한다. 같은 맥락에서 "맑고 깨끗한 피부는 저절로 얻을 수 없다" "책을 많이 읽는다고 해서 사고력이 저절로 길러지는 것은 아니다"라는 예문처럼 인위적 노력이 필요한 걸 강조할 때 쓰기도 한다.

또한 저절로는 연상 작용과 관계가 있다. 아름다운 풍경을 보면 저절로 감탄하게 되고, 흥겨운 음악을 들으면 어깨가 저절로 들썩거리고, 종이 사전에서 한 단어를 찾으면 옆에 있는 다른 단어까지 저절로 읽게 되는 등 자연스럽게 행위나 동작이 이어진다.

의미

시나브로 모르는 사이에 조금씩 조금씩.

저절로 인공의 힘을 더하지 아니하고 자연적으로.

예문

o   가을이 되자 길가에 시나브로 낙엽이 쌓였다.

o   먹음직스러운 음식을 보면 단침이 저절로 나온다.

시장, 저잣거리

'시장'市場이란 상품이 거래되는 특정 장소를 가리키는 말이다. 시장이라는 말 자체는 10세기경 중국에서 쓰이기 시작했고, 그 이전에는 '시'라고만 했다. 市(저자 시) 자는 물물교환 시기 다음의 매매賣買 시대에 그 장소를 표시하기 위해 세운 깃대와 깃발의 상형글자이다.

우리나라의 경우 市(시)와 場(마당 장)은 '사람이 모이는 곳'이라는 같은 뜻의 말이지만 문헌상으로 보면 '장'을 더 자주 썼다. 정약용의 『아언각비』에 따르면 '장'은 '야시'野市, 즉 '들판에 벌려 놓은 매장'이라는 뜻이다.

시장은 고대부터 있었다. 옛날엔 상점이 드물었기에 며칠 걸러 시장이 섰으며 특정한 물품만 팔았다. 고대 사람들은 물물교환으로 필요로 하는 물품들을 서로 바꾸어 썼다. 그들은 자신들이 만든 곡식이나 물건들을 직접 가져와 서로 교환했다. 고대의 중국 시장은 아침에는 상인 사이의 매매가 위주였고, 저녁에는 일반인 대상으로 소매 판매를 했다.

우리나라에서 시장은 오랜 역사를 가지고 있다. 단군 신화에서 환웅이 하강하여 '신시'라는 도시를 베푼 것으로 미루어, 일찍부터 시장이 발생했음을 알 수 있다. 신라 소지왕은 시장 제도를 도입할 때 모두 여자들이 판매를 담당하도록 했다. 고려 시대에는 일정한 날에만 장이 서서 각 지역 생산물을 교환하였던 '향시'가 지방 곳곳에 생겼다. 향시는 '1월 6장'이라 하여 한 달에 여섯 번, 닷새마다 섰다. 이 닷새를 한 '파수'라 했다. 이후 지방의 향토 시장은 5일장으로 굳어졌고, 5일장은 조선 중기 15세기 중엽 이후 크게 번성했다. 5일장은 음양오행 사상에 바탕을 두었으며 대체로 하루에 걸어서 왕복할 수 있는 30리 내지 50리 간격으로 섰다.

시장은 경제 행위를 하러 온 사람들로 들어차므로 일하는 공간으로 볼 수도 있지만, 한편으로 장을 보러 온 농민에게는 일상의 생산 활동에서 잠시 해방되는 공간이기도 했다. 이러한 분위기는 시장에서 이루어지는 각종 민속놀이에 힘 입어 고조되었다. 장터를 중심으로 여러 가지 놀이가 발달하기도 했다.

현대의 시장은 놀이나 정보 교류보다는 물건을 사고파는 공간이라는 성격이 강한데, 이는 자본주의가 한층 강하게 반영된 결과라 할 수 있다. 오늘날 시장은 '상품을 판매할 수 있는 공간'을 의미하며, 더불어 '물품의 적정한 가격을 파악할 수 있는 곳'도 뜻한다. "온라인 게임 시장 치열한 경쟁 돌입" "어제 구입한 주식가가 시장보다 더 많이 하락" 따위처럼 쓴다.

시장의 우리말은 '저자'이다. 조선 후기 학자 이규경은 『오주연문장전산고』에서 '장'(場)이라는 말의 유래를 다음과 같이 밝혔다. "고려 때 불교가 성행해 중과 일반 백성이 모여 어울리는 도장을 많이 세웠는데, 저자 모습이 이같이 사람이 많이 모이는 도장과 유사하므로 '장'이라고 부른 것이 아닌가 한다."

이로 미루어 시장이라는 말이 등장하기 전에 저자라는 말이 널리 쓰였음을 알 수 있다. '저잣거리'는 '저자'와 '거리'를 합친 말이며 저자가 길가에 있기에 '거리'라고 하는 것이다. 저자는 15세기에 '져재'로 표기되었고, 16세기에 '져제'를 거쳐 오늘에 이른다.

저잣거리는 사람들이 많이 붐비고 활기 넘치는 거리를 나타낸 말로, 요즘에 비유하자면 '번화가'에 해당된다. 그러하기에 사람들의 관심을 끌어 돈을 벌기 위한 흥겨운 놀이가 펼쳐지기 일쑤였다. 예전에 소설가 황석영은 "모두

들 '개똥폼' 잡지 말고 현실의 저잣거리로 내려오라"라고 말한 바 있는데 여기서 저잣거리는 '현실적인 삶'을 상징한다고 볼 수 있다.

현재 시장은 '매매·교환·거래를 위한 장소'라는 의미가 강하고, 저잣거리는 '대중적인 번화가'라는 의미가 강하다.

의미

시장 교환·거래가 이루어지는 구체적인 장소.

저잣거리 가게가 죽 늘어서 있는 거리.

예문

○ 휴대폰 내수 시장은 하반기 이후 줄곧 하락세를 보였다.

○ 보부상은 길거리와 저잣거리를 무대로 하여 장사하는 전문 상인이었다.

시치미, 오리발, 발뺌

"시치미 떼지 마."

"오리발 내밀지 마."

"발뺌하지 마."

분명히 그가 한 일을 알고 있는 사람이 상대방에게 항의하기 위해 하는 말들이다. 각 낱말의 본래 의미는 뭐고 어감은 어떻게 다를까?

옛날 사냥꾼들은 매를 이용해 꿩을 즐겨 잡았다. 이런 일을 '매사냥'이라고 한다. '꿩 잡는 게 매'라는 말이 있듯, 매는 꿩 사냥에 있어 뛰어난 능력을 지니고 있기 때문이다. 그런데 사나운 매를 길들이기란 쉽지 않다. 하여 사냥용 매의 주인은 애써 길들인 매를 잃어버릴 경우를 대비해 매의 꽁지에 네모진 소뿔이나 뼈에 주인 이름을 적은 패를 달았다. '길들인 매의 꽁지에 매단 인식표'를 '시치미'라고 불렀다. 그런 매를 훔친 다음 시치미를 뚝 떼어 내고 모르는 체하는 도둑도 있었다. 이에 연유하여 '시치미 떼다'라는 말은 '자기가 하고도 하지 않은 체하거나 알고도 모르는 척하다'라는 뜻으로 쓰이게 됐다.

'시치미 떼다'가 정황이나 증거가 없을 때 사용하는 속임 말이라면, '오리발 내밀다'는 정황상으로는 틀림없으나 상대가 뻔뻔하게 부정할 때 쓰는 말이다. '오리발 내밀다'는 속담 "닭 잡아먹고 오리발 내어놓다"가 줄어든 말이다. 분명히 닭 잡아먹은 걸 알고 있으나 상대는 오리를 잡아먹었다고 딴전 부린 일화에서 나온 속담으로, 앞부분을 떼어내고 '오리발 내밀다, 오리발 내밀기'로 쓴다. '오리발 내밀다'는 자기 잘못을 인정하지 않고 계속 다른 소리를 한다는 뜻이며, 거듭 부인하는 상황에서 주로 사용한다. 더욱 줄여서 "계속 오리발이네"의 경우처럼 '오리발'이라고도 하는데, 이때는 '딴전 부림'을 의미한다.

그런가 하면 '발뺌하다'는 인체의 '발'에서 나온 말이다. 인간관계를 표현할 때 대인 관계가 넓으면 '발이 넓다'라고 하듯 발은 스스로 참여하는 행위를 상징한다. 다시 말해 어떤 일에 참여하거나 누군가에게 의지하면 '발붙이는' 것이고, 어떤 일에 한몫 끼었다가 관계가 끊어지면 '발이 빠지는' 것이다. 이런 관념에서 '자기가 관계된 일에 책임을 지지 않고 빠짐'을 '발뺌'이라 말하게 됐으며, 책임을 면하려고 슬슬 피하는 걸 '발뺌하다'라고 말한다. '발뺌하다'

는 '시치미 떼다'와 '오리발 내밀다'에 비해 잘못이 명백하여 책임이 드러날 확률이 높은 상황에서 주로 쓴다.

의미

시치미 떼다 자기가 하고도 아니한 체, 알고도 모르는 체하다.

오리발 내밀다 (옳지 못한 일을 저질러 놓고) 엉뚱하게 속여 넘기려 하다.

발뺌하다 책임을 면하려고 슬슬 피하다.

예문

o 그는 아예 모르는 척하고 시치미를 떼고 있었다.

o 그 회사는 남의 땅에 물건을 무단으로 적재하고도 오리발을 내밀었다.

o 그는 어색한 말투로 발뺌을 계속했다.

쓸쓸하다, 외롭다, 고독하다

가을이 되면 우울함을 느끼는 사람이 적지 않다. 여기에 비라도 내리면 쓸쓸함이 더 강하게 느껴져서 심한 외로움에 젖게 된다. '쓸쓸함'이란 무엇일까?

외롭고 허전한 걸 이르는 '쓸쓸하다'라는 말의 어원은 '슬슬'이다. 우리말 슬슬은 바람이 세차지 않고 가볍게 부는 모양을 나타내는 말이다. 바람이 앙상한 나뭇가지를 스치는 소리를 슬슬이라고 했는데, 메마른 것이 서로 마찰하며 나는 소리에 가깝다. 여기서 비롯된 우리말 '쓸쓸하다'는 '날씨가 으스스하게 차고 썰렁하다' '마음이 외롭고 허전하다'라는 의미로 사용한다.

또한 같은 어원을 가진 '쌀쌀하다'는 '춥게 느껴질 정도로 차다' '사람 품성이 정답지 않고 차다'라는 뜻으로 쓴다. 모두 슬슬에서 나온 것으로, '쌀쌀하다'는 작은 말이고 '쓸쓸하다'는 큰말이다.

일설에는 '쓸쓸하다'의 어원을 '슬슬瑟瑟하다'로 보기도 한다, 瑟(엄숙할 슬) 자가 두 개이니 '엄숙할 정도로 마음이 외롭고 허전하다'라는 뜻이다.

'쓸쓸하다'와 비슷한 말로 '외롭다'가 있는데, 홀로 되거나 의지할 데 없어 쓸쓸한 상태를 말한다. '외롭다'의 어근은 '외'이며, '외'는 왼쪽을 의미한다. 우리 사회에서 전통적으로 왼쪽은 오른쪽에 비해 천대받는 방향이어서 '왼'이나 '외'는 좋지 않은 뜻으로 많이 쓰였다. 『용비어천가』에서 '외오'라는 말은 '잘못되게, 그릇되게'라는 의미로 쓰였고, 일상어에서도 '왼일'은 '잘못된 일'이었다. 심지어 왼손잡이는 구박받으며 오른손 사용을 강요당할 정도였다. 이런 정서에서 많은 사람들과 달리 홀로 선택한 길은 '외로운' 일이었고, 자연스레 '외'는 하나 또는 혼자 있는 상황을 가리키면서 '외아들, 외동딸, 외기러기'처럼 쓰였다. '외로움, 외롭다, 외로운'은 모두 '외'에서 나온 말이다.

또 다른 유의어 '고독'孤獨은 본래 무슨 뜻일까?

고독은 원래 '부모를 여의고, 짝을 잃은 사람'을 의미한다. 孤(외로울 고)는 '부모를 잃어 외로운 상태가 된 사람'을 뜻하고, 獨(홀로 독)은 '배우자를 잃은 사람'을 뜻하기 때문이다. 『삼국지』에 '아버지를 잃은 딸'이라는 의미로 '고녀'孤女라는 말이 처음 보이며, 『사기』 추양전에 '고독'이라는 말이 처음 보인다. 요컨대 고독은 소중한 인연을 지닌 어머니·아버지·자식이 모두 세상을 떠나고, 결혼하여 같이 산 배우자마저 곁을 떠나간 절망적인 상태를 의미한다. 소중한 인연의 사랑하는 사람을 잃은 절망적인 상태가 곧 고독이다. 따라서 '고독하다'는 근원적으로 혈연적 단절 상태를 의미하며 나아가 그 의미가 확장되어 인간관계의 단절을 상징한다. 무리에 속해 있으나 혼자 있는 것 같은 느낌을 '군중 속의 고독'이라 표현한 이유가 여기에 있다.

'고독하다'와 '외롭다'는 모두 혼자라서 외로운 상태를 의미하지만, '고독하다'는 주위에 마음을 함께할 사람이 없어 혼자 동떨어져 있음을 느끼는 상태, '외롭다'는 혼자라고 느껴 주위에 의지할 만한 상대가 있었으면 하고 바라는 상태라는 미묘한 차이가 있다.

의미

쓸쓸하다 외롭고 허전하다.

고독하다 홀로 있어 외롭고 쓸쓸하다.

외롭다 의지할 대상이 없어 쓸쓸하다.

예문

o   텅 빈 들판에 서 있는 그의 모습이 쓸쓸해 보였다.

- 카프카 소설 『변신』 주인공 이름 '잠자'는 체코어로 고독이라는 뜻이다.
- 그는 늘그막에 자식도 없이 외롭게 살고 있다.

아름답다, 예쁘다, 아리땁다

"부인, 정말 아름답군요."

"오늘따라 유난히 예쁘네."

어떤 사람의 외모가 보기 좋을 때 흔히 '아름답다'나 '예쁘다'라는 표현을 쓴다. 둘의 의미에는 미묘한 차이가 있다.

15세기 『석보상절』에 '아름답다'는 '아롬답다'로 표기됐는데, '아롬'의 뜻은 '나'(我)이다. 그러므로 '아름답다'는 '나답다'라는 본뜻을 지니고 있다. 내 가치관에 부합된다는 건 내 마음에 든다는 걸 의미하므로 여기서 '마음에 들다'는 '보기 좋다'라는 뜻으로 나아갔다. 한국인에게 있어 아름다움은 내 마음을 사로잡는 것이고, 그 대상은 대체로 예쁘고 고운 것이었다.

그런가 하면 아름다움을 의미하는 한자 '미'美는 羊(양 양) 자 밑에 大(큰 대) 자가 합성된 글자이다. 고대 중국인들은 양고기를 맛있는 고기로 여겼기에, 큰 양을 가장 좋은 것으로 생각한 데서 '아름답다'라는 개념이 생겼다고 한다.

중국인에게 있어 아름다움은 맛있는 고기였던 셈이다.

영어 '뷰티'beauty는 통속 라틴어 'bellitas'(벨리타스)에서 유래했다. 그 어원은 '좋은 것, 이익이 되는 것'을 뜻한다. 유용한 것을 아름답게 보인다고 생각한 까닭이다. 서양인들의 실리주의적 사고를 엿볼 수 있는 사례라 하겠다.

이처럼 '아름답다'는 다양한 뜻을 내포하고 있으나 우리말에서는 기본적으로 '내가 보기에 좋은 것'을 의미한다. 내게 아무 이익이 없는 대상일지라도 그 존재가 가치있게 느껴지면 아름다운 것이다. 따라서 일할 때 흘리는 땀방울에서도 아름다움을 느끼고, 숲속 작은 생명체를 보면서 신선한 아름다움을 느끼며, 순수해 보이는 타인의 사랑에도 아름다움을 느낀다.

오늘날 '아름답다'는 '보이는 대상이나 들리는 소리 따위가 조화를 이루어 눈과 귀에 즐거움과 만족을 줄 만하다'라는 뜻과 함께 '하는 일이나 마음씨 따위가 훌륭하고 갸륵하다'라는 뜻으로 쓰인다.

이에 비해 '예쁘다'는 '생긴 모양이나 하는 짓이 아름다워서 보기에 귀엽다'라는 뜻이다. 15세기의 '어엿브다'가 어원이다. 당시에는 '딱하다, 불쌍하다, 가엾다'라는 의미로 쓰였다. 17세기 이후 '아름답다'나 '귀엽다'라는 의미를 띠기 시작했는데, 주로 아이가 말을 잘 듣거나 행동이 발라서 흐뭇해할 때의 심정을 가리켰다. 이런 의미는 지금도 계속되어 어른이 보기에 아이가 기특한 행동을 하면 '예쁘다'라는 표현을 쓴다. 또한 딱한 처지의 사람을 보면 동정심이 생기기 마련인 바 그런 정서에서 애정 어린 뜻이 더해졌다.

'어엿브다'는 '어여쁘다'와 '예쁘다'로 분화됐으며, '어여쁘다'는 다소 예스런 표현이고, '예쁘다'는 사랑스럽고 귀여운 상태를 일컬을 때 자주 사용한다. 대체로 외모에 대한 느낌을 가리키지만 "밝게 인사하는 후배가 가장 예쁘다는 게 선배들의 중론"이라는 말처럼 하는 짓이 사랑스러워 보일 때도 쓴다.

'아름답다'의 유사어로 '아리땁다'도 있다. '아리땁다'의 어원은 '아릿답다'이며, 1475년 성종의 어머니 소혜왕후가 부녀자에 대한 교육을 위하여 편찬한 『내훈』內訓에 보인다. 이 책은 바느질 솜씨만 따지고 덕행을 알지 못하는 부녀자에게 성인의 가르침을 가르치려는 의도를 담았다. 그런 맥락에서 '아리땁다'는 예쁜 외모가 아닌 마음씨나 태도 따위가 곱고 아름다울 때 쓴다.

"여인은 전설에 나오는 선녀처럼 아리따워 보였다"라는 예문에서 '아리따워'라는 표현은 단지 외모가 예쁘다는 의미가 아니라 하는 몸짓이 우아하고 아름답다는 뜻이다. '아리땁다'라는 말은 여성의 보기 좋은 자태를 나타낼 때 많이 사용한다.

의미

아름답다 대상이 참으로 보기 좋다. 하는 일이나 마음씨가 훌륭하고 갸륵하다.

예쁘다 생긴 모양이나 하는 짓이 좋게 보여서 귀엽고 사랑스럽다.

아리땁다 마음씨나 태도 따위가 곱고 퍽 아름답다.

예문

○ 그가 일하면서 흘리는 땀방울이 아름답다.

○ 방글방글 웃는 아기 얼굴이 참 예뻤다.

○ 젊은 궁녀는 아리따운 매력을 은은히 풍겼다.

아양, 응석, 애교, 앙탈

"아양 떨지 마! 아무리 그래도 그건 사 줄 수 없어."

아이들이 귀염을 받으려고 일부러 애교 있는 말이나 행동하는 것을 가리켜 흔히 '아양을 떨다'라고 표현한다. 다시 말해 '아양 떨다'는 다른 사람에게 귀염받으려고 알랑거리는 말이나 몸짓을 가리키는 말이다.

'아양'은 원래 '아얌'이 변한 말이다. 아얌은 옛날에 부녀자들이 겨울철 나들이할 때 추위를 막으려고 머리에 쓰던 쓰개를 말한다. 얼굴 양쪽 귀를 가리는 부분에는 털이 붙었고 위는 트였으며, 뒤에는 아얌드림이라고 하는 넓고 긴 비단을 늘였다. 일종의 귀마개라고 할 수 있다. 화려하게 생긴 아얌을 쓰면 자연히 주위 사람들의 시선을 끌게 되므로, 남에게 잘 보이려고 간사스럽게 구는 모양을 빗대는 말로 쓰이게 되었다. '아얌을 떨다'가 '아양 떨다'로 발음이 바뀐 것인데, 또한 아얌이 여성용품이기에 '아양 떨다'라는 표현은 주로 여성에게 사용하게 됐다.

이에 비해 '응석을 부리다'라는 관용어는 아이가 어른

에게 어리광을 부리거나, 귀여워해 주는 걸 믿고 버릇없이 구는 일을 의미한다. 응석의 어원은 불확실하나 '응석'應惜에서 나온 말이라는 설이 있다. 아껴주는(惜) 반응(應)을 얻기 위해서 부리는 투정이 응석이라는 풀이다. '응석을 부리다'라는 말이 주로 남자아이에게 쓰였던 시대적 배경도 응석의 어원을 뒷받침해 준다. 남존여비 사상이 심했던 옛날에 여자아이가 애교를 부리는 건 상상할 수 없는 일이었지만, 남자아이의 경우에는 달랐다. '귀한 아들'은 할아버지에게 응석을 부리는 일이 종종 있었다.

응석은 행위를 가리키는 표현이며, '다른 사람의 사랑에 의존하며 그 사람이 나를 사랑하리라는 생각'을 바탕에 두고 있다. 따라서 '응석 부림'은 상대의 감정을 고려하지 않은 일방적 행위인 경우가 많기에 객관적으로는 버릇없게 보인다. "응석으로 자란 자식"이라는 속담은 그런 정서에서 나왔고, '버릇없이 제 욕심만 내세우고 아무 데도 쓸모없는 사람'을 비유적으로 이른다.

오늘날 '응석을 부리다'라는 말은 '응석하다, 응석 부리다, 응석을 받다'처럼 동사형으로 많이 쓴다.

'애교'愛嬌라는 단어도 있다. 愛(사랑 애), 嬌(아리따울 교) 자로 이뤄진 애교는 직역하면 '하는 짓이 사랑스럽고 아리따워 보임'이라는 뜻이다. 본래 애교는 '애경상'愛敬相이라는 불교 용어에서 유래되었다. 애경상은 부드럽고 따뜻한 마음과 자비로움을 나타낸 부처 및 보살의 상을 이르는 말이다. 그와 같은 표정은 사람들을 매료시키므로, 의미가 확장되어 여성의 부드러운 태도나 사랑스러운 행위를 애교라고 말하게 됐다.

'애교'가 남에게 호감을 주는 상냥스러운 말씨나 행동을 가리키는 말이라면, '앙탈'은 남의 말을 들으려 하지 않고 생떼를 쓰는 걸 이르는 말이다. 앙탈의 어원에 대해서는 두 가지 설이 있다. 하나는 어린아이가 크게 우는 소리를 뜻하는 의성어 '앙앙'에서 갈라져 나왔다는 설로, 탈이 날 정도로 앙앙거리며 고집부리는 걸 의미한다는 것이다. 다른 하나는 한자어 '앙탈'怏頃이라는 설이다. 怏(원망할 앙), 頃(탈날 탈)라는 문자 그대로 원하는 걸 얻어 내지 못할 경우 상대를 탓하며 차라리 자기가 탈이 나서 죽기를 바라는 행태를 나타낸 것이라고 한다.

어느 설이 옳든 간에 오늘날 앙탈은 '생떼를 쓰고 고집을 부리거나 불평을 늘어놓는 짓'이라는 뜻으로 쓰인다. 대체로 여성이 남성에게, 아이가 어른에게 보챌 때 '앙탈하다, 앙탈 부리다'라는 형태로 쓴다.

의미

아양 떨다 남에게 귀염을 받으려고 애교 있게 말하거나 행동
하다.

응석 부리다 어른에게 어리광을 부리거나 귀여워해 주는 걸
믿고 버릇없이 굴다.

애교 남에게 귀엽게 보이려는 태도.

앙탈 말을 듣지 않고 생떼를 쓰며 고집을 부림.

예문

○ 아이는 용돈을 받으려고 아빠에게 갖은 아양을 떨었다.

○ 막내라고 자꾸 감싸면 응석 부리는 일이 심해진다.

○ 딸의 애교에 아버지는 웃으며 용돈을 주었다.

○ 어머니는 싫다고 앙탈하는 철부지 딸을 바라보았다.

아우성, 난장판, 아수라장, 아비규환

"불이 나자 사람들이 사방에서 아우성을 질렀다."

이때의 '아우성'은 여럿이 악을 쓰며 부르짖는 소리나 그 상태를 나타낸 말이다. 놀라거나 위급할 때 사람들이 흔히 내지르는 소리 '아우'에 한자어 聲(소리 성)을 합친 말이다. 그러하기에 아우성은 혼란스러운 상황에서 내지르는 고통스러운 소리라는 뜻으로 쓴다.

'아우성'이 청각적 단어라면, '난장판'은 시각적 단어라고 말할 수 있다. 질서 없이 뒤죽박죽되어 폭력이 난무하는 현장을 연상시키기 때문이다. 난장판의 유래에 대해서는 세 가지 설이 있다.

첫째, 옛날 과거 치르는 마당이 수많은 선비들로 뒤죽박죽된 현장을 '난장'이라 했는데 이에서 유래했다는 설이다. 과거를 볼 때면 오로지 급제를 위해 수년 동안 공부를 한 사람들이 전국 각지에서 시험장으로 몰려들었고, 이렇듯 선비들이 들끓고 떠들어 대던 과거 마당이 너무나 혼잡했기에 여기에 빗대어 뒤죽박죽 정신없이 된 상태를 난장판이라 하게 됐다는 해석이다.

둘째, 지방에 따라 일정한 장날 이외에 특별히 열렸던 '난장'亂場에서 유래했다는 설이다. 정해진 장날에 열리는 게 아니고 물자가 다량으로 생산되는 지역이나 인근 지방의 생산물이 많이 집산되는 지역에서 한 철 특별히 터놓은 장을 난장이라 했다. 난장은 그 지방 최대 행사로 온갖 물자가 동원되었고 많은 돈이 유통됐으므로 자연히 사기·도박·폭행 등 악의 온상으로도 한몫했다. 그리고 사기꾼·도박꾼·건달패들이 몰려들어 제각기 솜씨를 뽐내는 '판'을 벌이면서 본래 바람직한 상행위 현장이었던 난장이 갖가지 비행과 악행을 상징하는 '난장판'으로 탈바꿈했다는 것이다.

셋째, 무허가 상품을 판매하는 행위나 등록되지 않은 자의 상행위를 뜻하는 '난전'亂廛에서 유래했다는 설이다. 난전은 허가받지 않은 자가 마음대로 상행위를 해 상업 질서를 어지럽힌다는 의미에서 붙은 이름이다. 다시 말해 난장판은 '난장'과 '난전'의 의미가 혼용된 결과라는 것이다.

어느 설이 옳든, 오늘날 난장판은 여러 사람이 함부로 떠들거나 덤벼 뒤죽박죽된 판을 의미하고 있다.

"총소리와 함께 영화관은 아수라장이 되었다."

난장판과 비슷한 유사어로 '아수라장'阿修羅場이 있으나 의미는 조금 다르다.

불교에서 '아수라'는 화를 잘 내고 성질이 포악해서 좋은 일이 있으면 훼방 놓기를 좋아하는 동물이다. 아수라는 욕심 많고 화 잘 내는 사람이 죽어서 환생한 축생이라고 한다. 따라서 아수라들이 모여서 놀고 있는 모습은 시끄럽고 엉망일 수밖에 없다. 또 고대 인도 신화에 등장하는 아수라 왕은 호전적인 성품 때문에 툭하면 싸움을 벌였다. 그래서 아수라 왕이 있는 곳에는 언제나 싸움이 끊이질 않았으며 시끄럽기 짝이 없었다. 아수라장은 여기서 유래한 말로, 싸움(재난)으로 인해 큰 혼란에 빠진 곳이나 그런 상태를 뜻한다.

요컨대 '난장판'은 사람들의 혼란스러움에, '아수라장'은 엉망이 된 상태에 비중을 두고 있다.

그런가 하면 '아비규환'阿鼻叫喚이라는 말도 극도로 혼란스럽고 비참한 참상을 나타낼 때 자주 쓴다. 아비규환은 '아비지옥'과 '규환지옥'을 합한 말이다. 아비지옥은 끊임없이 고통을 받는 지옥으로 '무간지옥'無間地獄이라고도 하며, 규환지옥은 끓는 가마솥이나 뜨거운 불 속에 던져진 채 울부짖는 지옥을 말한다. 이에 연유하여 아비규환은 차마

눈 뜨고 보기 힘든 참상을 표현할 때 쓴다. 따라서 팬들이 인기 연예인을 보기 위해 갑자기 몰려 혼잡한 상황이 된 건 난장판이나 아수라장이지 아비규환이 아니다.

의미

아우성 여럿이 기세를 올려 악을 쓰며 부르짖는 소리나 그 상태.

난장판 여러 사람이 엉켜 뒤죽박죽이 된 판.

아수라장 어수선하고 흩어진 광경. 끔찍한 참상이 벌어지는 곳.

아비규환 여러 사람이 비참한 지경에 빠져 울부짖는 참상.

예문

○ 마지막 피난선을 타고자 사람들이 아우성치며 달려들었다.

○ 개 세 마리를 입양했더니 집안이 난장판이 됐다.

○ 갑작스러운 폭격으로 인해 마을은 아수라장이 되었다.

○ 대연각 호텔에 화재 사고가 일어났을 때 충무로 일대는 아비규환을 방불했다.

야단나다, 야단법석

"장날이 되면, 언제나 권태롭고 단조로운 모습을 보이던 한국 마을들은 온통 활기와 윤기를 띠게 되고 사람들의 떠드는 소리로 야단스럽다."

구한말 우리나라를 여행한 영국인 이사벨라 버드 비숍이 관찰한 시장 풍경이다. 여기서 '야단스럽다'는 말은 무슨 뜻일까? 뜻하지 않은 곤란한 일을 당했을 때 흔히 "야단났다!"라는 말을 하는데, '야단'이라는 말은 '야다'夜茶에서 유래됐다. 조선 시대 초기 관리의 잘잘못을 살피는 일을 맡은 사헌부라는 부서가 있었다. 그 관원들인 감찰은 밤 늦게 모여 그날 살펴본 관리들에 대해 보고하고 평가했다. 감찰들이 모이는 때를 '야다시'夜茶時라고 했다. 긴급 사태가 일어났을 때도 감찰들은 밤중에 급히 모여서 야다시를 했다. 그런데 일부 관리들이 재물을 탐내어 백성을 괴롭히는 일이 종종 일어났다. 감찰들은 이런 잘못을 밝히고 벌을 주어 백성의 억울함을 풀어 주고자 했다. 명백하게 죄가 드러난 관리가 있을 경우 감찰들은 야다시 뒤에 그 관리 집에 몰려가서 죄명을 나무판자에 쓴 다음 그 집 대문 위에 걸어 놓고 가시나무로 막았다. 다음 날 아침이 되면 그 관리는 뒤늦게 그 사실을 알고 깜짝 놀라게 된다. 명예를 가장 소중하게 여기는 사회에서 망신으로 큰 벌을 받은 것이다.

이에 연유하여 뜻하지 않은 망신이나 봉변을 당했을 때 '야다가 났다'라고 말했으며, 이후 '야단나다'로 변했다. 이때 '야단나다'라는 말은 '난처하거나 딱한 일이 일어나다'라는 뜻이었으나 세월이 흐르면서 '소리를 높여 마구 꾸짖는 일'과 '떠들썩하고 부산하게 일을 벌임'이라는 의미도 추가되었다. 좋아서 떠들썩한 일이 벌어졌을 때도 '야단나다'라고 표현하게 됐다. 아이에게 뭔가 사 주었을 때 "좋아서 야단"이라고 표현하는 게 그렇다.

'야단나다'가 본래 개인적으로 좋지 않은 일로 몹시 시끄러운 상태가 된 것을 가리킨다면, '야단법석'은 어떤 행사나 사건과 관련해 소란스러움을 나타낸 말이다. 이 말은 불교와 관련이 있다. 고려 시대에는 불교 행사가 많았는데, 큰스님이 참석하는 경우 많은 대중이 볼 수 있도록 널찍한 뜰의 높은 단에 설법하는 자리를 마련했다. 야외에서 크게 펼치는 설법 강좌를 '야단법석'野壇法席이라 했다. '법석'은 본래 불교 용어로 '법회석중'法會席中이 줄어서 된 말이다. 큰스님의 설법을 듣는 법회(法會)에 회중(會衆)이 둘러앉아서 (席) 불경을 읽는 법연(法筵)을 일컫는 말이다. 매우 엄숙한 자리를 뜻하던 말이지만, 수많은 대중이 야외로 모여들면 떠들썩했다. 이에 연유하여 많은 사람들이 모여 부산 떠는 것을 '야단법석' 혹은 '법석을 떨다'라고 말하게 됐다.

다만 불교 용어와 달리 일반 용어의 '야단법석'은 불교 용어와 앞의 한자가 다르다. 야외 단상을 이르는 '야단'野壇이 아니라 '야기요단'惹起鬧端의 줄임말인 '야단'惹端이다. 야기요단은 '시끄러움의 단서를 끌어 일으킨다'라는 뜻으로, 생트집을 잡아 소란 피우는 상황을 가리키다. 요컨대 '여러 사람이 한데 모여서 서로 다투고 떠드는 상태'를 일컫는 야단법석은 불교 용어와 사자성어가 합쳐진 말이다.

'야단나다'와 '야단법석'은 모두 시끄럽고 소란스러움을 표현한 말이지만, '야단나다'는 주로 개인적인 상황에서 많이 쓰고, '야단법석'은 사람들이 많은 상황에서 벌어지는 일인 경우가 많다.

의미

야단나다 난처하거나 곤란한 일이 벌어지다. 매우 시끄럽고 떠들썩하다.

야단법석 여러 사람이 몹시 떠들썩하고 소란스럽게 떠드는
상태.

예문

o 아들이 수능 전날 몹시 아프자, 아버지는 야단났다며 걱정
했다.

o 사건 현장은 취재 기자들로 인해 야단법석이었다.

약오르다, 화나다, 성나다, 부아가 치밀다

"메롱, 약오르지?"

"용용 죽겠지? 화나지?"

우리나라 아이들은 누군가를 놀릴 때 '용용 죽겠지'라거나 '약오르지'라는 말을 자주 쓴다. 자기 뺨에다 손가락을 대고 상대를 심하게 자극하기도 한다. 그런데 '약오르다'라는 말은 본디 무슨 뜻일까?

본디 '용용'은 헐뜯거나 꾸짖는 말을 뜻하는 욕설의 '욕'辱을 두 번 반복한 데서 유래했다. 다시 말해 '내가 지금 하는 몸짓은 너에 대한 욕'이라는 의미로 상대에게 모욕을 주는 말과 행위가 용용이다. 때때로 "용용 죽겠지"라고도 말하는데, 이는 '용용'과 '약이 올라 죽겠지'가 합쳐진 말이다. 일설에는 '괴로움을 참고 기운을 몰아 쓰다'라는 의미의 '용쓰다'를 "용용 죽겠지"의 어원으로 보기도 하지만 그렇지 않다. 오늘날 용용은 엄지손가락 끝을 자기 볼에 댄 채 나머지 네 손가락을 움직이며 남에게 약 올릴 때 내는 소리라는 의미로 쓰인다. 아예 "용용" 하고 소리를 내기도

345

한다.

'약오르다'라는 말은 본래 고추가 빨갛게 익은 상태를 가리키는 말이다. 여기서의 '약'은 몸이 아플 때 먹는 약이 아니라 '식물이 지닌 자극성 성분'을 의미한다. 고추는 처음에 초록색이지만 점차 익으면서 붉게 변하는데 이렇게 붉어지는 과정을 '약이 오른다'라고 말한다. 약이 오른 고추는 매운 데다 붉은 모습이 화난 사람 얼굴색과 비슷하다. 하여 놀림을 당해 흥분하여 얼굴이 붉어진 사람에게 비유적으로 "약오르지"라는 말을 쓰게 됐다. 비위가 상하여 은근히 화가 난 상태를 '약오르다'라고 말하는 이유가 여기에 있다. 누군가에게 "약오르지"라고 말하며 놀릴 때 양쪽 볼에 대고 손가락을 흔드는 행위는 '불난 집에 부채질'을 상징한다.

그런가 하면 '화나다'는 '화기가 생기다'에서 나온 말이다. 음양오행설에 따르면 냉정하고 차가운 물의 기운을 '수기'水氣, 거세고 뜨거운 불의 기운을 '화기'火氣라고 하는데, 사람 마음에 화기가 넘치면 화가 생긴다고 한다. 요컨대 가슴이 막힌 듯이 답답하고 달아오를 듯이 뜨거워지는 기운이 생기면 화가 난 것이다. '화나다'는 어떤 상태를 보고 분노가 생긴 걸 의미하고, '화내다'는 누군가에게 화가 났음을 나타내는 표현이다.

'화나다'에 해당하는 우리말은 '성나다'이다. '성'은 못마땅하거나 언짢아서 생기는 노엽고 답답한 감정을 뜻하는 우리 고유어이고, '성나다'는 불쾌한 감정이 일어나 노여워졌음을 이른다.

잔뜩 화난 마음 상태를 '부아가 치밀다'라고도 말하는데, 여기서 '부아'는 폐(허파)를 가리키는 우리말이고, '치밀다'는 '세차게 복받쳐 오르다'라는 뜻이다. 부아는 1527년 최세진이 지은 한자 학습서『훈몽자회』에 '부화'로 표기됐으며 후에 ㅎ이 빠져나가 '부아'로 되었다. 부아는 비위에 거슬려서 노엽거나 분해하는 감정이다. 분하고 노여운 마음이 생기면 '부아가 난다'라고 말하며, 부아가 몹시 치밀어오르면 '부아가 상투 끝까지 치밀어 오른다'라고 하며, 매우 노엽거나 분한 감정으로 속이 끓어오를 때 '부아가 끓는다'라고 말한다.

의미

약오르다 기분이 언짢거나 은근히 화가 나다.

화나다 불만스런 상황이나 소식을 접하고 분노를 느끼다.

부아가 치밀다 비위에 거슬려 분하고 노여운 마음이 생기다.

예문

o   그는 집에 남게 된 형에게 "용용 죽겠지" 하며 약올렸다.

o   정치인의 말 바꾸기에 그는 무척 화가 났다.

o   남이 참견하는 바람에 한층 더 부아가 치밀었다.

얌전하다, 점잖다, 점잔 빼다

"그는 늘 얌전하고 말썽 안 부리는 모범생이었다."

어떤 모습이 단정하고 점잖거나 일하는 모양이 꼼꼼하고 정성을 들인 데가 있을 때 '얌전하다'라고 표현하곤 한다. '얌전'의 본래 뜻은 뭘까? 얌전의 어원에 대해서는 두 가지 설이 있다. 하나는 말이나 행동이 점잖고 우아한 모양을 나타내는 우리말 '음전'의 발음이 변해서 '얌전'이 됐다는 설이다. "꽃분이는 자라면서 점점 음전한 처녀가 됐다"라고 하면 언행에 단정하고 몸가짐이 의젓해졌다는 뜻이다. 다른 하나는 '어둡고 잔열'하다는 뜻의 한자어 '암잔'暗殘에서 비롯됐다는 설로, 속으로 어둡고 해치려는 마음을 갖고 있음을 뜻한다고 한다. 아무 기색 없이 가만히 앉아 있는 모습을 꿍꿍이 알 수 없는 부정적 이미지로 묘사하던 것을 어느덧 조용하고 차분한 긍정적 이미지로 바꿔 생각하게 됐다는 것이다.

후자의 설이 맞는다면 "얌전한 고양이 부뚜막에 먼저 올라간다"라는 속담은 그런 관념의 연장선상에서 생긴 것으로 추정된다. 겉으로는 얌전하고 아무 일도 못할 것처럼 보이는 사람이 딴짓을 하거나 자기 실속을 다 차리는 경우를 비유적으로 이르는 말인 까닭이다.

'얌전하다'가 조용하고 단정한 모습을 나타낸 말이라면, '점잖다'는 어른스러움을 표현한 말이다. '점잖다'는 '젊지 아니하다'의 줄임말이며 그 어근은 '졈다'로서 15세기에 '졈다'는 '어리다'를 뜻했다. 따라서 '점잖다'는 '어리지 않다', 즉 '어른스럽고 의젓하다'라는 의미였다. 자기 절제를 강조하는 유교 문화의 특성상 조선 시대에는 아이들도 일찍부터 바른 몸가짐을 익혀야 했고 어른처럼 행동하도록 요구받았다. 이에 연유하여 '점잖다'는 '언행이 묵중하고 야하지 아니하다' '품격이 속되지 아니하고 고상하다'를 일컫게 되었다. "점잖은 개가 똥을 먹는다"라는 속담은 '의젓한 체하면서 못된 짓을 한다'라는 뜻으로 '점잖다'의 의미를 명확히 일러 준다.

듬직하고 의젓한 태도를 가리키는 '점잔'이라는 말도 '점잖다'에서 나왔다. 어린 나이임에도 어린 티를 내지 않는 걸 '점잔'이라 했으며, 같은 맥락에서 '점잔 빼다'라는 말도 생겼다. 어떤 상황에서 어린 나이라면 나서고 싶은 마음이 클 텐데 참고 가만히 있는 걸 표현한 말이며, '짐짓 점잖은 태도를 꾸미다'를 의미한다. '점잔 피우다' 역시 '점잖은 체하다'라는 뜻이다.

"갓 쓰고 망신한다"라는 속담은 한껏 점잔을 빼고 있는데 느닷없이 망신당해 더 무참하게 됐음을 비유적으로 이르는 말이다.

의미

얌전하다 조용하고 단정하다. 일하는 모양이 꼼꼼하고 정성을 들인 데가 있다.

점잖다 몸가짐이 의젓하고 예절 바르다.

점잔 빼다 짐짓 점잖은 체하다.

예문

o 그 아가씨 참 얌전하다.

o 점잖은 체면에 이러면 안 된다.

o 이제 막 사귀기 시작한 사이여서 점잔을 빼고 있었는지도 모를 일이다.

애물단지, 계륵

위나라 조조와 촉나라 유비가 한중漢中 땅을 놓고 싸울 때 일이다. 진격이냐 후퇴냐 결정을 내릴 수 없는 곤경에 빠져 있던 조조에게 밤늦은 시각 부하 하후돈이 찾아와 그날 밤 군대의 암호를 물었다. 조조는 별다른 생각 없이 방금 전에 먹은 닭고기 국을 떠올리며 '계륵'鷄肋이라고만 말하고는 더 말하지 않았다. 하후돈은 막사로 돌아와 계륵이 무슨 뜻이냐고 막료들과 의논하는데 아무도 무슨 말인지 이해하지 못했다. 이때 양수 혼자만 조조의 속마음을 알아차리고 내일은 철수 명령이 내려올 테니 준비를 하라고 했다. 하후돈이 그 이유를 묻자, 양수는 이렇게 설명했다. "닭갈비는 먹자니 살이 별로 없고 그대로 버리자니 아까운 음식이지요. 결국 이곳을 버리기는 아깝지만 대단한 땅은 아니라는 뜻이니 버리고 돌아갈 결정이 내릴 것이외다." 과연 양수의 말대로 조조는 며칠 뒤 철수 명령을 내렸다.

이에 연유하여 계륵이라는 말은 먹자니 먹을 게 별로 없지만 그래도 버리자니 아까운 걸 뜻하게 되었다. 오늘날에는 음식뿐만이 아니라 사물이나 상황에도 적용한다. "와이브로, 차세대 유망 사업에서 계륵으로" "유망 선수, 순식간에 계륵으로 전락" 따위처럼 쓴다.

'계륵'이 그다지 취할 건 없으나 버리기 아까워서 갖고 있는 것이라면, '애물단지'는 어쩔 수 없이 갖고 있는 물건이나 사람을 뜻한다. 또한 계륵은 이득의 관점에서 필요 여부를 따지지만, 애물단지는 애정을 바탕으로 한다는 점이 다르다.

"한동안 외면 받던 쌀과자는 이제 애물단지에서 효자상품으로 탈바꿈했다." 여기서 애물단지는 '애물'의 낮춤말이며, 애물은 본래 '어린 나이로 부모보다 먼저 죽은 자식'을 가리키는 말이었다. 영유아 사망률이 높았던 옛날에는 갓난아기나 어린 자식이 죽으면 단지(목이 짧고 배가 부른 작은 항아리)에 담아서 묻었다. 정식으로 관을 장만해서 처리하기도 그렇고 맨땅에 그대로 묻기도 뭐해서 생각해 낸 방법이 단지 무덤인 것이다. 이렇게 세상을 떠난 자식은 대부분 죽기 전에 내내 아파서 혹시 어떻게 될까 봐 부모의 애를 태우기 일쑤였다. 죽은 뒤에도 평생 부모 가슴에 남아서 마음을 아프게 하기에 애물은 곧 '몹시 애를 태우거나 성가시게 구는 물건(사람)'을 가리키게 됐다. 여기서의 '애'

는 자기가 소중하게 여기는 물건에 대하여 혹시 잘못되지 아니할까 염려하는 마음을 뜻한다.

요즘에는 물건보다는 사람에 한해 쓰는데 주로 말 안 듣고 속 썩이는 자식을 지칭하곤 한다. "자식은 애물"이라는 속담은 그런 예이며, 자식은 언제나 부모에게 걱정만 끼친다는 것을 비유적으로 이르는 말이다.

의미

계륵 그다지 큰 소용은 없으나 버리긴 아까운 것.

애물단지 애를 태우는 물건이나 사람.

예문

○ TV 주말 명화는 버리긴 아깝고 뜯을 건 적은 계륵이다.

○ 시민의 발, 마을버스가 동네 애물단지로 전락할 위기에 처했다.

어처구니없다, 기막히다, 터무니없다, 황당무계, 허무맹랑

"궁궐 추녀마루에 장식된 '잡상'雜像을 가리키는 우리 말이며, 기와장이들이 공사 때 깜빡 잊고 안 올린 데서 그런 말이 생겼다."

"본디 바윗돌 부수는 농기구의 쇠로 된 머리 부분을 가리키는 말이며 돌을 부수던 중 나무가 부러져 당황스러울 때 그런 말이 생겼다."

"맷돌의 손잡이를 가리키는 말인데 그게 없으면 맷돌을 돌릴 수 없으므로 '어처구니없다'라고 말하게 됐다."

황당한 일을 당했을 때 흔히 말하는 '어처구니없다'에 대한 유래들이나, 모두 정설로 인정받지 못하고 있다. 그보다는 구한말 광산에서 사용한 '큼직한 광석을 잘게 부스러뜨리는 기계'를 어처구니의 어원으로 본다. 사람이 한참 걸려 할 일을 순식간에 해치우는 상상 이상으로 큰 기계를 어처구니라고 불렀고, 그런 모습에 어이없음을 느낀 것이다.

"춘우의 가슴은 어처구니가 과도의 열기로 말미암아 터지는 듯이 (…)"

"그놈의 기계가 금돌을 어처구니처럼 갈아 먹는데, 정말 어처구니가 없더라."

앞 문장은 1920년대 초 나도향이 쓴 소설 『어머니』에 나오고, 그다음 문장은 일제강점기 시절을 묘사한 이기영의 소설 『두만강』에 나온다. 여기서 '과열된 기계' '기계 쓰임새'를 통해 어처구니의 정체를 짐작할 수 있다.

1897년 『한영자전』에서는 '어쳐군이'를 "돈을 주조하는 데 쓰이는 놀랄 만한 기계"라고 적었으며, 1938년 『조선어사전』에서는 "매우 키 큰 사람의 별칭"이라고 표기했다. '금광석을 부순 큰 기계'가 구한말 사람들에게 신기하게 보였기에 큰 물건이나 키 큰 사람에 대한 비유도 생긴 것이다.

'얼척없다'라고도 말하는데, 표준어는 '어처구니없다'이지만 두 관용어의 생성 및 시기는 명확하지 않다. 어쨌든 오늘날 '어처구니없다'라는 말은 '일이 너무 뜻밖이어서 기막히다'를 의미한다. 그렇다면 '기막히다'는 무슨 뜻일까?

'기막히다, 기차다, 용기, 활기'의 경우와 같이 '기'는 우리말에서 수없이 많이 쓰인다. 여기서 기는 '생명의 기운'이라고 할 수 있다. 기는 일종의 정력 혹은 활발한 움직임의 원천이다. 『장자』에서는 사람이 태어나는 것을 기가 모인 결과로 보고, 기가 모이면 살고 흩어지면 죽게 된다고 한다. 기가 막히게 되면 움직이거나 말할 기운이 없게 된다. 흔히 너무 놀라 할 말을 잃었을 때 '기막혀서 말이 나오지 않는다'라고 표현하는 것도 이 때문이다. 요컨대 '기막히다'는 너무 놀랍거나 언짢아서 할말이 없음을 표현한 말이다.

"그는 터무니없는 모함이라고 펄쩍뛰었다."

위 문장에 보이는 유의어 '터무니없다'에서 '터무니'는 본래 주춧돌을 이르는 말이다. 터를 잡았던 자취인 주춧돌을 '터의 무늬'라고 말한 데서 터무니라는 단어가 유래됐다. 무너진 건물에서 터의 무늬를 보면 건물의 기본 형태를 대략 파악할 수 있으므로, 터무니는 '근거를 미리 살펴봄'을 이르는 말로 쓰였다. 이에 연유하여 오늘날 '터무니없다'라는 말은 '반드시 있어야 할 근거가 없다'라는 뜻으로 쓰인다.

또 다른 유사어로 한자어 '황당무계'荒唐無稽와 '허무맹랑'虛無孟浪이 있다. 황당무계는 『장자』에 나오는 말로, 사람의 언행이 터무니없고 허황하여 믿을 수 없는 경우를 가리켰다. '황당무계하다'라는 표현은 '말이나 행동 따위가 참되지 않고 터무니없다'라는 뜻이다. 이에 비해 허무맹랑은 '터무니없이 거짓되어 실속 없다'라는 뜻의 관용어이다. 허무는 문자 그대로 '아무것도 없이 텅 빔'을 의미하고, 맹랑

은 '생각과 달리 이치에 맞지 않고 매우 허망함'이라는 뜻
이다. 따라서 허무맹랑은 '터무니없는 엉터리'라는 의미를
지닌다.

의미

어처구니없다 일이 너무 뜻밖이어서 기가 막히다.

기막히다 너무 놀랍거나 언짢아서 할 말이 없다.

터무니없다 정당한 이유 없이 허황하고 엉뚱하다.

황당무계 말이나 행동 따위가 허황되고 근거가 없음.

허무맹랑 터무니없이 거짓되어 실속이 없음.

예문

o   밑 빠진 밥솥으로 밥을 짓겠다고 하니 어처구니없다.

o   너무 기가 막혀서 아무 말도 하지 못하겠다.

o   그는 터무니없는 주장을 하고 있다.

o   사실과 다른 황당무계한 소문이 떠돌고 있다.

o   영화 줄거리는 너무 허무맹랑하여 사실감이 없었다.

얼굴, 낮, 면목

.

"동그라미 그리려다 무심코 그린 얼굴."

'얼굴'은 입, 코, 눈 등이 있는 머리의 앞쪽을 이르는 말이다. 얼굴의 어원에 대해 여러 설이 있다.

첫째, '얼'은 꼴(形)의 옛말이고, '굴'도 꼴의 뜻을 지니는 말인 바, 본래 '형체'를 가리키던 말이었으나 18세기에 '머리의 앞부분 모양'을 가리키는 말로 변했다는 설이다. 얼굴의 어원을 '얽다'라고 보는 학자들도 같은 맥락에서 몸체나 사물의 모양을 의미하던 말이 점차 사람의 인체 중 한 부분을 가리키는 말로 바뀌었다고 주장한다. 그런가 하면 일설에는 '얼이 들어있는 얼집', 즉 '얼'은 알맹이고 '굴'은 내용물을 담고 있는 그릇이라 말하기도 한다. 이 풀이에 따르면, 얼굴은 '얼을 담은 그릇'인 셈이다. 어느 설이 옳든 간에 얼굴은 인체의 부위에서부터 면목이나 체면에 이르기까지 여러 의미를 지닌다.

얼굴은 15세기에 '몸 전체, 형체로서의 인체'를 상징하는 말이었으며, 17세기 이후 '안면顔面, 낮'이라는 뜻으로 많이 쓰였다. 몸 전체에서 몸의 일부로 의미가 바뀐 것이다. '낯'은 우리 고유어로 어원은 '늧'이다. 얼굴이 안면의 뜻으로 바뀌기 이전에는 안면 및 인격의 비유어로 널리 쓰였다. 자주 본 사람에겐 '낯익다'라고 하고, 잘 모르는 사람에겐 '낯설다'라고 했으며, 남 보기에 부끄러운 행동을 할 경우 '낯이 깎이다'라고 말하고, 아주 염치없는 사람을 가리켜 "벼룩도 낯짝이 있다"는 속담으로 부끄러움을 일깨워 주려 했다. 그러나 낯은 점차 얼굴에 밀리면서 그 쓰임새가 적어졌다.

오늘날 얼굴은 '사람이나 사물의 진면목을 단적으로 보여 주는 대표적 표상'을 의미하고, 낯은 '남을 대할 만한 체면'이라는 뜻으로 많이 쓴다.

유의어 '면목'面目은 얼굴의 생김새를 뜻하는데 혼자 보는 얼굴이 아니라 '남에게 드러낸 얼굴'임을 강조한 말이다. 그러하기에 다른 사람과 관계된 일에서 뭔가 잘못했을 경우 면목이 없어지고, 실수를 만회했을 경우 면목이 선다. 왜 그럴까? 면목은 본래 불교 용어로 누구나 공통적으로 지닌 불성을 이르는 말이다. 이때의 면목은 단순히 '얼굴과 눈'이 아니라 '사람을 이루는 본래의 모습'이다. 자신의 본모습을 잃지 않고 제대로 간직하면 면목이 서고, 불성을 잃어버리면 면목이 없어진다.

　같은 맥락에서 '진면목'眞面目은 '참모습'을 뜻한다. 조선 시대 시인 송강 정철이 지은 『관동별곡』에 진면목이라는 단어가 나온다. "금강산의 진면목이 여기에서 다 보이는구나."

의미

얼굴 사람이나 사물의 진면목을 단적으로 보여 주는 대표적 표상.

낯 눈, 코, 입 따위가 있는 얼굴의 바닥. 남을 대할 만한 체면.

면목 남을 대하기에 번듯한 도리.

예문

○　거절당하자 그는 실망한 얼굴이 되었다.

○　그를 대할 낯이 없다.

○　그는 성적이 떨어져 부모님을 뵐 면목이 없었다.

엿보다, 노리다, 호시탐탐

"유리창 너머로 술집 안을 슬쩍 엿보니 용의자가 있었다."

"그때 다른 남자가 뒤에서 형사를 노리고 있었다."

위 문장에서처럼 엿보거나 노리는 것은 뭔가 공통점이 느껴진다. 그렇다면 '기회를 엿보다'와 '기회를 노리다'는 같은 뜻일까? 아니면 다른 의미일까? 그걸 알려면 어원을 찾아봐야 한다.

'엿보다'는 상대방이 눈치채지 못하게 몰래 숨어서 가만히 보는 행위를 뜻하는 말이다. '엿보다'의 '엿'은 '여시'를 의미하며, '여시'는 여우를 의미하는 옛말이다. 지금도 일부 지방에서는 여우를 여시라고 말하고 있다.

여우는 인간에게 교활한 동물의 상징이다. 사냥꾼이 여우를 잡으려고 여우 거처에 화약을 놓아 두면 조심스럽게 물어서 다른 곳에 갖다 버리며, 미끼를 놓아 두면 아무리 배고파도 외면하는 까닭이다. 여우는 먹이를 잡을 때도 영리함을 발휘한다. 사냥할 때 자기 몸을 감추는 위장술이 동물 중에서 으뜸에 속하고, 가만히 숨어서 동정을 살피다가 먹잇감이 가까이 다가오면 갑자기 덮쳐서 잡아먹는다.

'엿보다'라는 말은 이처럼 상대 몰래 눈치를 살피는 여우의 행동에서 비롯됐다. 일설에는 '엿'이 '눈'[目]의 고어로서 '두 개의 눈이 보다'라는 뜻에서 '엿보다'라는 말이 생겼다고도 한다. 한편 '남몰래 가만히 듣다'라는 뜻의 '엿듣다' 역시 '엿보다'와 같은 맥락에서 생겼다.

요컨대 '엿보다'는 상대가 눈치채지 못하게 몰래 숨어서 가만히 기회를 보는 걸 의미한다. 나아가 '잘 드러나지 않는 마음이나 생각을 알아내려고 살피다' '어떤 사실을 바탕으로 실상을 미루어 알다'라는 뜻까지 지니고 있다. 그러하기에 현대인이 고대 이집트의 식탁을 엿보는 건 당시 식생활 풍속을 어느 정도 파악하는 걸 의미하고, 전기 비행기의 가능성을 엿보는 건 조금이나마 미래의 진보 상황을 알 수 있음을 뜻한다.

'기회를 엿보다'라는 말이 틈나는 대로 기회가 생기기를 기다리는 걸 상징한다면, '기회를 노리다'는 눈을 떼지 않고 기회가 생길 때까지 지켜보는 걸 가리킨다. '노리다'라는 말이 본래 짐승이 먹잇감을 사냥하기 위해 벼르면서 보는 걸 의미했기 때문이다. 사냥으로 살아가는 매는 먹이를 노려보며 기회를 살핀다. 엿보면서 기회를 노리는 걸 가장 잘하는 맹수는 단연 범(虎)이다. 사자성어 '호시탐탐'^{虎視眈眈}은 범이 눈을 부릅뜨고 먹이를 노려본다는 뜻으로, 기회를 노리면서 형세를 살핌을 이른다.

이에 연유하여 '노리다'는 '주의를 늦추지 않고 물건·사람·기회 따위를 얻거나 이용하거나 해치려고 하다'와 '눈에 독기를 품고 보다'라는 의미를 담고 있다.

의미

엿보다 눈치채지 못하게 몰래 숨어서 가만히 기회를 보다.

노리다 어떤 대상을 빼앗거나 차지하려고 벼르다.

예문

○ 남자가 옆집 여성의 알몸을 엿보다 경찰에 붙잡혔다.

○ 그는 반격할 기회를 노리고 있다.

육개장, 곰국, 설렁탕

한식당에 가면 메뉴에 '육개장' '곰국' '설렁탕' 등이 적혀 있다. 어떻게 다를까?

'육개장'이란 소고기를 삶아서 알맞게 뜯어 넣고, 갖은 양념으로 얼큰하게 끓인 국을 가리키는 말이다. 육개장은 더위와 관련하여 생긴 향토 음식으로, 개고기 요리의 변형이다. '개장' 또는 '개장국'이라 하면 개고기를 고아 끓인 국을 말하는데, 개고기는 냄새 때문에 얼큰하게 양념한 게 특징이다. 개장국은 여름철 남자들의 보신용 음식으로 오랜 세월 사랑받아 왔으며, 특히 경상도 대구 지방은 덥기로 유명해서 개장국 문화가 발달하였다. 하지만 개장국이 식성에 맞지 않는 사람도 있는지라 개고기 대신에 소고기를 넣어 얼큰하게 이열치열의 보신탕을 만들게 되었다. 따라서 개장국처럼 얼큰하게 끓인 소고기국을 만들었을 때, 소고기를 뜻하는 '육'(肉)을 덧붙여 마치 개장국처럼 끓였다는 뜻으로 '육개장'이라 쓰게 되었다. 흔히 '개'를 '계'로 잘못 이해하고 '육계장'으로 표기하는 경우가 많은데, 이는 틀린 표기이다.

이에 비해 '곰국'은 소뼈, 곱창, 양지머리 따위의 국거리를 넣고 진하게 푹 고아서 끓인 국을 이르는 말이다. '곰탕' 혹은 '육탕'肉湯이라고도 한다. 곰국의 '곰'은 '고았다'는 의미로, 오랫동안 끓인 걸 말한다. 건더기에서 영양이나 맛이 배어 나오게끔 만든 음식이며, 소금으로 간을 맞추어서 먹는다.

'설렁탕'은 곰국과 비슷하면서도 조금 다르다. 간단히 말해 소고기와 내장을 넣고 끓이는 국에 밥을 말면 곰탕이 되고, 사골·등뼈를 많이 넣어 끓이면 설렁탕이 된다. 다만 설렁탕이라는 말의 유래에 대해서는 다음과 같은 사연이 전한다.

조선 시대에 해마다 경칩을 지나 첫 돼지날亥日이 되면 동대문 밖 선농단에서 풍년을 기원하는 제사를 지냈다. 제사상에는 소와 돼지를 잡아서 통째로 올려놓았다. 제사가 끝나면 소는 잡아서 국을 끓이고, 돼지는 삶아 썰어서 내놓았다. 이때 많은 사람들을 한꺼번에 대접하기 위해 큰 솥에다 고깃국을 끓여서 밥을 말았다. 이날 소를 잡아서 끓인 국을 '선농탕'先農湯이라고 부르던 말이 변해서 설렁탕이 됐다고 한다. 일설에는 설기설기한 여러 가지 국거리들을 오

래도록 설렁설렁 끊인 탕이기에 설렁탕으로 불렀다고도
풀이한다. 문헌상으로는 19세기에 '셜넝탕'이라는 표기가
처음 나타나므로 이 학설도 무시할 수 없다.

의미

육개장 삶은 소고기를 적당히 넣고 얼큰하게 끊인 국.

곰국 소고기와 내장을 넣고 끓이는 국. 곰탕.

설렁탕 소의 내장·등뼈·도가니 따위를 푹 삶아서 만든 국.

예문

○ 추운 날에는 얼큰한 육개장 한 그릇을 먹으면 속이 든든하다.

○ 꼬리곰탕은 소의 꼬리를 토막 내어 물에 넣고 곤 음식을 말한다.

○ 그는 설렁탕에 고깃덩이가 한 점도 없다면서 식당 주인에게 불평했다.

으뜸, 장원

"명창 중에서 엄하기로는 김창환이 으뜸이고. 목청 크고 호령 잘하기로는 이동백이 으뜸이다."

조선 시대의 전설적 판소리 명창 두 사람에 대한 평가인데, 어떤 점에서 특히 장점이 있는지 잘 일러 주고 있다.

'으뜸'은 '많은 것 가운데 가장 뛰어난 것' 또는 '첫째가는 것'을 이르는 말이다. 어원은 '읏듬'이며 본래는 '기본이나 근본이 되는 뜻'을 가리켰다. 주요 원리나 이치를 지칭한 으뜸의 흔적은 "그물이 삼천 코라도 벼리가 으뜸"이라는 속담에서 찾아볼 수 있다. 이 말은 아무리 재료가 많더라도 그걸 제대로 이용하여 옳게 결속 짓지 못하면 아무 가치가 없음을 비유적으로 이른다.

이후 으뜸은 사물의 중요한 정도로 보았을 때 첫째나 우두머리를 가리키는 말로 쓰였다. "영의정은 조선 시대의 으뜸 벼슬" "유학에서 으뜸 덕목은 예"라는 말에 으뜸의 의미가 잘 나타난다. 오늘날 으뜸은 어떤 분야든 '무리 중에서 가장 높은 실력이나 첫째'를 일컬을 때 쓴다.

조선 시대에는 학문 평가 시험의 수석, 경기·놀이의 최고 실력자를 '장원'壯元이라고 호칭했다. 예전에 한가위 때 행해졌던 전남 보성의 '들돌놀이'에서 그런 면모를 잘 알 수 있다.

"자, 차례대로 저 들돌을 번쩍 들어 보시오." 들돌놀이는 마을 당산나무 옆에 있는 달걀 모양의 80킬로그램짜리 들돌을 가장 잘 들어 올리는 사람을 뽑는 놀이를 겸한 행사였다. 이는 단순한 힘겨룸 판이 아니라 일꾼들의 품삯을 합리적으로 산정하기 위한 시험이었다. 즉 들돌을 들어 어깨 뒤로 넘길 수 있으면 상일꾼, 무릎 위까지 올리면 중일꾼, 들어 올리지 못하면 담살이(소동) 등으로 구분해 그에 걸맞은 품삯을 지급했다. 소년이라 할지라도 들돌을 들어 올려 어른 몫에 해당하는 일을 할 수 있다고 판단되면 마을 연장자인 좌상은 이를 인정하고 상일꾼 품삯을 주도록 했다. 나이나 몸집은 상관하지 않고 오로지 육체적 힘으로 얼마나 일할 수 있는지 측정한 것이다.

이 풍년 기원 행사에서 우승한 들꾼을 '장원'이라 부르고 상을 주었다. 이처럼 힘겨루기 장사에게 부여된 장원이라는 호칭은 문장력을 겨루는 과거 시험에서 최고 합격자를 가리키기도 했다. 왜 그럴까? 옛날 중국에서 시작된 과거 시험은 출세를 위해 반드시 통과해야 하는 관문이었고, 나라 입장에서는 인재를 뽑는 주요한 행사였다. 따라서 천자의 관심이 무척 컸으며, 대과·전시 같은 큰 시험이 끝나자마자 그 결과를 보고 받았다. 예컨대 과거에 급제한 진사 명단을 작성해 내붙일 때는 반드시 주장奏狀을 만들어 천자에게 올렸다. 이에 연유하여 그 첫째 사람을 '주장의 으뜸'이라는 뜻에서 '장원狀元'이라 했다. 또한 아래 단계의 과거인 향시에서 으뜸을 차지한 사람은 '해원解元'이라고 불렀다.

그러나 우리나라에서는 이를 잘못 인식하고, 어떤 과거시험이든 첫머리를 차지하면 장원이라 칭했다. 나아가 狀(문서 장) 자를 壯(장할 장) 자로 바꿔 '장원壯元'이라 했으며, 학문 실력 겨루기의 으뜸뿐 아니라 여럿이 겨루는 경기나 오락에서 첫째를 한 사람에게도 장원이라는 호칭을 사용하기에 이르렀다. 장원이란 호칭이 문무 및 분야를 가리지 않고 쓰인 이유가 여기에 있다.

의미

으뜸 많은 것 가운데 가장 뛰어난 것.

장원 학문 평가의 수석 합격자. 여럿이 겨루는 경기·놀이에서 첫째를 한 사람.

예문

○ 동해안 사람들은 곰칫국을 해장의 으뜸으로 꼽는다.

○ 그는 어린 나이에 장원 급제를 하여 탄탄대로의 벼슬길을
    열었다.

을씨년스럽다, 삭막하다

을사년(1905)은 일제가 이완용·이지용 등 을사오적
이라 부르는 친일파 고위관리들을 내세워 강제로 우리나
라의 외교권을 빼앗고 통감 정치를 실시한 해이다. 이 강제
조약으로 인해 우리나라는 사실상 일본의 속국이 됐다. 따
라서 을사년은 우리 민중에게 가장 치욕스러운 해로 기억
되었고, 상인들은 일제히 문을 닫아 항의의 뜻을 드러냈다.
그런 거리 풍경은 더없이 적막하고 쓸쓸해 보였기에, 을사
년은 사람들 머리에서 사라지지 않았다. 이에 연유하여 '을
씨년스럽다'라는 말이 생겼다는 설이 있지만, 사실 이 관
용어는 그 이전부터 이미 사용되고 있었다. 조선 후기 학자
조재삼은 『송남잡지』松南雜識에서 다음과 같이 말했다.

"세상에서 을사년은 흉하다고 두려워하는 까닭에 지
금 생전 즐거움이 없는 것을 '을씨년스럽다'라고 말한다."

조재삼은 1855년(을묘년)에 『송남잡지』를 썼으므로,
1905년(을사년)보다 50년 전에 이미 '을씨년스럽다'라는
말이 사용됐음을 알 수 있다. 을사늑약 이전에 사람들 머리

에 오래도록 각인된 을사년 사건이 있었으니, 그것은 1545년에 일어난 을사사화乙巳士禍이다. 이 사화에서 사림은 크게 화를 입어 100여 명이나 죽었다. 백성의 입장에서 개혁을 추구한 사림의 참혹한 몰락은 백성들에게 큰 충격을 주었고, 을사년에서 변한 말인 '을씨년스럽다'라는 말을 쓰게 된 것이다. 이 말은 점차 잊히다가 1905년 대한제국이 외교권을 빼앗기고 실질적으로 일본 식민지로 전락한 충격이 워낙 컸기에 다시 살아났다. 이후 날씨가 스산하고 추울 때, 상가 거리가 썰렁할 때, 혹은 살림이 매우 군색할 때 '을씨년스럽다'라는 말을 종종 썼다. 모든 걸 빼앗긴 나라 형편에 빗대어 '보기에 살림이 매우 가난한 데가 있다'라는 뜻으로까지 쓰는 것이다.

'을씨년스럽다'가 주로 스산한 거리나 날씨 분위기를 표현한 말이라면, '삭막하다'는 쓸쓸하고 막막한 분위기를 나타낸 말이다. '삭막하다'는 중국 한자성어 '추풍삭막'秋風索莫에서 나왔으며, 권세를 잃어 초라해진 모양을 고요하고 쓸쓸한 가을바람에 비유한 것이다. 한때 부귀영화를 누렸던 처지였건만 어느 순간 모든 걸 잃은 사람 입장에서, 지난날은 돌이킬 수 없는 아득한 일이고 현재는 황폐하고 쓸쓸한 게 현실이다. 따라서 '삭막하다'라는 말은 낙엽이 떨어져 나뭇가지가 앙상한 데 가을바람이 휑하니 부는 풍경을 연상시키며, 그에 연유하여 '풍경이나 삶이 쓸쓸하고 아득하다' '잊어버려 생각이 아득하다'라는 뜻을 지니게 됐다.

의미

을씨년스럽다 보기에 날씨나 분위기 따위가 몹시 스산하고 쓸쓸한 데가 있다.

삭막하다 (풍경이나 삶이) 쓸쓸하고 막막하다.

예문

○ 앙상한 가지만 남은 나무들이 을씨년스럽다.

○ 아파트뿐인 도시의 하늘은 언제나 삭막하다.

이바지, 뒷바라지

조선 초기 음악가 박연은 악보법을 편찬하고, 아악을 사용해서 궁중 음악을 정비하는 등 음악 분야에 크게 기여했다. 음악에 밝은 세종이 있었기에 가능한 일이었고, 박연은 세종을 도와 국악을 발전시키는 데 이바지했다는 평가를 받고 있다.

이러한 역사적 사실에서 '이바지'의 의미를 알 수 있듯, 이바지는 '도움이 되게 함' 또는 '공헌'을 가리키는 말이다. 이 말은 본래 대접·잔치·향연·연회 따위를 뜻하는 옛말 '이바디'에서 유래했다. 잔치에서는 으레 음식 대접하는 일이 가장 주요한 일인 바, '이바디'가 점차 무언가에 공헌한다는 의미의 '이바지'가 된 것이다. 지금도 결혼할 때 신랑 집에서 신부 집으로 보내는 떡을 '이바지떡'이라 하며, 폐백 때 신부 집에서 준비해 온 음식을 '이바지 음식'이라고 말한다. 오늘날 이바지는 '힘들여 음식 같은 것을 보내 주는 일 또는 그 음식' '도움이 되게 함'을 뜻하는 말로 쓰인다. 또한 '이바지하다'라는 말은 '어떤 일에 기여하거나 도움이 되다'라는 의미로 통한다.

"부모는 언제나 자식들을 뒷바라지한다."

'뒷바라지하다'는 '뒤에서 보살피며 도와주다'라는 뜻의 말로 불교 용어에서 유래되었다. 어근 '바라지'는 원래 사찰에서 재를 올릴 때 법사를 도와 경전을 독송하거나 시가를 읊는 스님을 가리킨다. 다시 말해 바라지 스님은 죽은 영혼들의 극락왕생을 비는 의식에서 목탁을 치며 경전을 읊고 꽃을 바치고 차를 올린다. 이처럼 자잘하고 수고로운 일을 묵묵히 하는 데서 바라지라는 말은 일부 명사와 함께 쓰여 '음식이나 옷을 대어 주거나 온갖 일을 돌보아 주는 일'을 뜻하게 되었다.

감옥에서 고생하고 있는 가족이나 친지에게 음식이나 옷 따위를 대어 주는 걸 '옥바라지'라 하고, 드러나지 않게 뒤에서 조용히 도와주는 걸 '뒷바라지'라고 한다. "죽 쑤어 개 바라지하다"라는 속담은 '모처럼 애쓴 일이 엉뚱한 사람을 위한 일이 되었다'라는 뜻이다. 흔히 사회적으로 성공한 사람이 배우자의 뒷바라지 덕분이라고 말하는 걸 종종 들을 수 있다. 요컨대 뒷바라지는 어떤 사람이 어려운 가운데서도 다른 사람을 돕기 위하여 헌신하는 일을 의미한다.

의미

이바지하다 어떤 일에 기여하거나 도움이 되게끔 힘을 쓰다.

뒷바라지하다 온갖 궂은일을 하며 뒤에서 보살피며 도와주다.

예문

○ 정부는 사회 발전에 이바지하다 순직한 경찰관에게 훈장을 추서했다.

○ 피에르 신부는 굶고 추위에 떠는 집 없는 사람들을 뒷바라지하다가 타계했다.

인과응보, 자업자득, 사필귀정, 부메랑

"선을 행하면 정토에 태어나고 악을 행하면 오염된 곳에 태어난다. 착한 사람은 천국에 이르러 즐거움을 얻으며 나쁜 사람은 나락에 이르러 여러 괴로움을 받는다. 사후의 영혼은 저울에 달아져 선악의 업을 심판받고 그것에 응하여 상벌을 받는다."

불교의 업 사상과 윤회 사상을 설명한 위 문장에서 '업'業은 뭘까? 불교에서 업은 몸, 입, 뜻으로 짓는 말과 동작과 생각, 그리고 그 세력을 의미한다. '행위' 또는 '(일을) 지음'을 뜻하는 산스크리트어 '카르만'karman의 번역어다. 정신으로 생각하는 작용인 의념意念이 뜻을 결정하고 선악을 짓게 하여 선업 및 악업이 생긴다.

자신이 행한 선악에 따라 그 선악이 그대로 돌아옴을 설명한 '인과응보'因果應報는 여기서 나온 말이다. 인과응보는 선을 행하면 선의 결과가, 악을 행하면 악의 결과가 반드시 뒤따름을 이르는 불교 용어이지만, 일반 사회에서도 널리 쓰인다. 원인에 따라서 결과가 생긴다는 사실을 비유적으로 이르는 "콩 심은 데 콩 나고, 팥 심은 데 팥 난다"라는 속담이 대표적이다.

'자기가 저지른 일의 결과를 돌려받음'을 이르는 '자업자득'自業自得도 업에서 나왔다. 자업자득은 부정도 긍정도 아닌 가치중립적인 개념이나, 일반적으로 나쁜 짓 하는 사람에게 훈계조로 자업자득이라는 말을 썼기에 부정적 의미가 내포된 것처럼 여겨지게 되었다. 요즘에는 누군가 과욕을 부리거나 딴 속셈으로 어떤 일을 했다가 낭패를 보았을 때 슬쩍 훈계하는 말로 쓰인다.

요컨대 자업자득에는 선악의 인연에 따라 길흉화복을 받게 된다는 인과응보, 결국 무슨 일이든 옳은 이치대로 돌아간다는 '사필귀정'事必歸正의 뜻이 담겨 있다. 사필귀정은 직역하면 '바른 일이 반드시 돌아옴', 의역하면 '올바르지 못한 것은 일시적으로 기승을 부려도 오래가지 못하며, 바른 것이 이기게 됨'을 뜻한다. 즉 모든 일이 반드시 바른 길로 돌아가게 마련임을 강조하며 정도를 걸으라고 일깨워 주는 말이다.

인과응보나 자업자득이 특별한 목적이 아니라 그냥 행한 일의 결과가 자기에게 돌아오는 걸 가리킨다면, '부메랑'boomerang은 다른 대상을 향해 어떤 일을 추진했으나 그 결과가 뜻하지 않게 자기에게 돌아오는 걸 의미하는 말이다. 본래 부메랑은 호주 원주민이 사용하는 무기를 일컫는 말이다. 완만한 ㄱ자 모양으로 된 나무 막대기인데, 던지면 빙글빙글 회전하면서 날아가며 목표물을 맞히지 못할 경우에는 원을 그리며 던진 사람 근처로 되돌아온다. 부드러운 곡선으로 생긴 겉모양과는 딴판으로 꽤나 위험하고 위력적인 무기로, 원주민들은 동물을 사냥할 때나 전쟁할 때 부메랑을 솜씨 있게 사용했다.

유럽인은 이런 부메랑을 신기해했지만, 용어의 뜻은 나쁜 쪽으로 사용했다. 일상 언어에서는 부정적인 이미지가 포함되어 '자업자득'이나 '긁어 부스럼'이라는 뜻으로 쓰는 경우가 많다. 예컨대 경제 용어에서 '부메랑 효과'라고 하면 선진국이 이윤 추구를 위해 개발도상국에 자본재를 수출한 결과로 오히려 개발도상국의 값싼 현지 생산품이 선진국에 역수출되어 뜻하지 않게 선진국 기업 제품과 가격 경쟁을 벌이는 현상을 말한다. 이런 경우 부메랑 효과는 부정적 의미의 (원치 않은) 자업자득이다.

의미

인과응보 선을 행하면 선의 결과가, 악을 행하면 악의 결과가 반드시 뒤따름.

자업자득 자기가 행한 일에 대한 결과가 자신에게 돌아감.

사필귀정 모든 일은 반드시 바른길로 돌아가게 마련임.

부메랑 누군가를 향해 일을 벌였으나 그 결과가 뜻하지 않게 자기에게 닥치는 일.

예문

○ 심술부린 놀부가 벌을 받게 되는 것은 말하자면 인과응보다.

○ 실컷 놀다가 성적이 떨어졌으니 자업자득이다.

○ 독재자의 말로가 비참한 것은 사필귀정이다.

○ 단식이 끝난 뒤, 요요 현상은 부메랑처럼 돌아온다.

381

일언반구, 노코멘트, 묵묵부답

"그는 일언반구도 없이 자리를 떠났다."

이 문장에서 '일언반구'—言半句는 '한마디 말과 반 구절'이라는 뜻으로, 아주 짧은 말을 가리킨다. 한마디 말(言)이든 둘 이상의 단어가 모인 구(句)든 일절 언급(言及)하지 않았음을 강조한다. '언급'은 '어떤 문제에 대하여 말함'을 뜻한다. 일언반구는 주로 대답이 없는 부정적인 상황을 표현할 때 쓴다.

"그 문제에 대해선 노코멘트 하겠습니다."

별로 밝히고 싶지 않은 것에 대하여 질문을 받았을 때 흔히 '노코멘트'no comment라고 하는데, 이 말은 소련 정치가가 유행시켰다. 구소련의 외상으로 활약했던 그로미코가 당시 이해관계가 엇갈린 미국·소련 간의 문제에 대하여 기자들의 질문을 회피하면서 쓴 것이 시초였다. 1951년 소련의 반대에도 불구하고 일본과 연합국과의 강화 조약이 샌프란시스코에서 체결되었다. 그런 상황이니 소련 대표 그로미코는 심사가 편치 못했는데, 기자들은 계속해서 이러저러한 질문들을 쏟아 냈다. 달리 답변할 마음이 없었던 그로미코는 어떤 의견도 말하지 않겠다는 뜻으로 "노코멘트!"라는 말만 되풀이했다. 덕분에 그로미코에게는 미스터 '네뜨'(러시아어로 '아니오'라는 뜻)라는 별명이 붙었다. 그 뒤 유엔 안보리와 세계 각국의 이해 당사자 사이에서 부정적인 의미로 이 말이 유행하여 그대로 보통명사가 되었다.

이에 연유하여 자기 의견을 일체 밝히고 싶지 않은 일에 대해 질문 받았을 때 대답을 회피하는 걸 노코멘트라고 한다. 일반적으로 신문이나 방송 기자 등의 질문에 대해 논평이나 설명 따위를 회피할 때 쓴다.

노코멘트는 '아무 대답을 하지 않는다'라는 점에서 '묵묵부답'默默不答으로 해석되기도 하지만, 두 단어에는 차이가 있다. "뭐라 물어도 도무지 묵묵부답"이라고 말할 때의 묵묵부답은 '묻는 말에 잠자코 대답하지 않는다'라는 뜻이다. '묵묵'은 말없이 잠잠한 풍경을 일컫는 말이고, '부답'은 대답하지 않는 걸 말한다. 누가 묻는 말에 아무런 감정 변화 없이 잠자코 입을 다문 채 대답하지 않는 것이 곧 묵묵부답이다.

즉 노코멘트가 '불편한 마음을 지닌 채 대답하지 않는

것'이라면, 묵묵부답은 '심적인 동요가 없는 상태에서 대답하지 않는 것'을 뜻한다는 차이가 있다.

의미

일언반구 아주 짧은 말.

노코멘트 의견이나 논평, 설명을 요구하는 물음에 답변하지 않는 일.

묵묵부답 묻는 말에 잠자코 대답하지 않음.

예문

o   그는 일언반구 대꾸도 없이 가 버렸다.

o   X파일을 갖고 있느냐는 질문에 그는 '노코멘트'로 일관했다.

o   도대체 왜 그러느냐고 물었지만 여자는 묵묵부답이었다.

잔치, 연회, 향연, 파티

예부터 우리나라에서는 좋은 일이 있으면 잔치를 벌였다. 백일잔치, 돌잔치, 결혼잔치, 환갑잔치 등이 그런 사례이며 지금도 행해지고 있다.

'잔치'의 어원은 불명확하다. 盞(술잔 잔), 巵(술잔 치)의 두 글자 음을 합한 '잔치'를 어원으로 보는 설이 있으나 15세기에 이미 '잔치'라는 말이 보이기에 이는 그리 타당하지 않다. 어쨌든 '잔치'는 '잔츼'를 거쳐 '잔치'로 이어졌고, 어떤 일을 기념하거나 축하하고자 '음식을 많이 만들어 손님을 대접하는 일'을 가리킬 때 쓴다. 잔치에는 으레 많은 사람이 모이므로 이 말은 많은 사람들이 모이는 행사에도 사용된다. '전국 노래 잔치' '시민 한마당 큰잔치'처럼 흥겨운 분위기 넘치는 모임을 상징적으로 나타내는 것이다.

우리나라의 잔치에 비견할 일로, 그리스 로마시대에 '연회'가 있었다. 연회는 宴(술자리 연), 會(모일 회)의 음훈 그대로 여러 사람이 모여 음식과 술을 먹으면서 즐기는 모임을 이르는 말이다. 고대 그리스에서는 기원전 3세기 무렵부터 본격적으로 남성들끼리 모여 음식을 즐기는 연회를 관습처럼 행했다. 몸을 비스듬히 기울여 쉴 수 있는 카우치에 앉아 풍부한 물고기 요리와 귀한 육고기를 먹었다. 식사 뒤에는 사교적인 목적에서 술을 주로 마시며 담소를 나눴는데 이를 '심포지온'symposion이라고 했다. 이는 포도주를 마시며 음유시인들이 서사시를 창작하는 문화의 장이 되기도 했다. 심포지온은 오늘날 집단 토론 회의, 학술 토론 회의, 연구 발표회 등을 이르는 '심포지엄'symposium의 어원이기도 하다.

규모가 큰 연회는 '향연'饗宴이라고 한다. 매우 성대하게 벌어지는 잔치라는 뜻이다. 예전에 국왕은 전장에서 돌아온 병사들을 위해 성대한 향연을 베풀곤 했다. 이 일은 모두가 즐기는 떠들썩한 잔치였기에 현재 향연은 "음식 문화의 향연" "배구의 향연"처럼 다양하게 사용된다.

잔치가 음식물이나 흥겨운 기분을 나누는 모임이라면, 연회나 향연은 사교를 목적으로 만나는 모임이다. 연회는 '파티'party로 이어졌고, 현대적 파티의 기원은 16세기로 거슬러 올라간다. 1533년 프랑수아 1세는 카를 5세에 대항하는 수단으로 교황 클레멘트와의 결연을 결심했다. 하여자신의 아들 앙리 2세와 교황의 조카딸 카트린 드 메디시

스를 정략적으로 결혼시켰다. 카트린은 플로렌스의 우아한 예법과 함께 이탈리아의 뛰어난 요리사들을 데리고 왔으며, 이때부터 프랑스 요리의 르네상스가 시작되었다. 미식가에다 대식가였던 카트린은 프랑스의 식사 예법을 뜯어고쳤다. 15세기 말엽 프랑스에서 궁정 귀부인들은 음식 씹는 모양이 보기 흉하다고 생각하여 독방에서 홀로 식사했는데, 카트린은 귀부인들에게 연회장으로 나올 것을 명했다. 카트린은 귀부인들에게 식사할 때 씹는 모습을 남에게 보여도 결코 흉이 되지 않음을 강조했고 식사의 즐거움을 함께 누렸다. 이 일이 점차 관습화되어 현대 파티의 기원이 되었다.

파티는 사람을 사귀는 동시에 자신을 홍보하는 창구이기도 했다. 하여 이후 유럽이나 미국에서는 사람을 사귀기 위한 방법으로 파티를 열었으며 그 성격에 따라 파티 이름이 다양하게 세분화됐다. 이를테면 음식을 성대하게 차려 놓고 손님을 대접하는 결혼식 파티 칵테일만 준비해 놓고 대화를 나누는 칵테일파티가 그렇다.

오늘날 파티는 귀부인들의 모임이 아니라 정치인이 정치 자금 확보를 목적으로 개최하는 경우가 많다. 특히 미국과 일본에서 '모금 파티'가 활성화되고 있다. 또한 일반인들도 여러 파티를 통해 사람을 사귄다. 파티는 일대일 관계를 떠나 여러 사람을 동시에 상대하는 모임이므로 참가자는 인격적 예절을 갖추는 게 바람직하다.

의미

잔치 기쁜 일이 있을 때 음식을 차려 놓고 여러 사람이 모여 즐기는 일.

연회 음식을 차리고 손님을 청하여 즐기는 일.

향연 매우 성대하게 벌어지는 잔치.

파티 사교나 친목 등을 목적으로 한 모임.

예문

○ 강정은 고려 때부터 잔치나 제사 상에 반드시 올라야 할 과자였다.

○ 조지 마이클이 새해 인사를 했을 때 파티장은 흥분의 도가니가 됐다.

○ 무대에서는 한국 전통 음악의 향연이 펼쳐지고 있다.

○ 젊은 세대는 코스프레 문화와 파티 등에 익숙해져 있다.

잠언, 묵시록, 아포리즘

"니체의 잠언은 예술의 존재론적인 근원성을 말해 준다."

이 문장에서의 '잠언'箴言은 성찰의 깨달음 혹은 사람이 살아가는 데 훈계가 되는 짧은 말을 뜻한다. 본래 잠언은 구약성서에서 케투빔(성문서)이라고 불리는 유대교 경전의 세 번째 부분에 실린 지혜에 관한 작품을 말한다. 헤브루 민족의 지혜 문학 중 으뜸가는 것으로, 솔로몬 왕의 경계와 교훈을 내용으로 한다. 이 책의 표제는 '솔로몬의 잠언'이지만, 이 책 전체뿐만 아니라 개별 부분조차도 솔로몬이 쓴 것은 아니다. 학자들 연구에 따르면 이 책은 솔로몬 시대 이후 매우 오랜 기간에 걸쳐 형성된 7개의 지혜 자료집이다. 이에 유래하여 '훈계가 되는 말'을 잠언이라고 한다.

한자어 箴言(잠언)은 '대나무(竹)로 봉하는(咸) 말(言)'이라는 뜻이다. 옛날에는 옷을 깁는 데 대바늘을 사용했기 때문에 이러한 표현이 나왔다. 자루가 터지면 곡식이 새어 나오므로 봉해야 하듯, 사람의 인격이 새 나가지 않게 하려면 사람의 입도 봉해야 한다. 그래서 잠언이라는 말에는 '경계'의 뜻이 담기게 되었으며, 잠언은 당대 사회 풍조를 담은 경우가 많다.

잠언의 경우 사회가 어지럽고 예언이 난무할 때 유행하는 게 특징이다. 노스트라다무스의 예언서가 대표적인 예이다. 노스트라다무스는 잠언 형식으로 수많은 예언을 남긴 것으로 유명하다. 성서 가운데에도 잠언 형태를 띤 경우가 있으니, 「묵시록」이 그렇다. 『신약성서』의 마지막 권인 「요한 묵시록」에서 유래된 '묵시록'이라는 말은 성서를 읽지 않은 사람에게도 섬뜩한 느낌을 준다. 「요한 묵시록」은 미래에 관한 환상적 예언을 담고 있기에 심령이나 미신을 신봉하는 사람들이 성서 가운데서 가장 많이 인용하는 부분이다.

「요한 묵시록」은 두 부분으로 되어 있다. 도덕에 관한 내용을 담은 앞부분은 평범하지만 뒷부분은 상징적이고 은유적인 문구로 가득 차 있어 학자마다 해석이 분분할 정도로 추상적이다. 근래에는 은유적인 문구들은 미래에 관한 추상적인 예언이 아니라 로마의 기독교 박해라는 당시 역사적 상황을 반영하는 것으로 본다.

일반적으로 묵시록이라 하면 불길하고 저주스러운

느낌의 예언서로 통한다. 더구나 묵시록은 종말론을 담고 있어서 불길하거나 불안한 느낌을 주며 그런 맥락에서 "지옥의 묵시록" "범죄 묵시록" 따위의 표현이 종종 쓰인다.

잠언이 훈계조의 말을 의미한다면, '아포리즘'은 깊은 진리를 간결하게 표현한 말이나 글을 뜻한다.

"인생은 짧고, 예술은 길다. 기회는 갑작스럽고 위험하다. 경험은 사람을 속이기 쉽고, 판단은 내리기 어렵다. 의사가 자기 할 일을 준비하는 것만으로는 충분치 않다. 환자와 환자를 돌보는 사람 및 필요한 모든 외부 사람은 군소리 없이 준비를 갖추고 그 일에 대비해야 한다."

그리스 의사 히포크라테스가 질병의 증세 및 치료법에 대해 기술한 『아포리즘』Aphorisms의 앞부분에 나오는 내용이다. 이로부터 아포리즘이라는 용어는 어떤 사실에 대한 깊이 있는 가르침을 의미하게 되었다.

이외에도 잘 알려진 아포리즘은 1066년경 유명한 의사인 메디타노가 라틴어 운문으로 쓴 것으로, 이 책에는 살레르노 의학교의 가르침이 들어 있다. 그 후 아포리즘이라는 용어는 차츰 다른 학문 분야의 원리를 적는 데도 쓰였고, 진리로 널리 인정받고 있는 진술도 아포리즘이라 부르게 되었다. 오늘날에는 격언·금언·경구와 거의 같은 뜻으로 쓰이며, "우정에 관한 아포리즘" "사랑의 아포리즘"처럼 쓰여 특정한 분야를 전문적으로 다룬다는 느낌을 준다.

의미

잠언 가르쳐서 훈계하는 말. 훈계가 되는 말.

묵시록 숨겨 알려 준 내용을 적은 글. 불안한 느낌의 예언서.

아포리즘 깊은 진리를 간결하게 표현한 말이나 글.

예문

o 성경의 잠언은 '지혜의 책'으로 불린다.

o 재앙이 가득한 묵시록적 세계를 끔찍할 정도로 세밀하게 그렸다.

o '생각하는 갈대'라는 말은 널리 알려진 아포리즘이다.

잣대, 척도, 시금석, 바로미터

'잣대'는 자로 쓰는 막대기를 이르는 말이다. 예나 지금이나 '척도'尺度, 즉 자로 재는 길이의 표준은 매우 중요하기에 '잣대'는 여러 면에서 필수품이었다. 왕조 시대에 암행어사가 마패와 더불어 항시 휴대한 유척이 그걸 잘 일러준다. 암행어사는 왜 유척을 가지고 다녔을까?

'유척'鍮尺은 '놋쇠로 만든 자'라는 뜻이며, 장방형의 사방 각 면마다 기준점을 달리 하여 용도에 맞게 사용할 수 있었다. 어사는 지방 수령이 세금으로 거둬들이는 옷감의 길이가 정확한지 유척으로 확인했다. 만약 지방 수령이 임의적인 잣대로 길이를 늘렸다면 세금 포탈 및 폭정이 분명하기 때문이다. 또한 어사는 형벌 도구도 측정해서 형벌을 가할 때의 고통이 지나치거나 부족하지 않도록 점검했다. 국왕이 암행어사에게 유척을 하사한 이유가 여기에 있으니, 유척은 자막대처럼 곧고 바르게 일을 처결하라는 상징물이다.

이처럼 잣대는 공정을 상징하므로, '어떤 문제나 현상

을 판단할 때의 기준'을 비유적으로 이르는 말로도 쓰이게 됐다. "외모가 합격을 결정짓는 잣대" "자신감·신뢰성·창의성 세 가지 잣대로 판단"처럼 뭔가를 결정짓는 상황에서 쓴다. 이에 비해 척도는 '측정하거나 평가하는 기준'이라는 뜻이며, "군졸들의 함성은 기세의 척도" "부작용 유무는 의약품 선택의 주요 척도"처럼 상황이나 가치를 평가할 때 쓴다.

잣대가 어떤 문제나 현상을 판단할 때의 기준을 비유한 말이라면, '시금석'試金石은 어떤 사물의 가치나 사람의 역량을 판단하는 기준이 될 만한 것을 비유한 말이다. 시금석이라는 용어는 산과 알칼리를 구분하는 능력에서 파생된 말이다. '시금'이란 광석이나 합금 성분을 분석하는 것을 뜻하며, 특히 귀금속 비율을 알아내는 분석화학법을 지칭한다. 시금석은 금·은의 순도를 조사하는 데 사용되는 검은 빛깔의 규산질 암석을 가리키는 말이다. 시금석은 리디아인이 금괴의 순도를 시험하기 위해 처음으로 사용했다. 검은 시금석에 금으로 된 물체를 문지른 다음, 돌 위에 남은 흔적을 24개 바늘로 이뤄진 시험 도구와 비교하는 방식이었으며, 금·은, 금·구리, 금·은·구리가 다양한 비율로 혼합된 이 바늘들은 그 효과가 뛰어나서 훗날 유럽과 중동 지역에서도 사용했다.

이처럼 접촉에 의한 시금법은 귀금속 품질을 평가하는 데 주요한 방법이었다. 시금석 위에 남겨진 금속 색깔을 서로 비교하면 순수한 금속과 불순물이 섞인 금속을 뚜렷하게 알 수 있다. 여기에서 파생하여 오늘날 시금석이라 하면 '판단하기 위한 간명한 시험'을 의미하거나 '가치·능력·역량 따위를 알아볼 수 있는 기준이 되는 기회나 사물'을 비유적으로 표현하는 말로 쓰인다.

유의어 '바로미터'barometer는 본래 기압계, 즉 대기의 압력을 측정하는 장치를 이르는 말이다. 그 특성으로 인해 일반 사회에서 '사물의 수준이나 상태를 평가하는 기준'이라는 말로 사용된다. "연봉은 선수들의 능력을 재는 바로미터" "문화재 애호도는 선진국 여부를 재는 바로미터"처럼 쓴다.

의미

잣대 어떤 문제나 현상을 판단할 때의 기준.

시금석 가치·역량 따위를 판단하기 위한 간명한 시험.

바로미터 사물의 수준이나 상태를 평가하는 기준.

예문

○ 흑백 논리는 대부분 선과 악의 이분법적 잣대로 판단한다.

○ 이번 협상은 FTA 타결을 가늠하는 시금석이 될 것이다.

○ 모의고사는 수능의 난이도를 짐작할 수 있는 바로미터다.

장본인, 주모자, 주인공

"현상학이라는 말을 만든 장본인은 후설보다 한 세기 앞서 살아간 독일 철학자 헤겔이다"라는 문장에 등장하는 단어 '장본인'張本人은 생활 속에서 자주 쓰이지만 이는 잘못된 표현이다. 왜냐하면 장본인은 부정적인 어감을 담고 있기 때문이다.

장본인의 어원은 '장본'張本이며 그 의미는 '어떤 일이 크게 벌어지게 되는 근원'이다. 중국 고전 『좌씨춘추전』에서 장본은 문명·문화의 발생이나 시작을 의미하는 좋은 뜻으로 쓰였다. 그러나 이 말이 우리나라와 일본에 전해지는 과정에서 '일'보다 '사람'에 비중을 두면서 부정적 의미에서 '장본인'으로 쓰이게 됐다. 특히 나쁜 일을 만들어 낸 주동자나 배후 인물을 가리킬 때 '사회적 파장을 일으켰던 좋지 않은 행위의 중심인물'이라는 의미로 썼다. "메이지 일왕은 조선 침탈의 원흉이자 아시아를 전란 구덩이에 빠트린 장본인이다"라는 문장의 경우 메이지 일왕은 '장본인'이 맞다. 대한제국과 동남아시아를 참혹한 전쟁의 소용

돌이에 빠뜨렸으니 말이다.

현재 장본인은 사전에 '좋지 않은 일의 근본 되는 사람' 혹은 '어떤 일을 빚어낸 바로 그 사람'이라고 기재되어 있다. 어느 경우라도 나쁜 일을 한 사람이 곧 장본인이다. 따라서 '물의를 일으킨 장본인'처럼 부정적인 일에 써야지, 감동적인 이야기나 좋은 화제의 주인공에게 쓰는 건 잘못된 일이다.

장본인과 비슷한 말로는 '주모자' '주동자' '당사자' 등이 있다. '주모자'主謀者는 謀(꾀할 모) 자에서 알 수 있듯, 어떤 일이나 음모를 꾸미는 사람을 이르는 말이다.

장본인·주모자와 어감 및 의미가 조금 다른 유의어 '주인공'主人公의 어원은 두 가지다. 하나는 '득도한 인물'을 가리키는 불교 용어 '주인공'에서 유래했다는 설이다. 불가에서 주인공은 외부 환경에 휘둘리지 않고 번뇌망상에 흔들리지 않는 참된 자아를 일컫는 말이었는데, 이 용어가 '어떤 일에서 중심이 되는 인물'이라는 뜻으로 사용됐다는 것이다. 다른 하나는 '주공'主公에서 유래했다는 설이다. 주공은 본래 '임금'이나 상전으로 모시는 '주인'을 높여 이르는 말이다. 이 말은 신화나 전설에서 주도적 활약을 펼치는 영웅을 가리킬 때도 쓰이면서 소설·연극·영화 따위에 등장하는 중심인물을 일컫게 되었다. 같은 이유에서 주인공을 영어로 '히어로'hero라고 한다.

이에 연유하여 오늘날 주인공은 작품의 중심인물이라는 뜻 이외에 '어떤 일·사건에서 중심이 되거나 주도적인 역할을 하는 사람'이라는 의미로 쓰인다.

의미

장본인 어떤 일을 직접 일으킨 주동 인물. 물의를 일으킨 주동 인물.

주인공 어떤 일에서 중심이 되는 사람.

예문

○　경쟁 회사로 신기술을 빼돌린 장본인은 기획실장으로 밝혀졌다.

○　단 하루를 살아도 주인공으로 살아라.

정진, 매진, 노력

"입 밖으로 말하지 않는 것은 물론, 마음 안에서도 말을 않는 것이 묵언 정진이다."

여기서 '정진'精進은 무슨 뜻일까? 본래 정진은 산스크리트어 '비리야'virya를 번역한 말로, 그 의미는 '악을 멀리하고 선을 닦기 위한 적극적 노력' '노력하는 의지의 힘'이었다. 일반적으로 사람들은 처음에는 굳은 의지를 발휘하다가도 시간이 흐르면 마음이 풀어지기 일쑤다. 석가모니는 그 점을 의식하여 자기 신체를 함부로 괴롭히는 고행을 그만두게 했으나 올바른 노력은 계속되어야 한다고 강조했다. 그에 따라 불도를 수행하는 사람은 심신을 깨끗이 하는 의미에서 술, 고기, 고약한 냄새가 나는 음식을 멀리하며 추악함을 없애 버리는 노력을 당연하게 받아들였다.

이에 연유하여 정진은 고기를 금기시하는 '채식'을 뜻하는 동시에 '불도를 닦아 게을리하지 않는 일'을 가리키게 되었다. 또한 일반 사회에서는 그 의미를 그대로 받아들여 '몸을 깨끗이 하고 마음을 가다듬음' '정성을 다하여 힘써 나아감'을 표현하는 말로 사용하기에 이르렀다.

"그는 대회를 앞두고 연습에 매진했다."

이 문장에서의 '매진'邁進은 '어떤 일을 전심전력으로 해 나감'을 이르는 말이다. 다른 일은 하지 않고 오로지 특정한 일에만 집중할 때 매진이라는 말을 쓴다. 邁(힘쓸 매), 進(나아갈 진)이라는 음훈 그대로 앞으로 나가는 데 힘을 쓴다는 것이며, 여기서 나아감은 기술의 발전을 의미한다.

'정진'이 탐욕을 버린 끊임없는 노력이라면, '매진'은 발전을 위한 노력에 방점이 찍혀 있다. 작가는 좋은 작품을 위해 매진하고, 운동선수는 기술이나 체력을 늘리기 위해 매진한다. 두 단어 모두 끊임없는 계속성을 지니고 있다.

이에 비해 '노력'努力은 계속성을 강조하기보다는 뭔가를 얻기 위해 애쓰는 심정을 담고 있다. 요컨대 노력은 욕망을 채우거나 목적을 이루기 위해 몸과 마음을 다하여 애를 쓰는 것이다. 노력은 순조로운 흐름에 맞설 때 행해진다. 물길을 거슬러 올라가려면 팔다리를 열심히 움직이는 노력이 필요하고, 우등생이 되려면 졸음이나 놀고 싶은 욕망을 물리치며 책을 보려 노력해야 한다. 따라서 노력은 누군가의 지시에 따른 수동적 행위가 아니라 스스로 판단하여 애쓰는 능동적 행위라고 할 수 있다. 무슨 일이든 노력하지 않으면 아무것도 얻을 수 없다는 이치 또한 여기에서 찾을 수 있다.

의미

정진 몸을 깨끗이 하고 마음을 가다듬어 힘써 나아감.

매진 어떤 일을 전력을 다해 힘써 해 나감.

노력 목적을 이루기 위하여 몸과 마음을 다하여 애를 씀.

예문

o   정약용은 유배지에서 학문에 정진하여 많은 저서를 남겼다.

o   강대국들은 핵무기 개발에 미친 듯이 매진했다.

o   어느 분야에서든 피눈물 나게 노력해야만 성공을 품에 안을 수 있다.

중얼거리다, 뇌까리다

"공양하시고 성불하소서. 나무아미타불!"

옛날에 탁발승은 이집 저집 돌아다니며 염불하면서 돈이나 음식을 얻었다. 탁발은 승려 자신의 교만한 마음을 없애는 수행인 동시에 보시하는 이의 복덕을 길러 주는 일이었으나 쉽지 않았다. 순순히 좋은 마음으로 보시하는 사람이 있는가 하면 매정하게 박대하거나 무시하는 이도 드물지 않았다. 특히 비라도 오는 날이면 객지에서 비를 피하기조차 쉽지 않았다. 그나마 다행히 마을에 도착했을 땐 남의 집 처마 밑에 서서 염불을 외며 비가 그치기를 기다리거나 문 앞에서 비를 맞으며 주인이 나오기를 기다리며 염불을 외곤 했다. "나무아미타불 관세음보살 나무석가모니불 나무관세음보살……" 그런 모습이 일반인이 보기에는 매우 처량하고 뭔 말인지 알아들을 수 없는지라 "비 맞은 중 염불하듯" 혹은 "비 맞은 중처럼 중얼거리다"라는 속담이 생겼다. 이 말들은 누가 어떤 말을 했으나 도대체 왜 중얼거리는지 알 수 없을 때 쓴다.

그렇다면 '중얼거리다'의 뜻은 뭘까? 위 이야기 때문에 승려가 염불 외는 말이라고 오해하는 사람이 있으나 그 어원은 의성어 '중얼중얼'이다. '종알종알'이 어린아이들이 하는 알아듣기 힘든 혼잣말이라면, '중얼중얼'은 좀더 큰 사람이 남이 알아듣지 못할 정도의 작고 낮은 목소리로 하는 혼잣말이다. '중얼거리다'와 같은 뜻인 '중얼대다'도 의성어의 흔적을 갖고 있다.

이에 비해 '뇌까리다'는 다소 속된 어감의 말로 '혼잣말로 나직하게 말하다'라는 뜻이다. '중얼거리다'가 이러저러한 말들을 나지막하게 하는 것이라면, '뇌까리다'는 같은 말을 반복해서 말한다는 차이가 있다. '뇌까리다'는 '어떤 말을 혼잣말로 반복하여 말하다'라는 뜻의 '뇌다'와 '일의 갈피와 조리'를 의미하는 '가리'가 합친 말이다. 가리는 '가리새'의 줄임말이며, "어떻게 해야 할지 가리새를 못 추겠다"처럼 쓴다. 다시 말해 '뇌까리다'는 상대와의 관계를 바탕으로 하고 있으며 주로 불쾌한 남의 말을 그대로 받아서 되뇔 때 쓴다.

따라서 뇌까림에는 상대편 말이나 태도에 대해 불쾌해한다는 뜻이 담겨 있다. "그는 그 말을 듣자마자 '그렇단 말이지'라고 뇌까리며 자리를 떠났다"처럼 쓴다. 일반적으로 뇌까릴 때는 감정이 불편해서 아무 말이나 하기 쉬운 바, '뇌까리다'라는 말은 '아무렇게나 되는대로 마구 지껄이다'라는 의미도 지니게 되었다.

의미

중얼거리다 남이 알아듣지 못할 정도의 작고 낮은 목소리로 자꾸 혼잣말을 하다.

뇌까리다 (어떤 말을 기분 나쁜 듯이) 혼잣말로 나직하게 말하다.

예문

○   그는 영어 단어를 중얼거리며 외웠다.

○   그는 독백하듯 뇌까리다 다시 돌아서며 눈가를 훔쳐 냈다.

지식, 지혜

"『하느님의 사랑』이라는 책을 쓴 작가가 있었습니다. 그가 어느 날 불행에 빠져 몹시 힘들어하다가 어느 목사를 찾아가 가르침을 청했습니다. 그의 불행한 이야기를 들은 뒤, 목사는 '『하느님의 사랑』이라는 책을 읽어 보세요. 그 책을 읽으면 구원받을 수 있을 것입니다'라고 말했습니다. 목사는 그 사람이 그 책의 저자인 줄 모르고 한 말이었습니다."

이는 덴마크 철학자 키르케고르가 어느 종교 강연회에서 한 이야기로, 지식을 쌓는 것만으로는 진리를 깨닫기 힘들다는 점을 일러 준다. '지식'智識은 배우거나 연구하여 알고 있는 내용을 뜻하는 말이다. 知(알 지), 識(알 식)이라는 한자어에서 짐작할 수 있듯 '아는 것'이 곧 지식이다. 직접 눈으로 봐서 아는 견문, 평소에 익힌 기술, 공부해서 쌓은 학문이 곧 지식이다. 지식은 대체로 사실이다. 고대 그리스 철학자 플라톤은 이렇게 설명했다. "사람들이 어떠한 사물이나 사건에 대해 정당하다고 믿는다면 그게 바로 아는 것(지식)이다.”

지식의 어원은 산스크리트어 '카르야나미트라'이다. 카르야나는 '선'善, 미트라는 '벗'友이라는 뜻인데, 초기에 '선지식'善知識 또는 '선우'善友라고 번역됐다. 불법을 갈구하는 좋은 벗, 훌륭한 친구라는 의미였지만 불교에서는 이 말을 '사람들을 올바르게 이끌어 가는 선생'이라는 뜻으로 사용했다. 바꿔 말해 인덕이 훌륭한 스승을 따르는 일을 선지식, 줄여서 지식이라고 말했다. 그러나 세월이 흐르면서 일반 사회에서 배워 익혀야 할 일들을 가리켜 지식이라고 말하면서 그 뜻이 바뀌었다.

지식은 세상을 살아갈 때 도움이 된다. 무언가를 만들거나 하는 방법을 안다면 시간과 노력이 절약되는 까닭이다. 하여 "아는 것이 힘"이라는 말도 생겼다. 하지만 지식만으로는 부족한 바, '지혜'智慧를 닦아야 한다. 지혜는 본래 불교 용어로서, 마음이 흐려지는 유혹을 끊고 진정한 깨달음을 얻는 힘을 뜻한다. 예컨대 '지혜검'智慧劍은 지혜가 번뇌와 생사의 속박을 끊는다는 것을 잘 드는 칼에 비유하여 이르는 말이다. 다시 말해 정신을 헷갈리게 만드는 유혹을 떨치고 부처의 깨달음을 얻는 힘이 지혜인 것이다. 그러려면 상황을 잘 헤아리고 판단해야 한다. 이에 연유하여 사물의 이치를 깨닫고 옳고 그름을 잘 분별하는 슬기를 지혜라고 말하게 되었다.

정리하자면 지식은 '뭔가를 아는 것'이고, 지혜는 '자기 생각으로 깨닫는 슬기'라고 정의할 수 있다. 대개의 경우 책을 읽어 지식을 쌓고, 살아가면서 나름대로 생활의 지혜를 깨치곤 한다.

의미

지식 배우거나 공부해서 아는 내용.

지혜 어떤 일에 대해 깨닫는 능력이나 슬기.

예문

o   많이 보고 듣고 읽으면서 지식을 쌓는다.

o   속담은 삶의 지혜를 전하는 말이다.

진퇴유곡, 난국, 궁지, 딜레마

"뒤에는 추격병이 쫓아오고 앞에는 큰 강이 있어서 진퇴양난에 빠졌다."

'진퇴유곡'進退維谷은 나아갈 수도 없고 물러설 수도 없는 곤란한 처지를 말하며, 『시경』에 처음 등장한다. 주나라 10대 여왕厲王은 폭군으로, 조금이라도 자신을 비방하는 자가 있으면 즉시 붙잡아 죽였다. 그러자 백성들 사이에는 '여왕을 섬길 수도 없고 그렇다고 참고 지낼 수도 없다'라는 뜻의 민요가 입에서 입으로 전해졌고 결국 여왕은 백성의 반란으로 비참하게 죽고 말았다. 이에 연유하여 진퇴유곡은 '어지러운 세상에서 처신하기 어려운 신세'를 뜻하는 말로 쓰이게 됐다.

진퇴유곡이 둘 중 하나를 선택해야 할 때 결정이 어려운 상황을 비유한 말이라면, '난국'亂局은 이런저런 일이 얽히고설켜 어떤 결단을 내려야 할지 난감한 상태를 표현한 말이다. 다시 말해 '곤란한 일을 당해 당황하거나 어찌해야 할지 모르는 상태'를 난국이라고 말한다.

난국은 '처리가 어려운 경우' '하나의 어려운 경우'를 가리키는 일본어 '난고쿠'難局를 그대로 받아들인 말이다. 亂(어지러울 난), 局(판 국) 음훈 그대로 난국은 '어려운 판국, 어지러운 국면'이다. '국면'은 하나의 부분을 뜻한다. 따라서 난국이란 '제한된 부분의 어려움, 국한된 한 부분의 어려움'을 뜻한다. "애정의 난국" "입시의 난국" "수출의 난국" 따위처럼 그 앞에 한정 수식어를 붙여 쓴다. 이때 '입시'라는 국면은 하나이지만 수험생, 학부모, 교사, 학원 산업 등 수많은 이해 당사자들의 입장을 감안해야 하므로 해결이 쉽지 않음을 난국이라는 말이 일러 주고 있다.

"적군을 궁지에 몰아넣었다."

'궁지'窮地에 몰린 적군은 매우 위험한 상태에 빠진 것이므로, 당사자 입장에서는 해결책을 찾기가 매우 어려운 상황이다. 이렇듯 궁지도 '어떤 일의 상황이나 형세가 어찌할 수 없이 매우 어려운 상태'를 이르는 말로 종종 쓴다. 궁지는 窮(막힐 궁), 地(땅 지)라는 음훈에서 알 수 있듯, 막다른 곳에 몰린 것을 의미한다. "궁지에 빠진 쥐가 고양이를 문다"라는 속담이 그런 상황을 잘 일러 준다. 막다른 지경에 이르게 되면 약한 자도 마지막 힘을 다하여 반항함을 비유적으로 이르는 말인데, 퇴로가 차단된 상황이 곧 궁지다.

궁지에 몰리면 사생결단으로 장애물을 돌파하거나 좋지 않은 결과로 막을 내리게 된다.

그런가 하면 '딜레마'dilemma는 몇 가지 중 하나를 선택해야 하는 상황에서 판단을 내리지 못하고 있는 상태를 이르는 말이다. 흔히 선택해야 하는 길은 두 개뿐인데 그 어느 쪽도 바람직하지 못한 결과를 초래하는 상황일 때 딜레마라는 말을 쓴다. 딜레마는 그리스에서 발달한 삼단논법에서 자주 사용되던 말로, '이중 명제'dilemma proposition라는 뜻이다. dilemma의 'di'는 '둘'이라는 뜻이고 'lemma'는 '당연하게 생각하다'라는 뜻으로, 두 개의 전제를 당연히 둔 상태에서의 논리를 가리킨다. 문제는 두 개의 다른 전제에서 같은 결론이 나오게 된다는 모순 때문에 어느 걸 선택해도 양자 해결이 쉽지 않다는 점이다. 그렇지만 딜레마는 한쪽을 택하면 다른 쪽이 성립되지 않는 묘한 상황임에도 어떤 명제에는 절묘한 해답이 숨어 있다. 다만 그 해답을 찾기가 매우 어려운 까닭에 철학자들 사이에서 줄곧 논쟁의 과제가 되었다.

한편 왜 딜레마에 '부딪치다'라고 하지 않고 딜레마에 '빠지다'라고 할까? 그 이유는 사자성어 진퇴유곡과 연관되어 있다. 선택은 대개 두 가지 중 하나이므로 진퇴유곡은 딜레마와 비슷한 말로 통하게 됐고, '계곡에 빠진'이라는 뜻에서 '딜레마에 빠지다'라는 말이 나왔다. 같은 맥락에서 때때로 딜레마와 진퇴유곡이 혼동되어 쓰인다.

의미

진퇴유곡 이러기도 저러기도 어려워 입장이 곤란함.

난국 일을 하기 어려운 상황이나 국면.

궁지 어떤 일의 상황이나 형세가 어찌할 수 없이 매우 어려운 상태.

딜레마 이럴 수도 저럴 수도 없는 상황.

예문

o 건설업계가 올해 아파트 분양 시기를 놓고 진퇴유곡에 빠졌다.

o 정부와 재계의 경제 난국 인식 차이가 크다.

o 쥐는 궁지에 몰리자, 뭔가 결심한 듯 고양이에게 달려들었다.

o 딜레마란 어떠한 결정도 할 수 없는 단계를 지칭하는 용어이다.

천재, 수재, 영재

"네 머리는 텅 비어 있는 게 분명해!"

그는 초등학교에 다닐 때 선생님으로부터 멍청이라는 놀림을 받았다. 커서는 사소한 것들을 제대로 기억하지 못하여 곤란한 일을 자주 겪었다. 예컨대 밥 먹었는지를 기억하지 못해 다시 먹거나 굶기를 일삼았고, 집에 가는 길을 몰라 거리에서 헤매곤 했다. 하지만 그는 수학에 있어서만큼은 대단한 능력을 지닌 사람이었으며, 1921년 노벨물리학상을 받았다. 그의 이름은 아인슈타인이다. 아인슈타인은 발달장애의 일종인 아스퍼거 증후군 때문에 평생 고생했는데, 이 증상은 천재에게 흔히 나타난다고 한다.

'천재'天才는 태어날 때부터 갖춘 뛰어난 재주나 그런 사람을 일컫는 말이다. 보통 사람에 비해 창조적 성향이 강하며, 모든 분야가 아닌 특정한 분야에서 놀라운 능력을 드러낸다. 천재라는 단어 자체는 서기 3세기경 중국 학자 혜강이 처음 사용했다. 혜강은 자신을 고위 관리로 추천한 산도에게 거절 편지를 보내면서 '하늘이 준 재능(天才)을 굽히기 싫다'라고 말했다.

천재의 기준을 처음 마련한 사람은 미국 심리학자 루이스 터먼이다. 터먼은 1916년 『지능의 측정』이라는 책을 펴내면서 지능 점수를 IQ로 표시했다. 이 기준에 따르면 IQ 점수 100이 정상이며 그보다 높으면 우수한 지능, 140 이상일 경우 천재이다. 하지만 이때의 IQ는 잠재적 능력을 가리킬 뿐이지 어떤 업적을 이룬 걸 수치로 나타낸 게 아니다.

천재라는 개념을 퍼뜨린 것은 19세기 영국 과학자 프랜시스 골턴이다. 그는 1869년 출판된 『유전하는 천재』에서 천재적 능력은 타고난다면서 우수한 남녀끼리 결혼시켜야 한다는 논리를 폈다. 골턴의 주장은 사회적 반발을 일으켰지만, 어쨌든 이때부터 특별한 분야에서 독특한 업적을 남긴 유명인에게 천재라는 호칭을 붙였다.

이에 비해 '수재'秀才는 머리 좋고 재주 뛰어난 사람을 의미한다. 중국 춘추시대 제나라 관중이 지은 책 『관자』에서 수재는 '능력 있는 선비'를 지칭했다. 또한 석가모니가 출가하던 시절 인도에서는 학문에 뛰어난 재능이 있는 귀족층 자녀를 수재라고 하여 따로 공부시켰다. 수재는 기억력이나 암기력이 뛰어난 사람을 가리킨다.

그런가 하면 '영재'英材는 공부에 탁월한 재주가 있는 아이를 의미한다. 맹자가 "천하 영재를 모아 가르치는 게 세 번째 즐거움"이라 말한 데서 비롯된 말이다.

의미

천재 태어날 때부터 갖춘 특별한 재주나 창조적 재능.

수재 여럿 가운데 (특히 암기력이) 빼어난 재능을 지닌 사람.

영재 공부에 탁월한 재능을 가진 아이.

예문

○ 천재는 비현실과 현실을 넘나들며 독창적 생각을 한다.

○ 그는 장학금을 결코 놓친 적 없는 수재다.

○ 영재의 조기 입학을 허가하다.

철면피, 후안무치, 낯가죽이 두껍다

옛날 송나라 시대에 왕광원이라는 사람이 있었다. 그는 대단한 출세주의자로서 권세가들을 찾아다니며 아첨하기에 바빴다. 다른 사람 시선을 상관하지 않고 상대 호감을 사기 위해 칭찬을 늘어놓는 건 물론이요, 상대방이 무례한 짓을 해도 화내기는커녕 도리어 아양스러운 웃음을 지었다. 나아가 출세를 위해서 권세 있는 사람 집을 출입할 때면 그 집의 개·돼지·소에게도 꼬박 절을 했다. 한번은 세도가 집에서 여러 친구들과 술자리를 했는데, 그 세도가는 왕광원의 사람됨을 알기에 농을 걸었다.

"내가 귀공에게 매질을 하고 싶은데, 괜찮겠소?"

"선생님의 매라면 저에게는 살이 되고 피가 되며 좋은 약이 될 것입니다. 기꺼이 맞겠습니다."

왕광원은 조금도 지체하지 않고 종아리를 걷어 올렸고, 세도가는 힘껏 매질을 했다. 그런데도 왕광원은 화내지 않은 채 세도가의 비위를 맞추기 위하여 다리를 이쪽저쪽으로 돌려 대었다. 친구들은 기가 막혀 말문이 닫혔다. 그래서 사람들은 그를 가리켜 "낯가죽 두껍기가 열 겹으로 된 철판을 깐 것과 같다"라고 말했다. '철면피'鐵面皮라는 말은 여기서 유래했고, 염치없고 뻔뻔한 사람을 낮잡아 이르는 표현으로 쓰인다.

철면피가 부끄러운 짓을 하고도 태연해하는 사람을 가리킨다면, '후안무치'厚顔無恥는 뻔뻔스러워 부끄러워할 줄을 모르는 행위나 태도를 의미한다. 여기에도 유래가 있다. 옛날 중국 하나라 계 임금의 아들인 태강은 정치를 돌보지 않고 사냥만 하다가 끝내 나라를 빼앗기고 쫓겨났다. 이에 그의 다섯 형제는 나라를 망친 형을 원망하며 번갈아 노래를 불렀는데 그중 막내가 부른 노래에 '후안'(厚顔, 두꺼운 낯가죽)이라는 말이 나온다. 후세 사람들은 여기에 '무치'(無恥, 부끄러움을 모름)를 더하여 낯가죽이 두꺼워서 부끄러워할 줄 모르는 태도를 일러 후안무치라 하였다.

사실 사람의 낯가죽 두께는 그다지 차이가 없다. 인체 피부 중 가장 얇은 곳은 눈꺼풀이고, 가장 두꺼운 곳은 발뒤꿈치이며, 얼굴 피부는 비교적 얇은 편으로 사람마다 두께에 그다지 차이가 없다. 다만 부끄럼을 타면 혈액 흐름이 빨라져 얼굴이 붉게 변하지만, 뻔뻔한 사람은 그런 감정 변화를 드러내지 않으므로 낯가죽이 두꺼울 거라는 오해를 하게 된 것이다. "낯가죽이 발바닥만큼 두껍다"라는 속담도 그런 경위에서 나왔으며, 뻔뻔스럽고 염치없는 사람을 욕하는 말이다.

어쨌든 오늘날 철면피는 뻔뻔한 사람, 후안무치는 뻔뻔한 태도를 표현할 때 쓴다.

의미

철면피 염치없고 뻔뻔스러운 사람.

후안무치 뻔뻔스러워 부끄러움이 없음.

예문

○ 역사 왜곡을 부끄러워하지 않는 철면피 정치 지도자가 이웃나라와의 관계를 악화시킨다.

○ 일본은 같은 전범국인 독일에 비해 너무도 후안무치하고 비양심적이다.

최후의 보루, 마지노선

전투를 치르게 되면 항시 거점 공략이 승리 지름길이 되므로 이를 둘러싸고 공방이 있게 마련이다. '최후의 보루'와 '마지노선'은 그러한 전투 문화의 파편이다.

'보루'堡壘란 본시 '적군을 막거나 공격하기 위해 흙이나 돌로 튼튼하게 쌓아 놓은 진지'를 가리키는 군사 용어다. '요새'라고도 한다. 예부터 어느 나라든 간에 국경, 교통 요충지, 해안 등의 전략 요충지를 방어할 목적으로 요새를 구축했다. 이때의 요새는 높이 쌓은 성벽만이 아니라 근대 들어서 땅을 길게 판 참호도 포함한다. 적이 들어오지 못하게 하는 시설이라면 모두 보루인 것이다.

여기에서 유래하여 오늘날 보루는 '가장 튼튼한 발판'을 일컫거나 '지켜야 할 대상'을 비유적으로 이르는 말로 쓰인다. 흔히 비장함을 강조할 때 "최후의 보루" "마지막 보루"라고 표현하는데, 여러 보루 중 마지막 보루만 남았다는 것은 '더 물러설 곳이 없다'라는 뜻이다.

'최후의 보루'에 대비되는 말로 '마지노선'이 있다. 제

1차 세계대전 때 독일군은 포병대 공격으로 성과를 올렸으나 요새가 있는 지역에서는 그렇지 못했다. 전쟁이 끝난 뒤 프랑스는 요새의 중요성을 확실히 느꼈고 방벽을 쌓으면 병력을 절약할 수 있다는 사실도 깨달았다. 이에 프랑스는 독일의 공격에 대비한 방어 수단으로 튼튼한 장벽을 구축했다. 이 방책은 창안자이며 1929~1931년에 프랑스 육군장관을 지낸 앙드레 마지노의 이름을 따서 '마지노라인'Maginot Line이라고 불렸다. 마지노라인의 콘크리트 벽은 그때까지 알려진 어떤 성벽보다 두꺼웠고, 여기에 설치된 대포는 독일 것보다 훨씬 더 우수한 중장거리 형이었다. 그런데 불행히도 이 방어선은 프랑스와 독일의 국경에만 건설됐고, 벨기에 접경 지역에는 건설되지 않았다. 그래서 독일군은 1940년 5월 이 방어선을 우회해 벨기에를 침공하고, 그곳을 가로질러 행군을 계속했다. 독일군은 전차와 비행기로 마지노라인 뒤쪽으로 돌아가는 돌파 작전을 감행함으로써 마지노라인을 쓸모없게 만들었으며, "마지노선이 무너졌다"라는 유명한 말을 낳았다.

한편 독일군이 침입하기 넉 달 전 드골의 메모에는, 정부가 아무리 마지노라인을 강화해도 적은 돌파 또는 우회하리라는 예언이 적혀 있다. 1940년 6월 14일, 과연 파리는 함락당하고 드골의 비극적인 예언은 적중되었다.

어쨌든 마지노선은 최후의 방어선이라는 의미로 쓰이고 있으며, "주가 마지노선 붕괴" "이번 협상의 마지노선"처럼 어떤 상황을 지탱하는 힘겨운 저항 수치나 협상에서의 마지막 양보 수준을 나타낼 때 주로 사용한다.

의미

최후의 보루 적의 침입을 막고자 튼튼하게 쌓은 구축물. 마지막 요새.

마지노선 (전투에서) 최후의 방어선. (협상에서) 더 이상 양보할 수 없는 수준의 타협안.

예문

ㅇ 보통사람들에게 직장은 생존권을 위한 최후의 보루다.

ㅇ 조선 업종은 사실상 마지노선에 근접하는 상황이다.

친구, 동무, 동문, 동창

"여보게 친구!"

우리 문헌에서는 '친구'親舊라는 말이 17세기경 『동신효』라는 문헌에 처음 등장하는데, '동무'라는 토박이 우리말을 제치고 '오래도록 친하게 어울리는 사람'을 의미하였다. 일반적으로 친구는 주로 어른들 사이에 쓰였고, 동무는 아이들 사이에서 쓰였으나, 분단 이후 북쪽에서 '동무'에 특별한 의미를 부여함에 따라 남쪽에서는 사실상 금기어가 되었다.

동무의 어원에 대해서는 몇 가지 설이 있다. 조선 후기 학자 조재삼은 『송남잡지』에서 '마주 서서 춤추듯 오랜 시간 짝이 되어 지낸 사람'이란 의미의 동무同舞라고 주장하였다. 또 다른 설은 '짝이 되어 함께 일하는 사람'이란 뜻의 보부상褓負商 용어 '동무'同務에서 그 기원을 찾는다. 봇짐장수와 등짐장수인 보부상은 함께 힘든 일을 하면서 끈끈한 의리와 인정을 나누었기에 이로부터 보부상 용어 '동무'가 늘 친하게 어울려 지내는 사람이라는 일반적인 단어가 됐다는 것이다. 이때 보부상 용어와 구별 짓기 위해 어린 시절 함께 어울린 단짝 친구를 '배꼽동무' 혹은 '어깨동무'라고 불렀다고 한다.

"친구야, 동창회에서 보자."

연말이 되면 각종 동창회나 동문회가 여기저기에서 열린다. 바빠서 한 해 동안 보지 못했던 학창시절의 친구들을 만나기 위한 모임이 열리는 것이다. 그런데 동창회든 동문회든 같은 학교 출신이라는 뜻이지만, 둘 사이에는 미묘한 차이가 있다. 어떻게 다를까?

'동문'同門이란 본래 '같은 문하생'이란 뜻으로, 같은 스승에게서 배운 사람을 이르는 말이다. 중국책 『한서』漢書에 따르면, 동문이란 "같은 스승에게서 배운 자"이다. 쉽게 말해 '스승 집의 대문(大門)을 함께(同) 드나들었다'는 뜻이다.

이렇게 동문은 '같은 스승에게서 배운 사람'을 일컫는 말이었으나, 근대 들어 학교가 생기면서 말뜻이 달라졌다. 즉 오늘날은 교육제도가 바뀌어 스승의 집이 아닌 학교에서 배우므로 '같은 학교나 스승에게서 배운 사람'을 가리키는 말로 의미가 확대됐다.

'동창'同窓은 동문과 같은 뜻으로 쓰는 말이며, 근래 일본에서 들어왔다. 문자 그대로 '같은 창문에서 배운 사람'이라는 뜻이다. 동문이 시기에 관계없이 같은 학교를 나온 사람들을 가리킨다면, 동창은 같은 시기에 같은 학교를 다닌 친구를 의미한다. 따라서 졸업년도가 같은 학연을 나타낼 때는 "54회 동창회" "1회 졸업생"처럼 표기한다.

정리해 말하자면 '같은 문, 같은 창문'이라는 비유 때문에, 동문은 (선후배를 포함한 폭넓은 의미로) 같은 학교를 다닌 사람, 동창은 같은 학년의 친구를 뜻한다.

의미

동문 시기에 관계없이 같은 학교에서 수학했거나 같은 스승에게서 배운 사람.

동창 같은 시기에 한 학교에서 공부를 한 사이.

예문

○ 대학 발전 기금 모집에 동문들 성원이 이어지고 있다.

○ 오랜만에 고등학교 동창끼리 모여 이야기를 나누었다.

칠칠찮다, 칠칠맞다, 변변찮다

"이런 칠칠맞은 놈을 보게."

"칠칠찮기는 쯧쯧쯧."

어떤 사람이 조금 못난 행동을 했을 때 흔히 '칠칠맞다'거나 '칠칠찮다'고 한다. 여기서 칠칠찮다는 '칠칠하지 않다'라는 뜻이다. 그렇다면 '칠칠하다'의 의미는 무엇일까?

본래 '칠칠하다'는 나무나 털이 잘 자라서 길고 보기 좋음을 이르는 말이었다. 긴 머릿결이 보기 좋거나 나무 손질이 잘 되어 있을 때 '칠칠하다'라고 표현했다. 채소 따위가 잔병치레 없이 깨끗하게 잘 자랐을 때도 '칠칠하다'라고 말했다. 채소가 잘 자랐다는 것은 재배하는 사람의 손이 부지런하고 솜씨가 그만큼 남다르다는 말이기도 하다.

그런 이유로 이 말은 '일솜씨가 능란하고 빠르다'라는 뜻을 갖게 되었고, '사람이나 그 언행이 야무지고 반듯하다'라는 의미로 쓰이게 됐다. 같은 맥락에서 '칠칠하지 않다'는 능숙하지 못하고 서툴다는 의미를 지니게 됐다. 또한 '칠칠하지 않다'의 줄임말로 '칠칠찮다'라는 말을 쓰게 됐다.

유의어 '칠칠맞다'는 '야무지고 반듯한 데가 있다'라는 뜻으로 그 의미는 '칠칠하다'와 같다. '칠칠-'에는 부정적인 뜻이 없었으나 주로 부정적인 표현 뒤에 붙는 접사 '-맞다'와 결합해 부정적인 뜻이 생겼다. 따라서 '칠칠맞다'에 반대되는 말은 '칠칠맞지 못하다'가 된다. 누군가를 흉볼 때 '칠칠하다'나 '칠칠맞다'로 잘못 말하기도 하는데, 이 경우 '칠칠찮다'나 '칠칠맞지 못하다'로 고쳐 써야 한다. 흉보려다 칭찬하는 셈이 되지 않으려면 말이다.

'칠칠찮다'와 비슷한 말로는 '변변찮다'가 있다. 그런데 '변변'은 뭘까? 이 말은 『논어』에 다음과 같이 나온다. "그 종묘와 조정에 계실 때에는 변변히 말씀하되 다만 삼가실 뿐이었다."其在宗廟朝廷, 便便言, 唯謹爾 여기서 '변변'便便은 '말을 잘함, 말을 분명히 함'이라는 뜻이다. 그런데 변변이 우리말에 들어오면서 한자는 사라지고 뜻만 전해져 '말을 썩 잘하는 것'을 의미했고, 부정적 어법으로 쓰였다. '변변하지 아니하다'의 줄임말 '변변찮다'는 자기 주제를 낮추는 말로도 쓰였으며, 한편으로 사람이 당당하지 못하거나 제대로 갖추지 못하여 부족한 면이 있음을 나타낼 때 사용된다. "제가 변변찮아서 그렇습니다" "잡수실 게 변변찮습니다" "요즘 벌이가 변변찮다"처럼 쓴다.

의미

칠칠찮다 솜씨가 능숙하지 못하고 서툴다.

칠칠맞다 야무지고 반듯한 데가 있다.

변변찮다 됨됨이·생김새·형편이 남보다 못하다. 제대로 갖추지 못해 부족한 점이 있다.

예문

○ 아이가 물건을 잃어버리자, 선생님은 애가 칠칠찮다고 타박을 주었다.

○ 그는 늘 칠칠맞지 못해서, 물건을 여기저기에 잘 잃어버리고 다닌다.

○ 그는 차린 음식이 변변찮다고 미안해했다.

타성, 관성, 매너리즘, 틀에 박힌, 진부한

흔히 '타성에 젖은 사람'이라 할 때 '타성'惰性은 별다른 생각이나 노력 없이 대충대충 사는 사람을 의미한다. 타성은 물리학 용어 '관성'慣性과 같은 뜻이다. 관성이란 물체가 외부의 힘을 받지 않는 한 정지 또는 운동 상태를 지속하려고 하는 성질을 말한다. 즉 어떤 변화가 없는 한 지속되는 상태를 의미하는 말이 관성(또는 타성)이다.

여기에서 비롯되어 타성이라는 말은 일반 사회에서 '굳어진 버릇'이란 뜻으로, '타성이 붙다, 타성이 생기다, 타성을 버리다' 따위의 예처럼 사용한다. 요즘에는 '타성에 젖다'라는 말을 가장 많이 쓰는데 이는 고인 물에서 연상한 표현으로 여겨진다. 흘러가는 물은 자연스레 정화되는 데 비해 고인 물은 고요하고 편안해 보이지만 썩기 마련이다. 사람 역시 습관대로 행동하면 편하지만 그걸 바꾸려면 귀찮고 힘들다. 이렇게 고인 물처럼 변화를 거부하는 태도를 '타성에 젖다'라고 표현한 것이며, 오랫동안 새로움을 꾀하지 않아 나태하게 굳어진 습성을 비판할 때 쓴다.

타성과 비슷한 말로 '매너리즘'mannerism이 있다. 매너리즘은 문학·예술의 표현 수단이 일정하여 독창성 없이 일정한 기법이나 형식 따위를 반복하는 형태를 일컫는 말이다. 이 말은 '시대, 지방, 기교에서 특색 있는 수법'을 의미하는 이탈리아어 '마니에라'maniera에 어원을 두고 있다.

16세기 초엽부터 17세기 초까지 이탈리아에서 성행한 미술 양식을 가리키며, 16세기 미술사가인 바자리가 '그림은 일정한 규범과 양식에 따라 그려야 한다'라는 뜻으로 처음 언급한 용어다. 하지만 훗날 변화를 꾀하지 않으려는 부정적 의미로 바뀌었다.

여기에서 유래하여 일반적으로 자기의 관찰력·독창력에 의하지 않고, 대상인 자연을 외면하고, 어떤 창작 기법을 만들어 항상 고정된 그 형태에 기대어 반복하는 태도를 뜻하는 말로 쓴다. 예술가나 시인이 충실한 창조력을 상실하고 타성적으로 일정한 표현법을 반복하여 어떤 양식으로 고정되는 경우 '매너리즘에 빠졌다'라고 비난받기 쉬우며, 이런 입장에 의해서 지배되는 창작 활동의 침체된 경향을 매너리즘이라 한다. 문학에 있어서 매너리즘은 작품의 참신한 맛이 없이 기교주의에 빠지기 쉽다. '매너리즘에 빠지다'라는 말은 영어로 'fall into mannerism'이라고 하는데 이 표현을 직역한 게 그대로 관용어가 되었다.

'틀에 박힌'이란 말도 자주 하는데, 이는 'become ste-reotyped'에서 나온 말이다. 'stereotyped'는 본래 '스테레오판stereotype으로 만든'이라는 뜻인데, '틀에 박힌, 판에 박은, 독창성이 결여된' 것을 가리키는 말로 쓰고 있다.

"판에 박은 것은 대개 진부하다."

이렇게 말했을 때 '진부'는 陳(늘어놓을 진), 腐(썩을 부)로 이뤄진 단어로, '고기를 넣어 놓아 과시하던 사람의 어리석음'을 이르는 말이었다. 고기는 대부분 상온에서 빨리 상해 남들에게 자랑하고자 넣어 놓은 고기는 이내 썩는 냄새를 풍기기에 오히려 사람들의 외면을 받게 된다. 그러하기에 생각이 고루하여 자기만의 세계에 젖어 있는 사람을 가리켜 '진부하다'라고 말한다. 나아가 '진부하다'라는 말은 '시대에 뒤떨어져 새로운 것이 없다'라는 뜻으로도 사용한다.

의미

타성 오랫동안 변화나 새로움을 꾀하지 않아 나태하게 굳어진 습성.

매너리즘 항상 틀에 박힌 일정한 방식이나 태도를 취하여 신선미와 독창성을 잃는 일.

예문

○   타성은 변화와 개혁의 발목을 잡는 장애물이다.

○   매너리즘에 빠진 사람치고 자기계발에 성공한 사람은 적다.

탐탁지 않다, 못마땅하다, 시원찮다

"병화는 더 캐어묻고 싶었으나 대답이 탐탁지가 않아서 입을 닫쳐 버렸다."

염상섭 소설 『삼대』에 나오는 문장으로 여기서 '탐탁지가 않아서'는 상대 반응이 마음에 썩 들지 않음을 의미한다. 그렇다면 '탐탁'은 무슨 뜻일까?

탐탁의 어원은 불명확하다. 한자어 貪(탐할 탐), 託(부탁할 탁)에서 나온 말로 '부탁해 오는 걸 탐내지 않는다'라고 풀이하는 설이 있으나 억지스러운 면이 있다. 그렇지만 탐탁은 주로 '~지 않다'와 결합해 부정의 뜻을 나타내므로 그 설을 완전히 외면할 수만은 없다.

'탐탁지 않다'는 사람에 대해서든, 어떤 일에 대해서든, 사물에 대해서든 마음에 들지 않거나 하고픈 마음이 내키지 않을 때 쓴다. "그가 무릎을 꿇고 사죄했지만 김 장관에겐 탐탁지 않았다" "조심스레 부탁드렸지만 아저씨는 탐탁지 않은 표정으로 그를 바라보았다"처럼 누가 자신에게 부탁해 오는 것도 그렇고, 자신이 누군가에게 뭔가 부탁하다가 느끼는 반응에도 사용한다. 또한 "전면 수사 공표 이후의 전개는 그다지 탐탁지 않은 부분이 많았다"처럼 제3자 입장에서 느끼는 못마땅한 심정을 표현할 때 쓰기도 한다. 표기에 있어서는 '탐탁지 않다'로 해야지 '탐탁치 않다'로 하면 틀린 말이 된다.

'탐탁지 않다'라는 표현이 말없이 표정으로 싫은 기색을 드러내는 거라면, '못마땅하다'라는 말은 보다 적극적으로 싫은 마음을 드러내는 표현이다. '못마땅하다'는 '마땅하지 못하다'의 줄임말이며, '마땅하다'는 마음에 들어 하는 걸 나타내는 말이다.

'마땅하다'는 15세기에 '맛당ᄒ다'로 표기됐고 '맛당'은 '맞자'의 어간 '맞–'에 같은 의미를 지닌 한자 當(마땅 당)이 합쳐 이뤄졌다. '잘 어울림, 알맞음, 그렇게 하는 게 옳음, 당연함'이라는 뜻으로 쓰였고 이후 같은 맥락에서 '마땅하다'는 '그렇게 하거나 되는 것이 이치로 보아 옳다' '행동이나 대상 따위가 일정한 조건에 어울리게 알맞다' '흡족하게 마음에 들다'라는 의미로 통했다.

그와 반대로 '못마땅하다'는 마음에 들지 않아 하는 마음 상태를 표현하는 말로 쓰였고, 노골적 거부감을 나타내는 데 사용된다. "그는 못마땅한 듯이 이맛살을 찌푸렸다"

처럼 쓴다.

만족스럽지 않을 때 '시원찮다'라는 말도 많이 사용한다. 기대나 희망 따위에 부합하여 충분히 만족스러움을 나타낸 '시원하다'의 부정 표현이다. 1447년 『석보상절』에 나온 '싀훤ᄒ다'가 어원이며, 기대하느라 무거웠던 마음이 가뿐해짐을 의미한다. '시원찮다'라는 말은 기대하고 지켜봤으나 마음에 들지 않을 때 쓴다.

의미

탐탁지 않다 (은근한 거부감) 사람·물건 따위가 마음에 들지 않거나 일하는 게 영 내키지 않다.

못마땅하다 (노골적 거부감) 사람·물건 따위가 마음에 들지 않아 좋지 않다.

예문

○　보수적인 할아버지들이 탐탁지 않은 눈으로 바라보았을 것은 뻔했다.

○　할아버지는 할머니 태도가 못마땅하다는 듯 핀잔을 주었다.

터줏대감, 토박이

"그놈이 터줏대감 노릇을 하네!"

위와 같은 말은 어느 지역을 완전히 장악한 사람이 강력한 권한으로 모든 일을 좌지우지한다는 뜻이다. 터줏대감이 무엇이기에 그럴까? '터줏대감'은 '터주'와 '대감'이 합쳐진 단어이며, 여기에는 무속적 개념이 반영되어 있다. 본래 '터주'는 집터를 지키는 지신地神 또는 그 자리를 이르는 말이다. 土(흙 토), 主(주장할 주) 두 글자로 이뤄진 한자어 '토주'가 터주의 어원이다.

'집터의 주인'인 터주는 '땅의 신'이기에 집터를 맡아서 땅 밑에서 올라오는 사악한 액운을 막아 주는가 하면 그 안에 머무는 인간에게 재복을 주는 기능을 한다. 하여 옛사람들은 집집마다 터주를 깍듯이 모셨다. 터주를 신체로 형상화할 때는 가마니 안에 베 석 자와 짚신 따위를 넣어서 달아 두고 터주신으로 모셨다. 또한 작은 옹기나 질그릇 단지에 수확한 벼를 담고 뚜껑을 덮은 다음 짚을 원추형으로 덮어서 '터줏가리'로 모셨다. 터줏가리는 집터 지키는 터주를 모신 항아리를 이르는 말이며, 집의 뒤뜰 장독대 옆에 두었다.

터주는 터줏대감 $主大監$, 토주대신 $土主大神$, 지신대감 $地神大監$이라고도 불렸으며 특정 터를 완전히 지배하는 상징어로 쓰였다. 무속신앙에서 '대감'은 집터, 집, 큰나무, 바위 등에 깃들어 있는 신을 높여 부르는 경칭이다. 터주는 신령이므로 대부분 '대감'이라는 경칭을 붙여서 말했다.

이런 연유로 "터줏대감 노릇을 한다"라는 속담이 생겼고, 어떤 구역에서 한 사람이 막강한 영향력을 행사한다는 의미로 사용되었다. "연극계의 터줏대감" "영화축제의 터줏대감"처럼 쓴다.

터줏대감과 비슷한 말로 '토박이'가 있지만, 그 의미는 확연히 다르다. 토박이는 대대로 그 땅에서 나서 오래도록 살아 내려오는 사람을 이르는 우리말이다. '본토박이'가 어원이고, 자기가 사는 그 고장을 뜻하는 '본토' $本土$에, 무엇이 박혀 있는 곳이라는 뜻의 접미사 '-박이'가 합쳐진 말이다. 여기서 '토' $土$는 '그 땅'을 의미한다. 조선 정조 때 박경가가 우리나라 성씨를 분류하여 펴낸 『동성고』 $東姓考$를 보면, 한국 토박이 성은 토성 $土姓$, 중국에서 온 성은 화성 $華姓$으로 분류하고 있다. 이를 통해 '토'는 본래부터 그 땅 혹은 그 땅에 있어 온 존재를 이른다는 걸 알 수 있다.

오늘날 '토박이'나 '본토박이'는 대체로 같은 의미로 쓰지만 때로는 미묘한 차이를 따져 구분해 쓰기도 한다. 일반적으로 토박이는 대대로 그 땅에서 오래도록 살아온 사람, 본토박이는 그 나라에서 오랫동안 붙박이로 살아온 사람을 가리킨다.

의미

터줏대감 특정한 집단의 구성원으로 가장 오래 머물고 있는 사람.

토박이 대대로 그 땅에서 오래도록 살아온 사람.

예문

○ 그는 영화제의 터줏대감이다.

○ 그는 서울 토박이다.

퇴짜, 탈락, 손사래

조선 시대 때 의금부 당직청에 신문고가 있어서 억울한 사연을 접수받아 임금에게 아뢰게 되어 있었다. 그러나 아무 사연이나 무조건 임금에게 알리는 것은 아니었다. 대체로 임금에게 올리는 말은 당직 관리가 사헌부의 퇴장退狀을 살펴본 다음에 받아서 임금에게 보고하며, 만일 의금부나 사헌부에서 조사 처리할 만한 일이면 애초에 퇴장을 살피지 않았다.

'퇴장'이라는 말을 글자대로 해석하면 '신소장을 기각시키다'라는 뜻이다. '신소장'은 최종 판결을 받아들이지 못하는 사람이 다시 한 번 검토해 달라는 뜻으로 올리는 문서를 뜻하며, '기각'은 '부탁을 물리침'을 의미한다. 신소장이 제출되면, 사헌부에서 조사해 본 다음 그다지 억울한 일이 아니라고 여겨지면 신소장에 退(물러날 퇴) 자가 쓰인 도장을 찍어서 본인에게 돌려주었다. 이에 연유하여 '어떤 부탁을 거절함'을 일러 '퇴장' 혹은 '퇴짜'라고 말하게 됐다. 일설에는 관청에 상납한 옷감의 품질이 떨어질 경우 退 자

438

도장이 찍혀 도로 나왔던 데서 퇴짜라는 말이 생겼다고도 한다.

'퇴짜'라는 말이 흠을 잡아 받아들이지 않고 물리침을 가리킬 때 쓴다면, '탈락'脫落은 어떤 데에 끼지 못하고 떨어지거나 빠짐을 이르는 말이다. '탈락'은 본래 불교에서 나온 말이다. 불가에서는 인간사의 모든 구속으로부터 해방되고 일체의 집착으로부터 벗어나 자유롭게 되는 해탈의 경지를 탈락이라고 표현했다. 나를 제한하고 억압하는 것들로부터 벗어나고(脫) 집착들을 떨어 냄(落)이 곧 탈락이었다. 이처럼 탈락은 긍정적인 의미의 불교 용어였다. 그런데 일반 사회에서는 '어떤 데에 끼지 못하고 떨어지거나 빠짐'을 가리키는 말로 쓰였다. 즉 어떤 집단에 끼지 못하고 떨어져 나가거나 일정한 수준의 목표에 이르지 못하고 떨어졌을 때 탈락이라고 한다.

탈락이 조건이나 기준에 미치지 못해 떨어지는 것이라면, '손사래'는 거절이나 아니라는 의사를 적극적으로 나타낸 몸짓이다. 손사래는 '손'에 '살래살래'를 더한 말로, 손을 펴서 살래살래 흔드는 몸짓을 뜻하는 말이다. 우리 사회에서 머리나 손을 가로로 흔드는 것은 그게 아니라고 부인하거나 싫다며 거부하는 표현으로 통한다. 그러하기에 손을 가로로 흔드는 손사래는 강한 부정의 의미로 쓰인다.

의미

퇴짜 바라는 수준에 이르지 못하여 물리치는 일.

탈락 어떤 데에 끼지 못하고 떨어지거나 빠짐.

손사래 어떤 말이나 일을 부인하거나 조용히 하기를 바랄 때 손을 펴서 휘젓는 일.

예문

○   그는 맞선 자리에 나갔으나 퇴짜 맞았다.

○   그는 달리기 예선에서 탈락했다.

○   그는 엄마의 말에 아니라는 듯 강하게 손사래를 쳤다.

편들다, 역성들다, 옹호하다

"약한 자를 편드는 것이 인정이다."

이 문장에서 '인정'人情은 남을 동정하는 따뜻한 마음을 이르는 말이고, 약한 자를 보면 도와주려는 마음은 곧 그의 편이 되어주는 것이나 다름없다. 하지만 사람들은 대체로 타인에 대한 관심보다 자기 이익에 더 충실하고, 자기의 편이 되어 주는 사람을 좋아한다.

'편들다'라는 말의 어원을 살펴보면 그런 점이 명확히 드러난다. '편들다'의 '편'은 한자어 便(편할 편)이다. '便'은 人(사람 인)에 更(고칠 경)을 합친 글자로서, 사람이 자기에게 유익한 방향으로 마음대로 바꾸는 것을 의미한다. 이에 연유하여 '어떤 무리에 대해 패를 가를 때, 각각의 한 무리'를 '편'이라고 한다. 특정한 목적에 같은 마음을 가진 사람들의 무리라는 뜻이다.

'편들다'는 그런 편에 드는 것을 가리키며, '어떤 편을 돕거나 두둔하다'라는 의미를 지니고 있다. 요컨대 자기에게 도움이 되는 쪽 입장을 취하는 행위가 곧 편드는 것이다. 편드는 행위는 제삼자가 객관적으로 볼 때 옳지 않기에 흔히 '편들지 말라'라는 부정형으로 많이 쓴다.

"사람들은 대부분 제 자식을 역성들기 마련이다."

이에 비해 '역성들다'의 '역성'은 '일을 거꾸로 이루다'라는 의미의 '역성'逆成, 혹은 '성의가 (순리가 아니라) 역리'라는 의미의 '역성'逆誠에서 온 말이다. 즉 다되어 가는 어떤 일을 거슬러서 망치는 게 逆成이고, 자기 딴에는 도와준다는 게 그만 순리에 어긋난 게 逆誠이다. 예컨대 부모가 자식의 잘못된 행동을 야단치는데 할머니가 그 아이를 감싸고 도는 게 역성이다. 이런 편들기는 아이를 바른길로 이끌지 못한다. 바른 교육을 방해하는 까닭이다.

오늘날 '역성'은 옳고 그름에 관계없이 무조건 한쪽만 편을 들어주는 일을 뜻하며, '편들다'에 영향을 받아 '역성들다'라고 널리 쓰인다. 역성은 객관적으로 보면 옳지 않기에 '편들다'의 경우처럼 '역성들지 말라'라는 부정형으로 사용한다.

그런가 하면 유의어 '옹호하다'는 강력하게 편이 되어주는 말이다. 擁(안을 옹), 護(보호할 호)라는 음훈에서 알수 있듯, '옹호'는 뭔가를 두둔하고 편들어 보호할 때 쓴다. 이 말은 본래 '중생과 불법을 보호하여 지키는 것'을 이르는 불교 용어였다. 다시 말해 중생을 감싸고 부처의 가르침을 지키는 것을 '옹호하다'라고 말했다. 불교 용어 '옹호'는 '중생과 불법'이라는 대상은 생략된 채 '감싸고 보호함'을 뜻하는 말로 일반 사회에서 쓰이고 있다. '옹호하다'는 주로 외부로부터 어떤 대상을 적극적으로 보호하고 지켜 준다는 의미로 많이 쓴다.

의미

편들다 어느 한쪽을 돕거나 두둔하다.

역성들다 누가 옳은지는 상관하지 않고 한쪽만 편을 들어 주다.

예문

o   아이들 싸움에 나서서 편들지 말라.

o   아들이건 딸이건 그는 어느 한쪽을 역성들지 않는다.

푸념, 불평, 볼멘소리

"사람은 피곤하거나 커다란 좌절에 부딪칠 때 푸념을 하기 일쑤다."

여기서 '푸념'은 오랫동안 참았던 불만을 소극적으로 쏟아 내는 걸 뜻한다. 본래 뜻이 무엇이기에 그럴까? 푸념은 무속 용어에서 나왔으며 '푸닥거리'와 관계가 깊다. '푸닥거리'란 부정이나 살을 풀기 위해 무당이 간단하게 음식을 차리고 하는 굿을 가리키는 말이다. 이때 굿을 하면서 무당이 귀신의 뜻을 받아 귀신 대신에 정성 들이는 사람을 꾸짖는 걸 푸념이라고 한다. 귀신 입장에서는 자기로서 기분 나빴던 심정을 뒤늦게나마 꾸짖듯이 사람에게 말하는 것이다. 이에 연유하여 한동안 마음에 품은 불만을 드러내어 말하는 걸 푸념이라 하게 됐다.

속담 "독 안에서 푸념"은 남이 들을까 봐 몰래 푸념한다는 의미로, 마음이 좁아서 하는 짓이 답답함을 이르는 말이다. 이런 사람은 도대체 꿍꿍이를 알 수 없으므로 속이 음흉하여 뭔 짓을 할지 모르겠다는 뜻으로도 쓴다.

푸념이 참고 있던 불만을 지나가는 말처럼 드러내는 것이라면, '불평'不平은 마음에 들지 않는 걸 그 자리에서 즉시 말하거나 행동으로 드러내는 걸 가리킨다. 불평은 본래 병으로 몸이 불편한 상태를 일컫는 말이었으나 몸이 아프면 마음도 불편하므로 '마음이 편하지 아니함'이라는 의미로 쓰이게 됐다.

조선 시대 송강 정철은 네 가지 이유로 술을 즐겼다고 하는데 거기에 '불평'이 보인다. 송강은 첫째 불평(不平, 심적 불편 상태), 둘째 우흥(遇興, 흥을 만남), 셋째 대객(待客, 손님 접대), 넷째 난거인권(難拒人勸, 남이 권하는 것을 거절하기 어려움) 때문에 술을 즐긴다고 말했다. 몸이나 마음이 편치 않으면 세상을 바라보는 시각이 부정적이 되기 쉽다. 그런 까닭에 불평은 '마음에 들지 아니하여 못마땅하게 여기거나 못마땅한 걸 말이나 행동으로 드러냄'을 의미하기에 이르렀다.

이에 비해 '볼멘소리'는 볼이 메어질 정도로 부어서 하는 소리를 이른다. '볼 안에 무엇인가를 가득 담고 내는 소리'라는 뜻으로, 불만이나 짜증 때문에 퉁명스럽게 하는 말투를 가리키는 말이다. 실제로 불만을 느끼면 뺨의 한복판인 볼이 부으면서 퉁명스럽게 말을 내뱉기 십상이다. 그런 까닭에 '볼메다'라는 말은 '성낸 태도가 있다'라는 뜻의 동사로 쓰이며, '볼멘 목소리'를 줄인 '볼멘소리'가 생겼다. 일반적으로 볼멘소리는 불만이나 화난 심정을 표현하는 말로 사용한다.

의미

푸념 마음에 품은 불만을 드러내어 말함.

불평 못마땅한 것을 말이나 행동으로 드러냄.

볼멘소리 서운하거나 성이 나서 퉁명스럽게 하는 말투.

예문

○ 그 국회의원은 사람이 별로 없는 토요일에 자신을 불러냈느냐고 푸념했다.

○ 불평은 전염성이 강해서 자신뿐 아니라 다른 사람까지 불평하게 만든다.

○ 흡연자들은 담배 피울 곳이 없다며 볼멘소리를 한다.

풍만, 글래머, 팜파탈

'풍만'豊滿은 본래 농경문화에서 비롯된 말이다. 가을철 풍년豊年이 되어 창고에 곡식이 가득 쌓여 만족滿足한 마음이 되었을 때가 바로 '풍만'이다. '풍만하다'라는 말은 농경문화 시절 '가뭄 끝에 보는 풍만한 비'처럼 반갑고 고마운 뜻을 나타내기도 했으나, 도시문화가 번성하면서 점차 '넉넉하고 보기 좋은 여성의 몸집'을 뜻하게 되었다. 농경민족이 가슴과 엉덩이 큰 여성을 가리켜 '풍만하다'라고 표현한 것은 풍년을 기원하는 마음과 연결되어 있다. 그러하기에 '풍만하다'라는 말은 보기 좋게 살이 포동포동한 상태를 가리켰으나, 요즘에는 가슴과 엉덩이가 크고 허리 잘록한 여성을 지칭할 때 쓰곤 한다.

'풍만'에 해당하는 영어 단어 '글래머'glamour의 어원은 좀 색다르다. 오랜 옛날부터 사람들은 달의 은은한 빛에 흥미를 보였다. 달빛 속에서 일상 속의 흔한 모습들이 기묘하고 새로운 매력을 띠었던 까닭이다. 아이슬란드 신화에서 달은 '글라므'glamr로 불렸는데, 이 말이 스코틀랜드 게 일어에 섞여들어 '글램'glam이 됐고, 달빛 속에서 태어나 그 속에서 노는 엘프(요정)를 의미했다. 엘프는 인간에게 '글램사이트'glamsight, 즉 사물을 실제와 다른 방식으로 보는 마법의 시력을 제공할 수 있었다. 이 어원에서 '글래머' 가 탄생했다.

글래머는 '신비적이며 매력 풍부한 유혹적인 아름다움'을 뜻하며, '글래머 걸'은 '육체가 풍만하여 성적 매력이 있는 여성'을 의미한다. 이 단어를 여성에게만 사용하다 보니 지금은 '육체가 풍만하여 성적 매력이 있는 여성'을 아예 글래머라고 이른다.

'풍만'과 '글래머'가 남성의 시각적 욕구에 바탕을 둔 단어라면, '팜파탈'femme fatale은 성적 유혹을 발산하는 것은 같지만 쾌락이 아니라 고통을 안겨 준다는 점에서 차이가 있다. '팜'은 프랑스어로 '여성', '파탈'은 '숙명적인'을 뜻하므로 팜파탈은 '숙명을 지닌 여자'이다. 이 경우 여성은 자신이 원하든 원치 않든 관능적 매력으로 남성을 유혹한 다음 끝내 파국으로 치닫게 만든다. 이 용어는 19세기 유럽의 낭만주의 작가들이 문학 작품에서 처음 선보였고, 20세기 말엽 영화감독들이 소재로 많이 다루면서 대중화되었다. 요즘에는 '음흉한 요부' 혹은 '매력적인 악녀'라는 뜻으로도 통한다.

의미

풍만하다 몸에 살이 탐스럽게 많다. (여성의) 가슴이나 엉덩이가 보기 좋게 크다.

글래머 육체가 풍만하여 성적 매력이 있는 여성.

팜파탈 남성을 유혹해 극한 상황으로 치닫게 만들도록 운명 지워진 여자.

예문

o 그 배우의 가슴은 그야말로 터질듯 풍만하다.

o 그는 글래머 배우 마릴린 먼로에게서 영감을 얻어 머리를 붉게 물들였다.

o 남성을 섹스로 유혹해 타락시키는 탕녀가 바로 팜파탈이다.

항복, 굴복, 무릎 꿇다

초나라가 교나라로 쳐들어갔을 때 일이다. 초나라 군대는 교나라의 남문까지 도달했지만, 교나라 군사들은 성문을 굳게 잠근 채 밖으로 나오지 않았다. 이때 초나라의 굴하가 장수에게 다음과 같은 계책을 제안하였다. "교나라 사람들은 경솔하니, 나무꾼에게 호위병을 붙이지 말고 내보내 유인하면 어떨지요?" 장수가 그 계책을 받아들여서 실행했더니, 과연 교나라 군사가 성 밖으로 나와 초나라 나무꾼 30명을 붙잡아 갔다. 이튿날에는 병사들을 나무꾼으로 위장시켜 산에서 나무하는 척 시켰더니, 교나라 군사들이 다투어 나와 산속으로 따라왔다. 그 틈을 타서 산 아래에 숨어 있던 초나라 군사들이 성으로 진격했고, 교나라 사람들은 초나라에 항복하고 돌아갔다.

이 고사에 연유하여 '성하지맹'城下之盟이라는 말은 대단히 굴욕적인 항복이나 강화를 의미하게 됐다. 그런데 '항복'降伏과 '굴복'屈伏의 원래 뜻은 무엇이고, 어감은 어떻게 다를까?

국어사전에 따르면 '항복'은 상대편에 대한 전투 행위를 포기하고 장소나 병기를 내어주는 일이다. 본래 의미는 그렇지 않았다. 항복은 산스크리트어 '스탐바나'stambhana를 번역한 불교 용어로, 원뜻은 '방지, 억제, 저해'이다. 불교에서는 수행을 방해하는 탐욕이나 분노를 다스리는 걸 항복이라 표현했으니 외부 환경이 아니라 자기 내면에 있는 수행 방해 요소들을 눌러 복종시키는 게 곧 항복이었다. 같은 맥락에서 불교 용어 '악마항복'惡魔降服은 '마음속 번뇌를 물리쳐 없앰, 불법의 힘으로 악마를 퇴치함'을 의미한다. 이 말이 중국에서 전투 용어로 사용되면서 항복은 '성이나 언덕에서 내려와 복종을 약속하는 행위'를 의미하게 되었다.

항복이 상대 뜻에 전적으로 따르겠다는 완전한 복종이라면, '굴복'은 더 저항할 수는 있으나 힘이 달려 패배를 인정할 때 쓰는 말이다. 屈(굽힐 굴), 伏(엎드릴 복) 음훈 그대로 무릎을 굽히고 엎드려 상대의 처분을 기다리는 일이 굴복이다.

이 경우 두 무릎을 꿇는 게 아니라 한 무릎만 꿇는다. 무릎 꿇기는 신체의 부자유스러움을 스스로 드러내는 비굴한 몸짓이며, 한 무릎 꿇기는 두 무릎 꿇기에 비해 상대적으로 반발 가능성을 지닌다. 그런 까닭에 굴복은 일시적이고도 불완전한 항복의 성격이 강하다. 압도적인 힘이 아니라면 굴복시킬 수는 있으나 항복시키기는 어렵다. 우리말 '무릎을 꿇다'는 굴복과 같은 뜻이며, '자신의 실패를 인정하고 굴복하거나 투항하다'라는 뜻으로 쓴다.

의미

항복 적이나 상대편의 힘에 눌리어 굴복함.

굴복 힘이 모자라서 복종함.

무릎 꿇다 힘에 눌려 항복하거나 굴복하다.

예문

○   두 손을 쳐드는 행동은 항복을 의미한다.

○   그는 어떠한 유혹에도 굴복하지 않았다.

○   그는 왕 앞으로 다가가서 무릎을 꿇었다.

허수아비, 꼭두각시, 괴뢰

'허수아비'는 곡물을 해치는 새를 쫓기 위해서 만들어졌다. '허재비'라고도 부르는 우리나라의 허수아비는 제 구실을 못한 채 자리만 차지하고 있는 사람을 빗대어 일컫는 '허수虛首가 달린 아비'라는 뜻에서 유래됐다. 허수아비의 형상 가운데 원형에 가까운 것은 장대를 가진 사람 모양이다. 농작물에 가까이 가면 장대에 맞아 죽게 될 것이라는 공포심을 새들에게 주기 위해서 장대를 들고 있게 했다. 두 다리를 세우지 않고 외다리로 꽂아 두는 까닭은 허수아비가 잘 흔들려서 살아 있는 듯 보이게 하기 위함이다.

허름한 차림으로 들판에 서 있는 허수아비 모습을 근거로 그 유래를 이야기하는 전설도 있다. 계모의 학대로 집을 쫓겨나 남의 집에서 머슴 노릇하는 불쌍한 아들 허수를 찾아다니다가 거지가 된 아버지가 있었다. 그는 아들이 새를 내쫓는 일을 하던 논둑에 쓰러져 죽었다. 새들이 허수의 아버지를 보고 날아들지 않아서 그 뒤부터 사람들이 새를 쫓기 위해 허수 아버지의 모습, 곧 허수아비를 만들어 세우게 되었다는 이야기다.

어쨌든 허수아비는 '제구실을 하지 못하고 자리만 차지하고 있는 사람'과 함께 '자기 주관 없이 남이 시키는 대로 행동하는 사람'을 비유적으로 이르는 말로 쓰인다.

허수아비가 무기력의 표본이라면, '꼭두각시'는 피동적 움직임의 표본이다. 원래 꼭두각시는 옛날 꼭두각시 놀이에 나오는 인형을 말하는데, 사람이 시키는 대로 움직인다. '꼭두'는 정수리나 꼭대기를 이르는 말이고, '각시'는 젊은 여자, 곧 색시를 이르는 말이다. 현재는 윗사람 지시에 따라 시키는 대로 움직이는 사람들을 지칭한다. '괴뢰'傀儡라고도 한다.

중국 수나라 안지추의 『안씨가훈』安氏家訓에 성이 곽씨이고 대머리가 벗겨진, 우스갯짓을 잘하는 사람이 있어 후대 사람들이 그 형상을 괴뢰희傀儡戲로 만들어 곽독郭禿이라고 불렀다는 기록이 나온다.

괴뢰희는 남북조 시대에 시작하여 당대를 거쳐서 민중의 기예가 특히 발달했던 송나라 때 성행했다. 송나라 『악서』樂書에는 꼭두각시가 주나라 목왕 때의 악공 언사에서 비롯되었다고 했고, 나무 위에 인형을 올려놓고 밑에서 사람이 조종하는 장두괴뢰, 끈으로 인형 동작을 조종하는 현사괴뢰, 화약이나 연기 등을 이용한 약발괴뢰, 물과 불의 힘을 이용하는 육괴뢰 등이 있었다고 전한다. 이러한 괴뢰가 우리나라에 들어와 꼭두각시 놀음에 영향을 주었다.

오늘날 꼭두각시는 남이 시키는 대로 움직이는 사람이나 조직을 가리키는 말로 통한다. "미국 정부의 정치적 음모에 발맞춰 꼭두각시 노릇" "부패한 꼭두각시 정부"처럼 쓰인다.

의미

허수아비 제구실을 하지 못하고 자리만 차지하고 있는 사람.

꼭두각시 남의 조종에 따라 움직이는 사람이나 조직.

예문

○ 일본 통감부 밑에선 학부대신은 고사하고 임금도 허수아비였다.

○ 그는 시키면 하고 안 시키면 안 하는 꼭두각시였다.

흐지부지, 유야무야, 용두사미, 어영부영

'흐지부지'는 끝을 분명히 맺지 못하고 흐리멍덩하게 넘겨 버리는 모양을 뜻하는 말이다. 본래 이 말은 한자어 '휘지비지'諱之秘之가 변한 것으로서, 諱(숨길 휘, 꺼릴 휘), 秘(숨길 비)라는 음훈 그대로 '숨기며 감추는 것'이라는 뜻을 나타냈다. 그러나 점차 '흐지부지'로 말소리가 변하면서 요즘엔 우물쭈물 얼버무려 넘기는 것을 이르는 말로 쓴다.

흐지부지가 곤란한 일을 어물쩍 넘어가려는 걸 나타낸 말이라면, '유야무야'는 결론을 내지 않거나 애매한 상태로 두는 걸 표현한 말이다. '결론이 있는 건지 없는 건지'를 뜻하는 일본어 有りや無しや(아리야나시야)의 한자어 有耶無耶(유야무야)를 그대로 받아들여 우리말처럼 쓰는 것이다. 이 말은 어떤 일의 결론이나 판단을 미룬 채 시간이 지나면서 관심 밖으로 멀어지도록 하는 상황에서 사용한다.

이에 비해 '용두사미'龍頭蛇尾는 용 머리에 뱀 꼬리, 곧 처음은 왕성하지만 끝이 부진한 형상을 비유한 말이다. 송나라 때 진존자라는 스님이 용흥사라는 절에 머물고 있었다. 진존자는 수시로 그 절에서 나와 이곳저곳 떠돌아다니며 짚신을 삼아서 길 가는 나그네들이 주워 신도록 길에다 놓아 두곤 했다. 이 진존자가 노년기에 이르러 어느 중을 만나 선문답을 나누는데 그 중이 느닷없이 "에잇" 하고 기이한 소리를 질렀다. 진존자가 영문을 모르겠다는 얼굴로 중을 쳐다보자, 그 중은 또다시 "에잇" 하고 호통치듯 큰 소리를 질러 댔다. 어떻게 보면 상당한 경지에 든 스님인 것 같기도 했다. 그러나 자세히 살펴보니 어쩐지 수상쩍었다. 진존자는 '이 중이 그럴듯해 보이기는 하지만 아무래도 진짜는 아닌 것 같군. 용 머리에 뱀 꼬리가 분명해'라고 생각했다. 그래서 다음과 같은 말로 그 중을 다그쳤다. "여보시오. 큰 소리는 그만 지르고 하던 선문답이나 계속합시다."

하지만 밑천이 다 드러난 중은 입을 다물어 버리고 아무 말도 하지 않았다고 한다. 오늘날 용두사미는 시작은 거창하게 하다가 마무리에서 흐지부지함을 지적할 때 쓴다.

그런가 하면 아무 생각 없이 되는 대로 행동할 때는 '어영부영'이라고 말한다. 이 말의 어원은 어영청御營廳이다. 병자호란 패배 후 청나라에 볼모로 끌려갔다 돌아온 효종은 그 치욕을 갚고자 북벌 계획을 세우고 1652년에 이완

457

을 대장으로 삼아 어영청을 설치했다. 효종은 3만 명의 정예부대를 양성한 뒤 명나라와 연합해 청나라를 공격할 생각이었으며, 어영청을 본영으로 삼았다. 그런데 현실은 만만치 않았다. 청나라는 갈수록 세력이 커졌고, 어영청 상위 직급을 차지한 양반 자제들은 실무보다 형식을 따지며 세월을 보냈다. 심지어 훈련에 종을 내보내고 자신은 주색잡기를 일삼는 이도 있었다. 그리고 1659년 효종이 갑자기 세상을 뜨자, 어영청은 더욱 군기 빠진 군대가 되었다. 급기야 "어영청은 군대도 아니다"御營非營라는 말이 나왔으며, '어영비영'은 별생각 없이 일이 되어 가는 대로 행동하는 모양을 나타내는 말로 통했다. 이후 어영비영은 '어영부영'으로 발음이 바뀌었고 적극성 없이 아무렇게나 어물어물 세월을 보내는 모양을 나타내는 말로 쓰이고 있다.

의미

흐지부지 확실하게 끝맺지 못하고 흐리멍덩하게 넘기는 모양.

유야무야 있는 듯 없는 듯 흐지부지함.

용두사미 처음은 왕성하나 끝이 부진함.

어영부영 아무렇게나 어물어물 세월을 보내는 모양을 나타내는 말.

예문

○ 그 논쟁은 흐지부지 끝났다.

○ 그 사건은 유야무야 처리되었다.

○ 과감한 개혁 조치는 얼마 지나지 않아 용두사미에 그쳤다.

○ 그는 방학 내내 목표도 없이 어영부영 시간을 보냈다.

흥청망청, 주지육림

"재벌의 자제인 그는 흥청망청 돈을 뿌리고 다녔다."

재물을 마구 쓰는 것을 이르는 '흥청망청'이라는 말은 기생 등급과 관련되어 생겼다. 조선 시대 중엽 왕위에 오른 연산군은 처음에는 정치를 잘하다가 어느 때부터인가 타락한 생활에 빠졌다. 연산군은 특히 예쁜 기생들과 놀기를 좋아했다. '기생'은 잔치나 술자리에서 노래를 부르거나 춤을 추면서 흥을 돋우는 일을 직업으로 삼는 여자를 가리킨다. 연산군은 이런 기생들과 시간을 보내기 바빴으며, 지방에서 예쁘다는 기생을 모조리 뽑아 서울로 불러들인 뒤 이들과 잔치를 벌이며 질탕하게 놀았다. 그런데 같은 기생이라도 왕과의 접근 거리에 따라 불리는 호칭이 달랐다. 즉 서울에까지 불려온 기생은 운평運平, 궁중에까지 들어온 기생은 흥청興淸, 왕과 잠자리를 같이 한 기생은 천과흥청天科興淸이라 했다. 이처럼 타락한 생활로 나라를 망친 연산군은 후에 중종반정으로 왕위에서 쫓겨났다.

이에 연유하여 '흥청'이라는 말은 '기분 내키는 대로

함부로 쓰며 즐기는 것'을 의미하게 됐고, 나아가 '흥청망청'이라는 말의 근원이 됐다. 오늘날 흥청망청은 '흥에 겨워 마음대로 즐기는 모양' '돈이나 물건 따위를 마구 쓰는 모양'이라는 뜻으로 쓰인다.

'흥청망청'이 위태로워 보일만큼 재물을 낭비하는 태도를 비유한 말이라면, '주지육림'酒池肉林은 주로 술과 여자에 젖어 지내는 타락한 남성의 생활을 비유한 말이다. 이 말에는 다음과 같은 고사가 있다.

은나라 주왕은 요녀 달기妲己에게 완전히 빠져 정사를 돌보지 않았다. 주왕은 오로지 달기를 기쁘게 해 주고자 금은보화를 물 퍼 버리듯 하면서 화려한 궁전과 드넓은 정원을 만들었다. 연못(池)은 술(酒)로 차고 넘쳤으며 가득 매달아 놓은 고기(肉)로 삼림(林)을 이루었다. '주지육림'이라는 말은 여기서 나왔다. 이런 곳에서 벌거숭이 남녀가 밤낮을 가리지 않고 어지러이 어울려 춤추고 놀았다. 이처럼 계속 사치 방탕을 일삼자 국고는 탕진되고 끝내 측근 공신들은 물론 변방 시골에 이르기까지 모든 백성이 주왕을 등졌다. 은 왕조가 멸망한 것은 필연의 결과였다. 오늘날 주지육림이라는 말은 호사스러운 술잔치를 빗대어 이르는 말, 나아가 음욕으로 타락한 생활 태도를 비유하는 말로 쓴다.

　'주지육림'이 성에 대한 지나친 탐닉과 사치를 나타낸 말이라면, '흥청망청'은 기분 내키는 대로 낭비하는 걸 나타낸 말이다.

의미

흥청망청　흥에 겨워 돈이나 물건을 마구 쓰며 즐기는 모양.

주지육림　호사스러운 술잔치. 음욕으로 타락한 생활 태도.

예문

○　그는 힘들게 번 돈을 며칠 동안 흥청망청 썼다.

○　그는 주지육림에 풍악과 잔치로 세월 가는 줄을 모르고 지냈다.

우리말 어휘력 사전
: 말힘과 글힘의 기초를 다지는 단어 수업

2022년 3월 24일   초판 1쇄 발행
2024년 5월 4일   초판 7쇄 발행

지은이
박영수

펴낸이	**펴낸곳**	**등록**
조성웅	도서출판 유유	제406-2010-000032호 (2010년 4월 2일)

주소
경기도 파주시 돌곶이길 180-38, 2층 (우편번호 10881)

전화	**팩스**	**홈페이지**	**전자우편**
031-946-6869	0303-3444-4645	uupress.co.kr	uupress@gmail.com

	페이스북	**트위터**	**인스타그램**
	facebook.com	twitter.com	instagram.com
	/uupress	/uu_press	/uupress

편집	**디자인**	**조판**	**마케팅**
김은우, 김정희	이기준	정은정	전민영

제작	**인쇄**	**제책**	**물류**
제이오	(주)민언프린텍	다온바인텍	책과일터

ISBN 979-11-6770-024-7 03710